1枚の紙から作る

バラの折り紙

佐藤直幹

日本ヴォーグ社

Contents

※★は難易度の目安です。
★の数が多いほど難しくなります。
特にバラは★の数が少ないものから順に
ステップアップしていくことをおすすめします。
まずは練習として、同じ五角形から作る
ハイビスカスの花からスタートしてもいいでしょう。
折り始める前にP.23の「きれいに折るためのコツ」
にも目を通してみてください。

初代五角バラ

シンプルローズ

ガーデンローズ

基本の五角バラ

ニューモダンローズ

ハイブリッドティーローズ

らせんのつぼみ

丸いつぼみ

とがったつぼみ

ハイビスカス

ヒメユリ

テッポウユリ

オリエンタルハイブリッド

チューリップ

HOT LINE ホットライン

この本に関するご質問は、お電話またはWebで

書名／1枚の紙から作る　バラの折り紙

本のコード／NV70298

編集担当／有馬

Tel：03-5261-5084（平日13:00～17:00受付）

Webサイト「日本ヴォーグ社の本」http://book.nihonvogue.co.jp/

※サイト内“お問い合わせ”からお入りください。（終日受付）

（注）Webでのお問い合わせはパソコン専用となります。

この本で使う材料と道具

材料

[紙]

この本の作品は、一般的な折り紙用紙ではなく、主にファンシーペーパーと呼ばれる両面同色の紙を使って作ります。ファンシーペーパーは紙の専門店や画材店などで、A4やA3などの大きさで売られていることが多いので、必要な大きさに切り出して使います。
折りやすい紙の厚さの目安は四六判連量（※）で100kg程度ですが、ぜひいろいろな紙で折ってみて、自分にあった紙を見つけてください。
折り方をマスターするまでは25～30cm角くらいの大きめの折り紙用紙で練習し、慣れてきたら少し厚めの紙やいろいろなサイズで挑戦するといいでしょう。

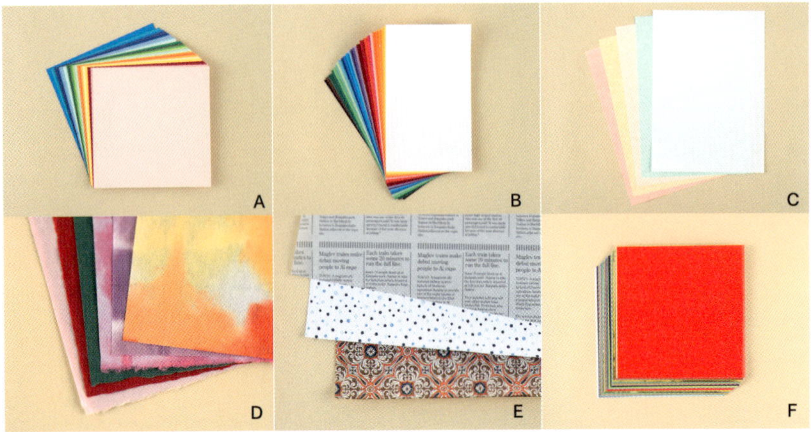

A：タント…色数が豊富で手に入りやすい。厚さは各種あるが四六判連量70kg、100kgが折りやすい。
B：ヴィヴァルディ…フランス、キャンソン社製。発色が良く、適度な厚みとしなやかさが、バラ作りに適している。坪量120g/㎡。
C：クラッポマーブル…マーブル調の模様が入った紙。市販されているのはA4サイズなので21cm角で折る小ぶりなバラやユリに向いている。坪量85.2g/㎡程度。
D：和紙…楮(こうぞ)、三椏(みつまた)、雁皮(がんぴ)などの植物の繊維を主原料とする手すきの紙。薄くて丈夫であり、独特の味わいがある。
E：包装紙…さまざまな柄がある包装紙は、折り紙ならではの表現ができる。初代五角バラやチューリップなど、紙の裏が外側に出ない作品のアレンジに。
F：折り紙用紙…表裏のある折り紙用紙は練習用にぴったり。特に両面折り紙はコシがあり折りやすい。
※紙の重さを表す方法には坪量と連量の2種類があり、重い紙ほど厚い傾向があるので、紙の厚みを知るための目安にもなる。坪量は1㎡あたりの重量で「g/㎡」で示され、連量は規定の寸法に仕上げられた紙1,000枚（1連）の重量で「kg」で示される。四六判連量70kg＝坪量81.4g/㎡が目安。

[ワイヤー＆フローラテープ]

茎や葉をつける場合は、フラワーアレンジ用のワイヤーやテープを使います。手芸店や花材専門店などで購入できます。

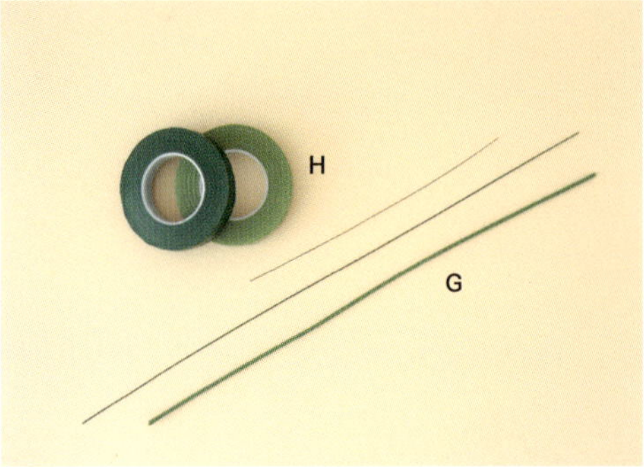

G：地巻ワイヤー…薄い紙テープが巻かれているワイヤー。さまざまな太さがあり、数字が大きいほど細くなる。茎用は#18以下の太いもの、葉は#22くらいをメインに、3枚葉などで横につける葉は#26くらいが目安。
H：フローラテープ…フローラルテープとも呼ばれる。テープの裏側にのりがついていて、引っぱりながら巻いて接着する。

◉紙の温度

愛知県にある紙の専門店。Webサイトや電話での通信販売も利用可。前述のヴィヴァルディはここで「キャンソン・ヴィバルディ」として販売されている。
SHOP DATA
愛知県名古屋市熱田区神宮2-11-26
TEL：052-671-2110
https://www.kaminoondo.co.jp

道具

紙を切り出すためのカッターとカッターマット、定規が必須です。
このほか、きれいに仕上げるための道具や、茎や葉を作って組み立てるための道具があると、本物みたいな花が作れます。

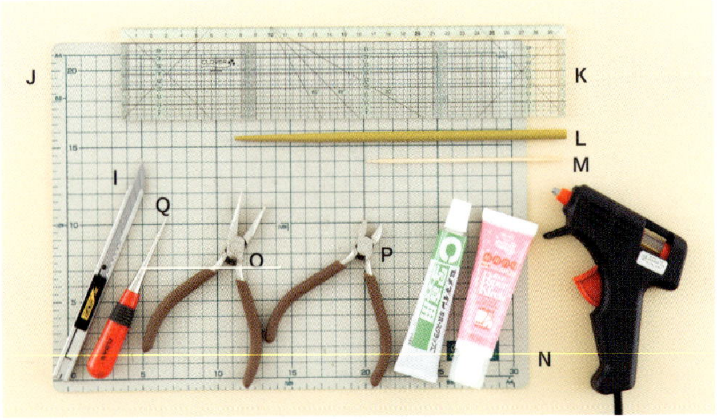

I：カッター…一般的な刃よりも鋭い30度の刃を使うと正確に切り出すことができる。
J：カッターマット…作業をする際に下に敷く。方眼つきのものがおすすめ。
K：定規…方眼つきでステンレスエッジやアルミ製など、「切る」ための機能が充実したものが便利。
L：丸箸…持ち手側が丸く、先が細くなっている箸。花びらをきれいに成形するのに使う。
M：竹串…ハイビスカスの芯やチューリップの茎を作るのに使う。
N：接着剤…写真用や紙用のりなど、ペーパークラフト向きのもの。折った作品と雑貨などを接着するにはグルーガンも便利。
O：ペンチ（ヤットコ）…ワイヤーを曲げるときに使う。
P：ニッパー…ワイヤーを切るときに使う。
Q：目打ち…ワイヤーを通すための穴をあける道具。

折り方の記号の見方

紙の表を色、裏を白で表現しています。

折り終えた線

谷折り線

山折り線

これから折る線、
隠れている線

手前へ折る

後ろへ折る

折り目をつける

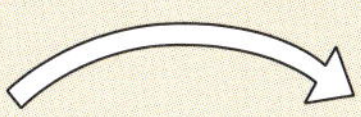
折り目をつけずに
めくる、ひろげる

押し込む、つぶす

開く

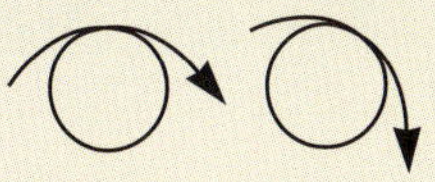

裏返す

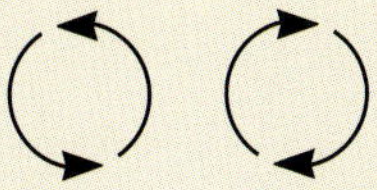
回転させる

図を拡大する

図を縮小する

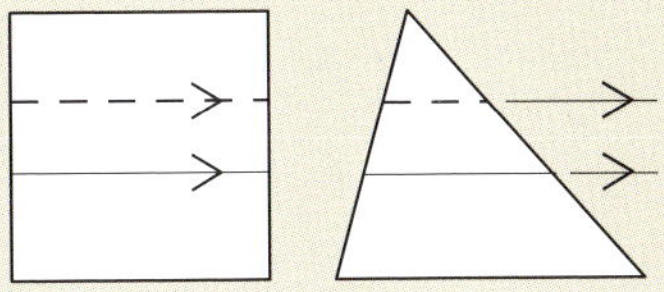
平行である
ことを示す

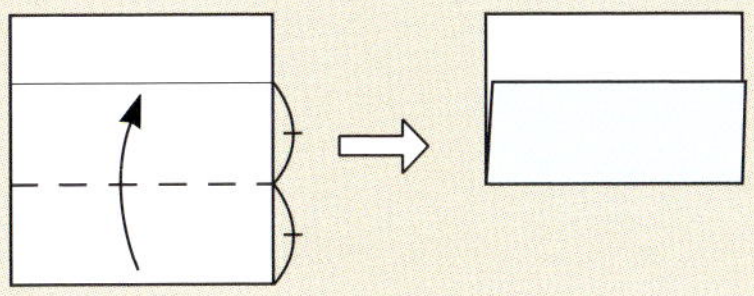
辺を二等分して折る

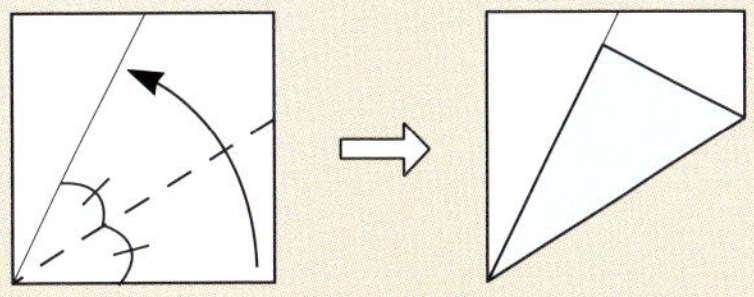
角を二等分して折る

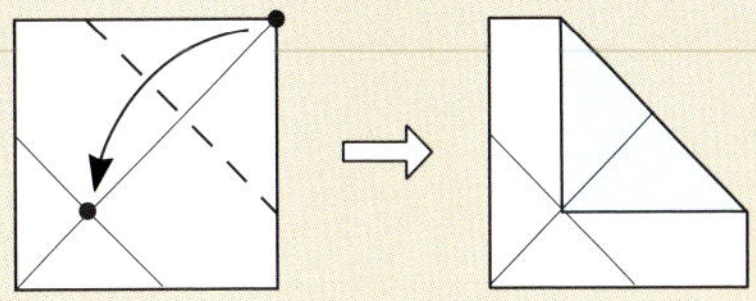
印を合わせて折る

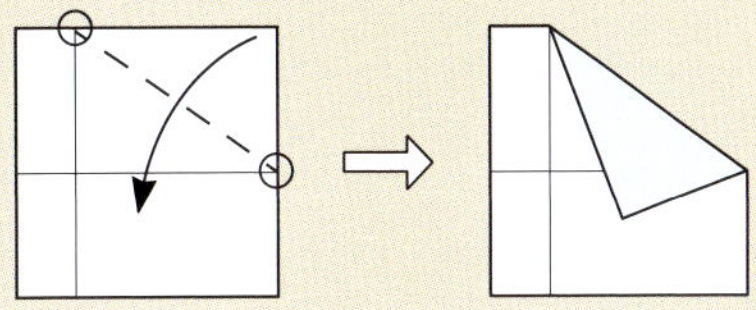
二点を結ぶ線で折る

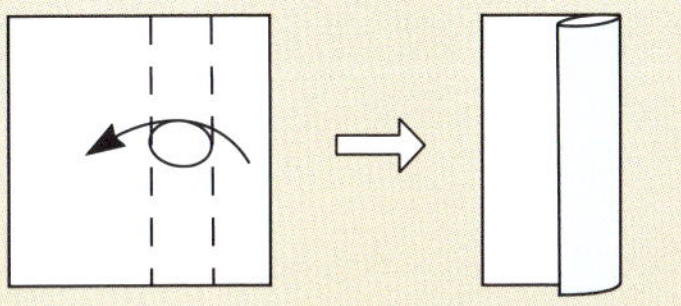
巻くようにして折る

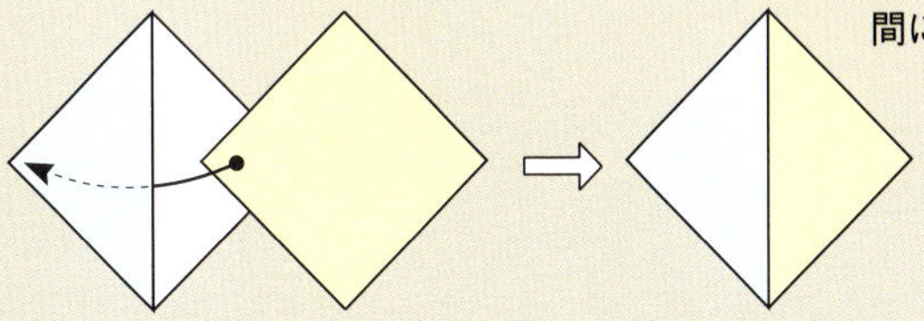
間に差し込む

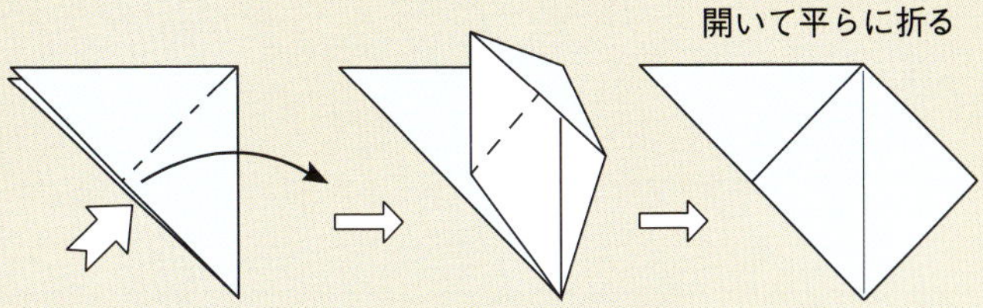
開いて平らに折る

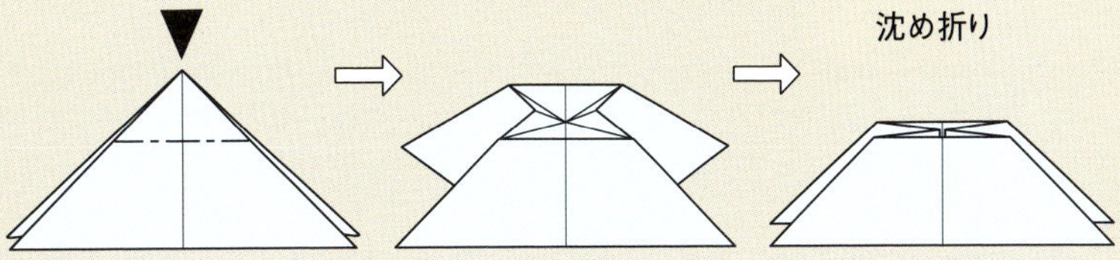
沈め折り

よく使う折り方

風船の基本形

解説
DVD

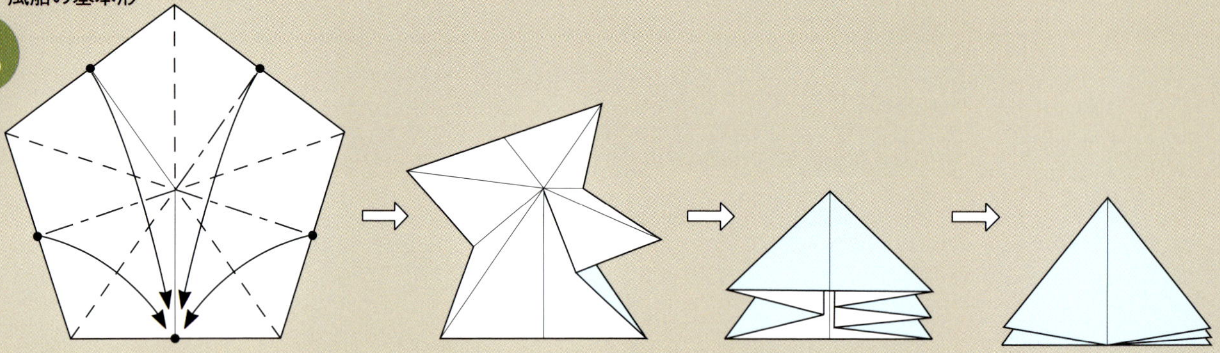

花の基本形
（五角形の場合）

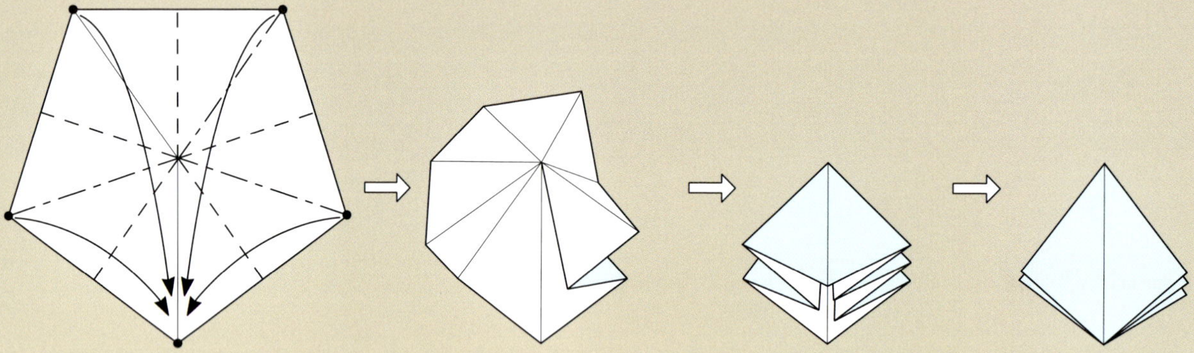

（六角形の場合）

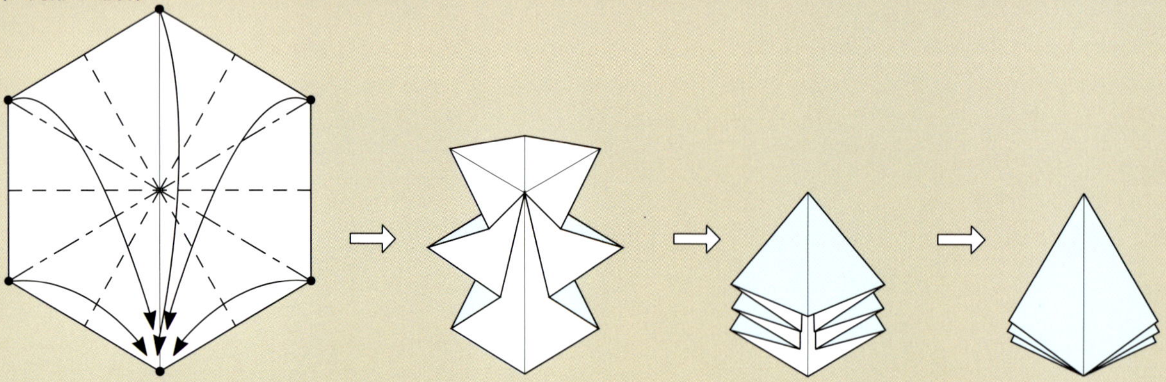

かぶせ折り

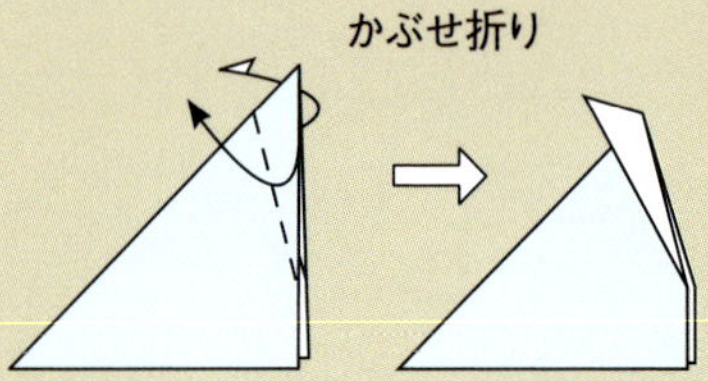

中割り折り

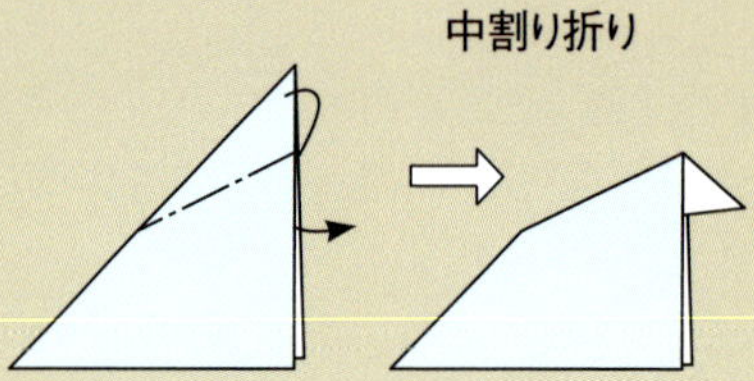

遠心・求心中割り折りについて

中割り折りの際に展開図上にできる折り線の矢印が中心を向いているものを「求心中割り折り」、外側を向いているものを「遠心中割り折り」と呼んでいます。詳しくはそれぞれのバラの折り方を参照してください。
求心中割り折りは川崎敏和先生の「バラ」からの応用です。

左ページの「花の基本形」の正方形バージョンは一般的に「正方基本形」と呼ばれています。
この本では直接出てきませんが、一般的な折り紙でよく使われる正方基本形から折る基本形の折り方が、この本の作品を折る際にも登場します。

正方基本形（花の基本形）

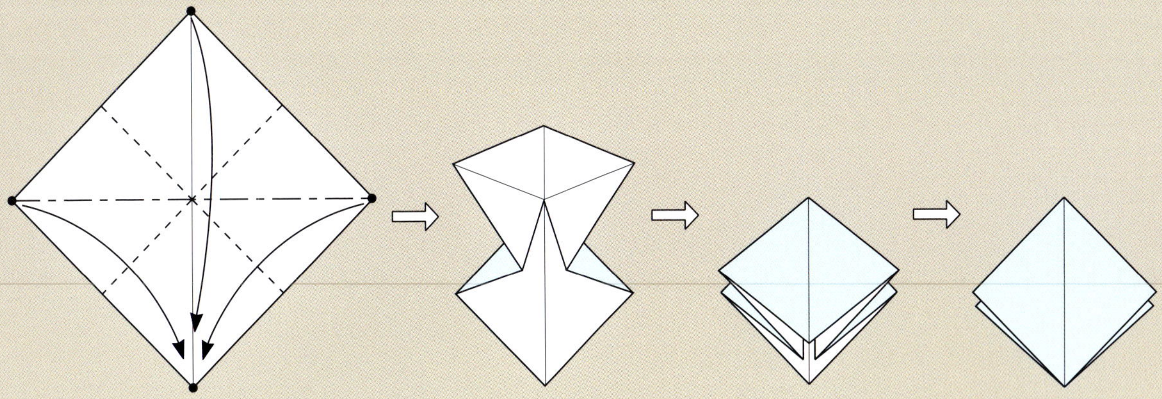

鶴の基本形

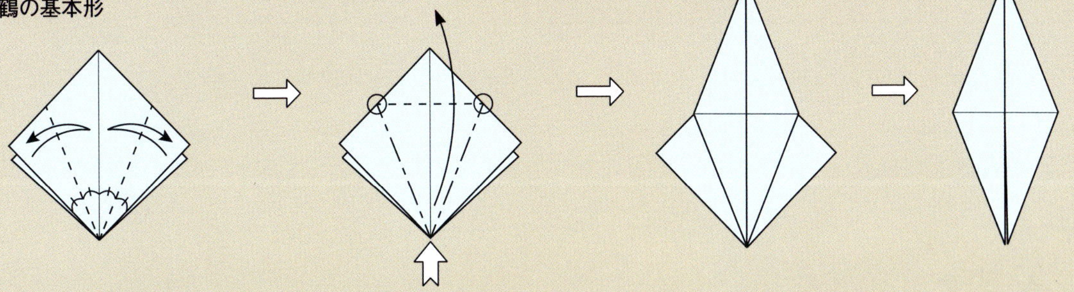

かえるの基本形

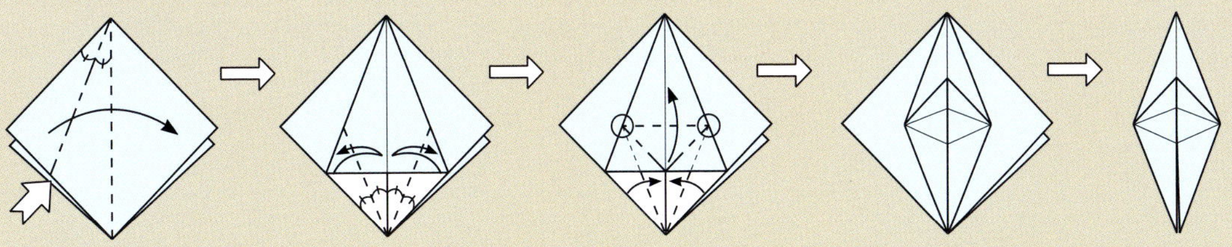

求心中割り折り（ガーデンローズ、ニューモダンローズ）

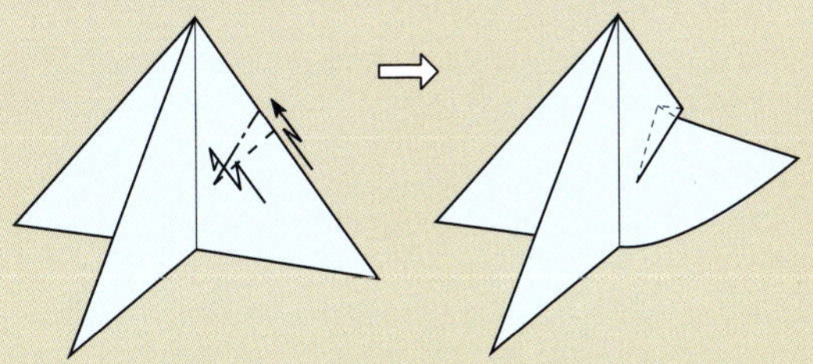

遠心中割り折り（ハイブリッドティーローズ）

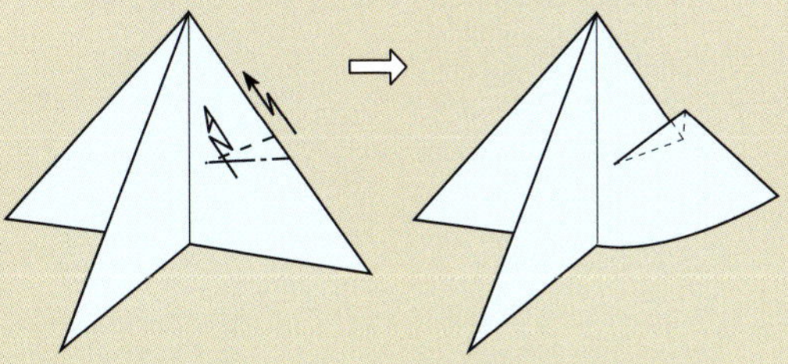

五角形から作るバラ
FROM PENTAGON

1

1　6種のバラと3種のつぼみを使用。それぞれにガクとワイヤーをつけて組み立て、造花の小花と合わせて花器にアレンジ。
2　三日月形のアシストベースに4種のバラと葉をグルーガンで貼りつけ、つぼみ2種はそれぞれガクとワイヤーをつけてから、細いワイヤーでベースに固定。壁やドアの飾りに。
3　クラシカルなフレームに織り柄のリボンとスケルトンリーフを合わせ、大小のバラをグルーガンでつけるだけ。簡単なのに、美しさが際立つインテリア。
4　木製フォーク&スプーンにレースやリボンとともにバラと葉をグルーガンで固定。そのまま飾っても、ラッピングに使ってもかわいい。
5　折ったバラをリボンとともにマグネットにグルーガンで固定し、気軽に使える雑貨に。
6　バラと葉を4・5と同様に木製クリップにつけ、ラッピングやカードに添えて。

4

5

2

3

6

初代五角バラ *My first pentagon rose / Ma première rose pentagonale*

五角バラの原点、カワサキローズの五角形版です。2008年のフランス折紙協会（MFPP）のコンベンションの際に移動中の電車の中で考案しました。折ったときに紙の表だけが表面に出るので、表裏のある紙でも折れます。折り方をマスターしたら、好きな色でたくさん折って楽しんでください。

（初代五角バラ★★★）

正五角形の切り出し方

解説 DVD

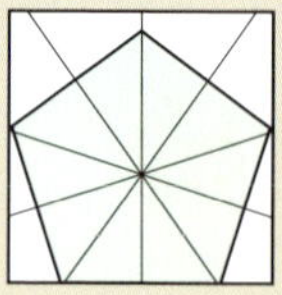

この本で作る6種類のバラと3種類のつぼみ、2種類のガク、そしてハイビスカスは、正五角形の紙から作ります。
まず、正方形の紙から正五角形を切り出す方法を覚えましょう。

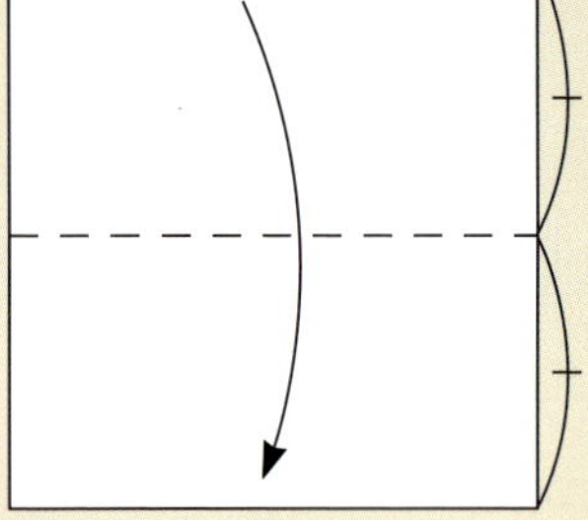

1
たてに半分に折る。

2
紙の端を紙の中心に合わせるようにして上の1枚だけをさらに半分に折るが、右から1/4にだけ折り線をつける。

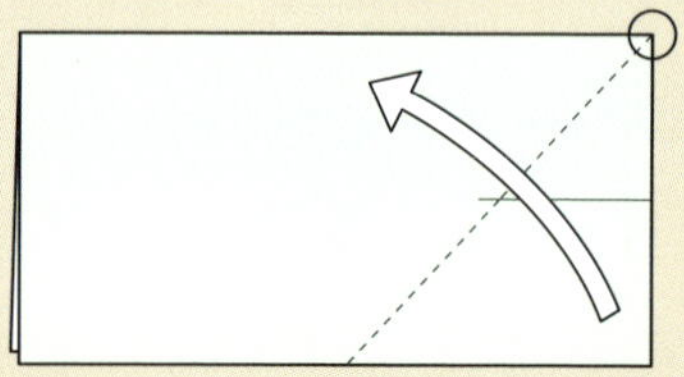

3-1
右下の角1枚を左上に向かってめくる。ここではまだ折らない。
(折り方は3-2を参照)

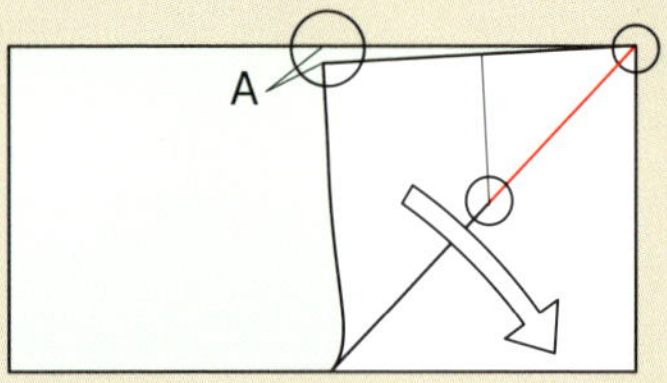

3-2
折り上げた角をずらしてAの隙間をあけ、右上の角から2の折り線と交差するまでの範囲にだけ折り線をつけて戻す。
※A=正方形の一辺の長さの4%
(15cm角で6mm、25cm角で10mm、30cm角で12mm)

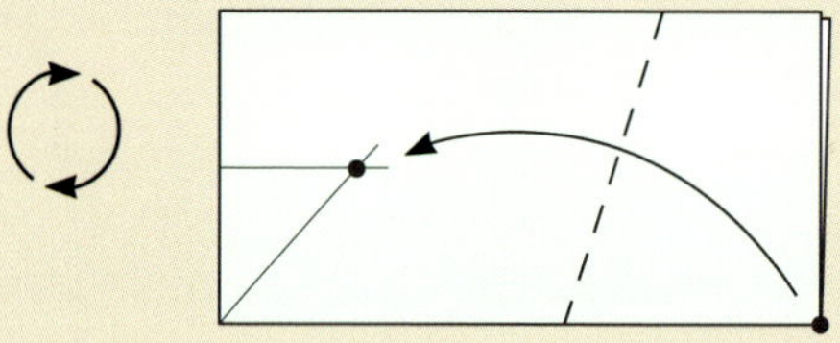

4
図の向きに置き直し、右下の角を2の線と3の線の交点に合わせて折る。

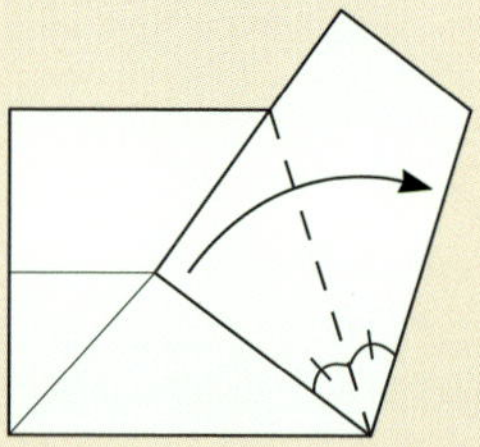

5
4で折った部分を角の2等分線で折る。

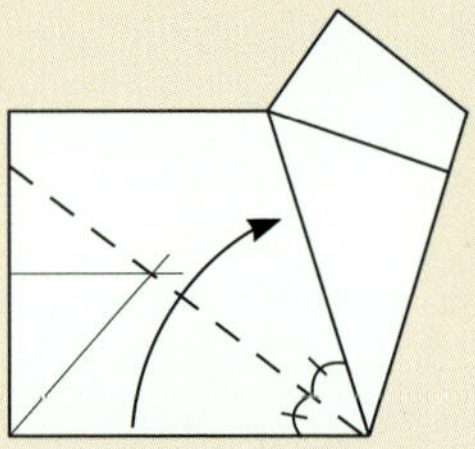

6
左側を角の2等分線で折る。

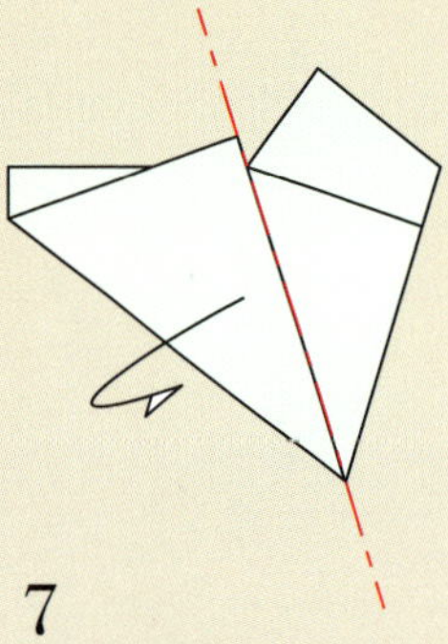

7
図の位置で山折りする。

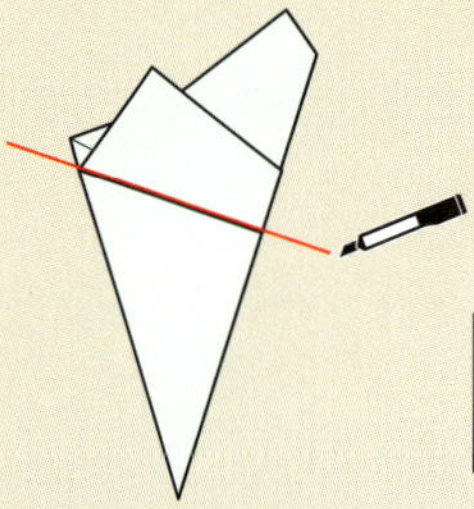

8
1番上の紙の線上をカッターで切る。

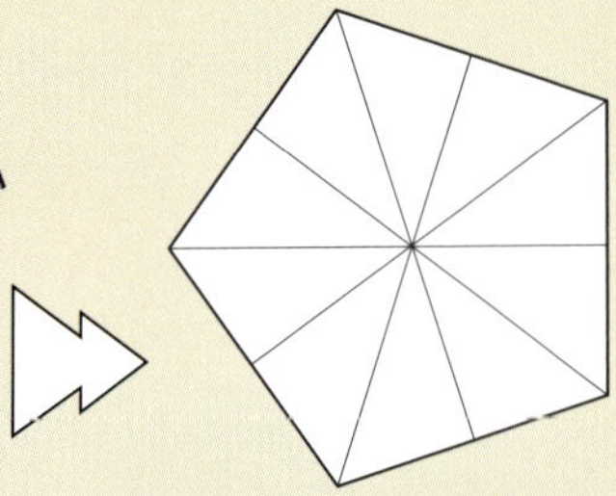

9
広げると正五角形が切れている。

3-2の隙間と用紙サイズとの比率は、中 一隆さんのブログ「薔薇と折り紙の日々」より許可を得て転載しています。

初代五角バラ　P.10-11の作品

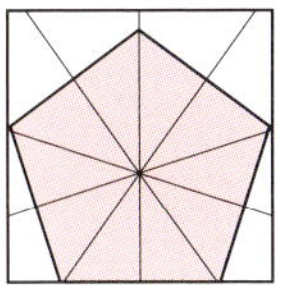

・紙のサイズ：21cm×21cmから切り出した正五角形（切り出し方はP.12）
・使用した紙：タント
・作り方のポイント：1～28で必要な折り目を仕込み、仕込んだ折り目を使って29～49で花の形に成形します。
※ガクをつける場合は、17cm×17cmから切り出した正五角形でつぼみ用のガク（P.54）を折って使う。（花：ガク＝約5：4）

解説
DVD

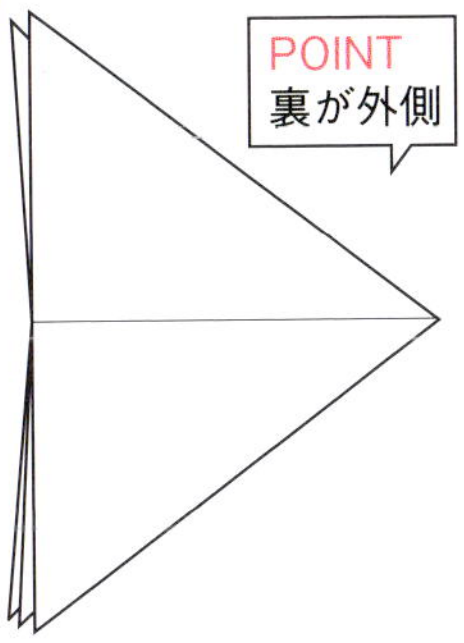

1
裏を外側にして風船の基本形（P.6）に折り、図の向きに置く。

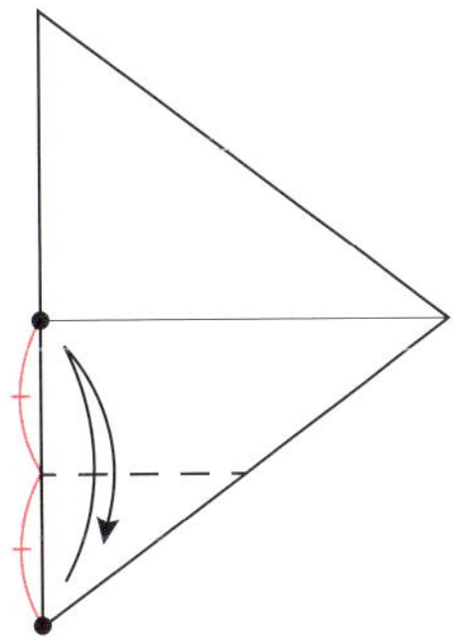

2
ひだを1枚だけめくり、下の頂点を中心線に合わせて平行に折り線をつける。

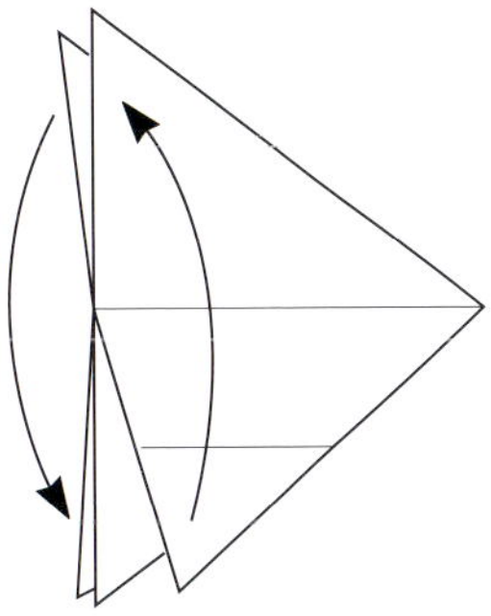

3
上下のひだを1枚ずつ反対側へめくる。

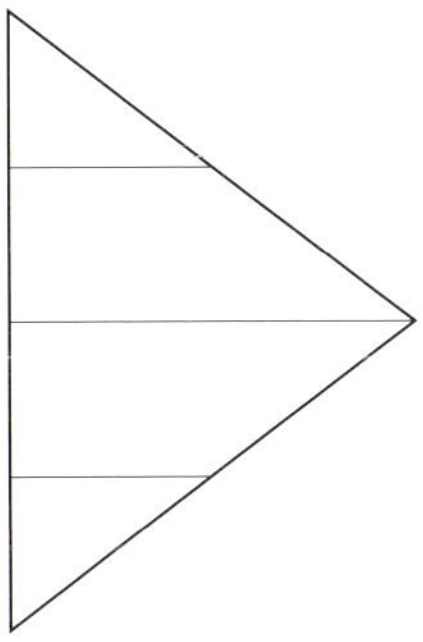

4
2～3をくり返してすべてのひだを同様に折る。

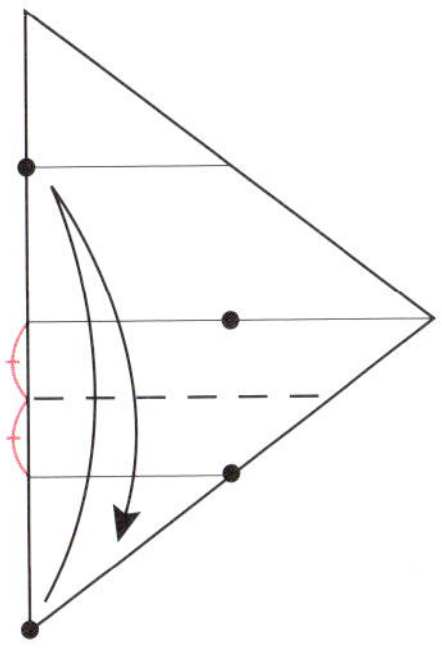

5
ひだを1枚だけめくり、下の頂点を2～4でつけた折り線に合わせて平行に折り線をつける。

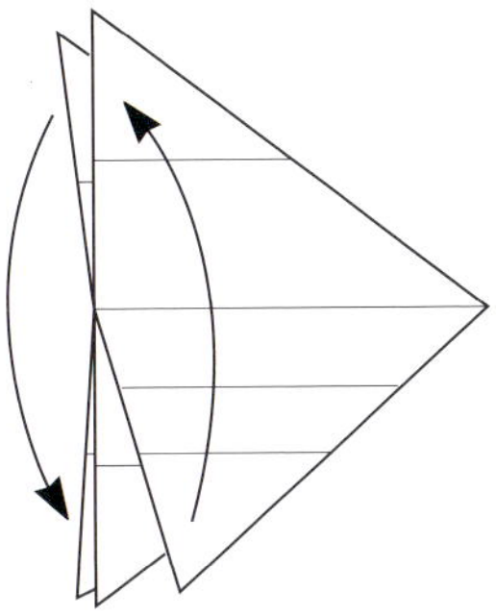

6
上下のひだを1枚ずつ反対側へめくる。

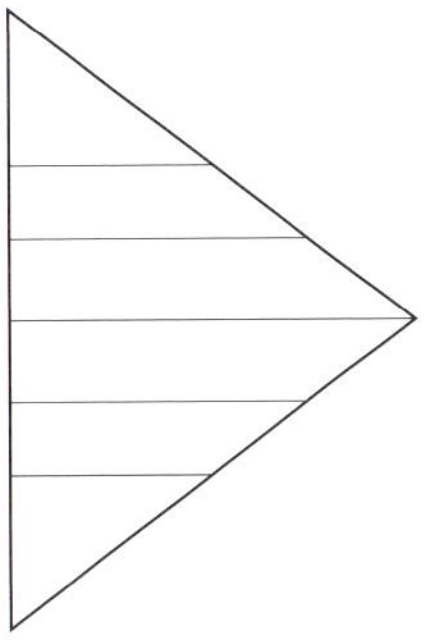

7
5～6をくり返してすべてのひだを同様に折る。

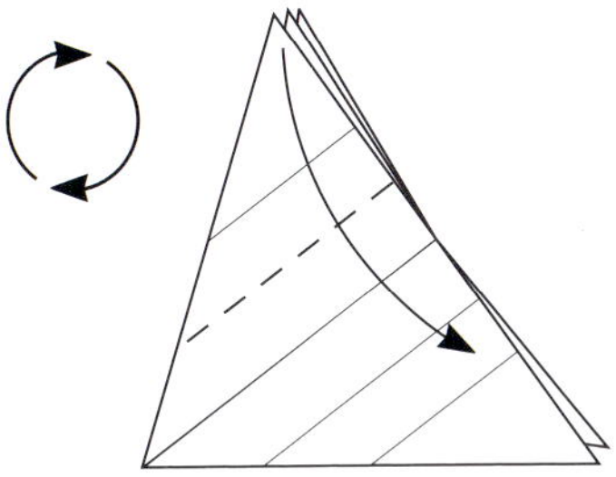

8
向きを変えて置く。5の折り線でひだ1枚だけ折る。

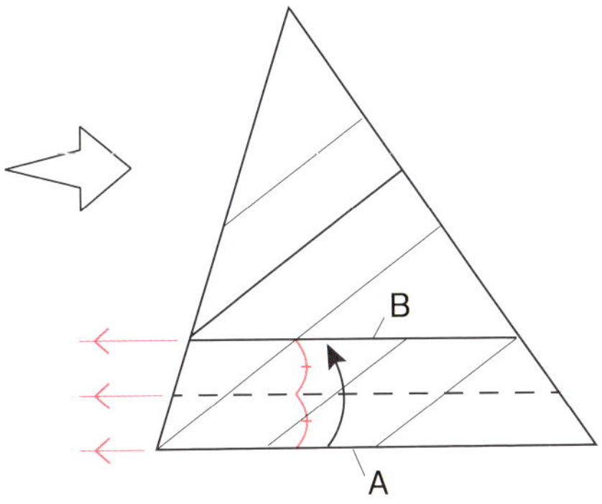

9
Aの線をBの線に揃えて折る。

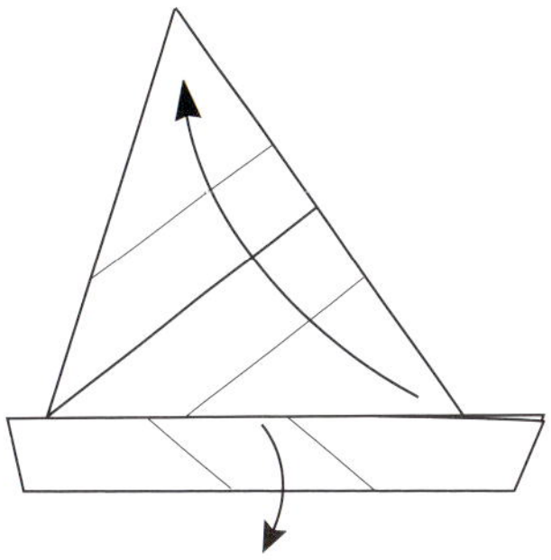

10
8～9で折った部分を元に戻す。

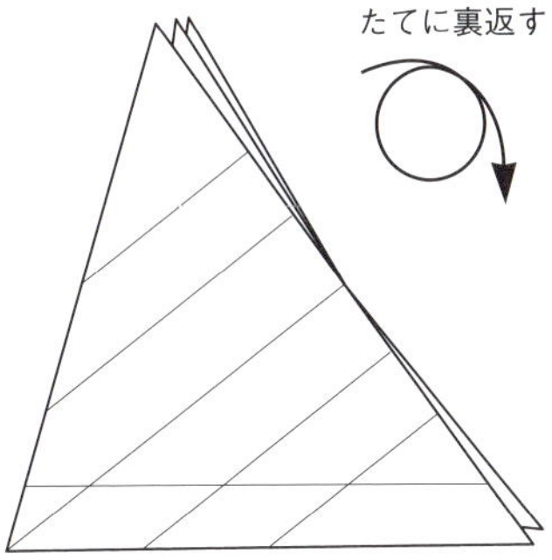

11
折り線がついた。

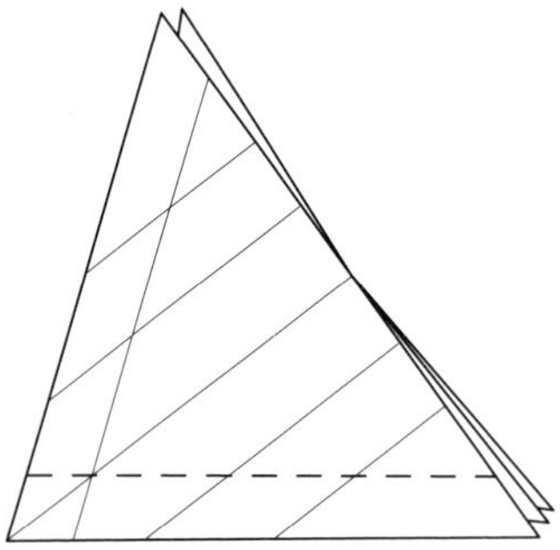

12
たてに裏返し、8～11と同様に
すべてのひだに折り線をつける。

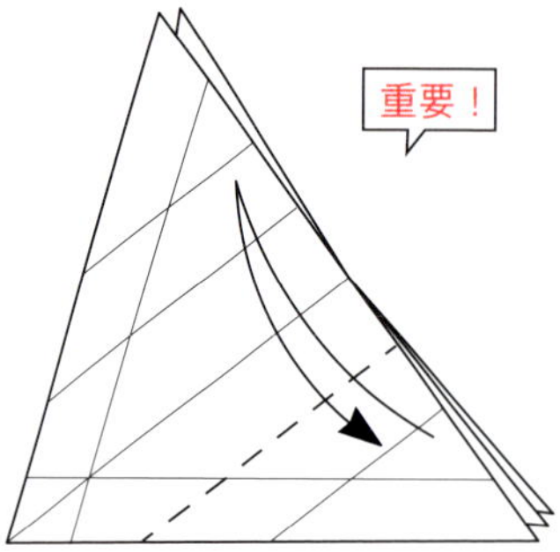

13
ここで、図のように5～7でつけた折り
目を山折りから谷折りにつけ直してお
く。すべてのひだを同様にする。

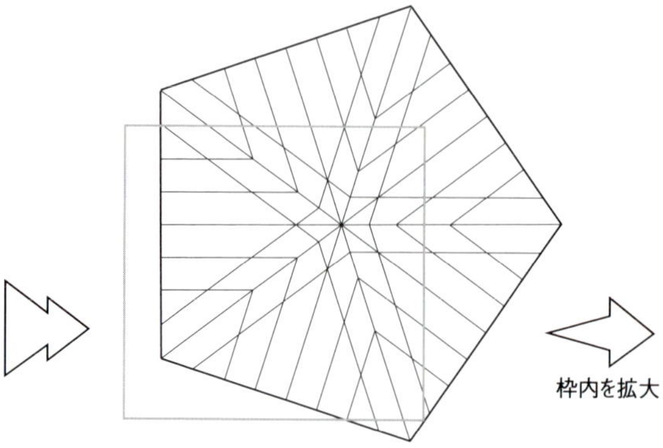

14
裏を上にして全体を広げる。

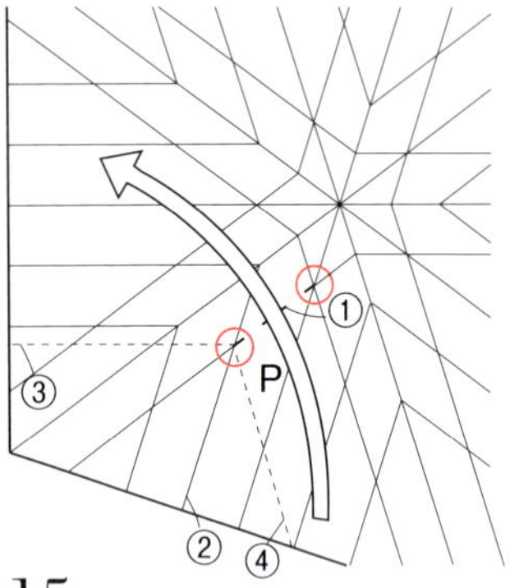

15
まず①の線で谷折りする。

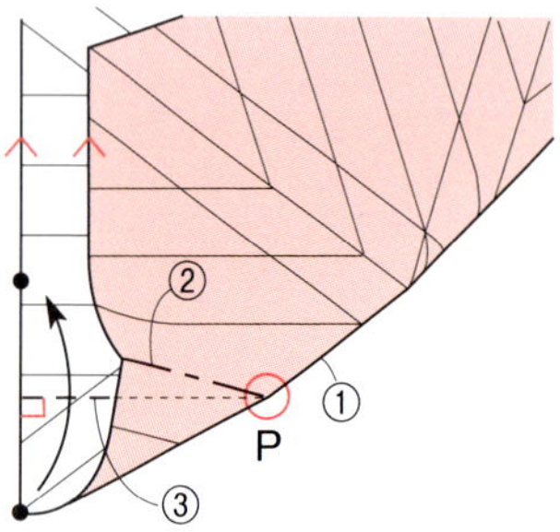

16
紙の端同士が平行に並ぶ。以後、
これがずれないように気をつける。
次に②の線で山折りしながら、
P（②の線と①の線の交点）から
左の辺に向かって垂直に折る（③）。

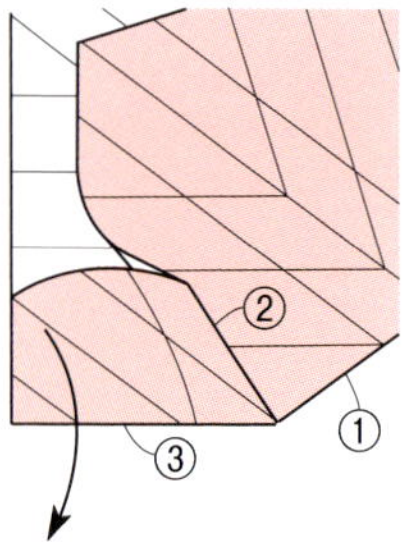

17
①～③の線で折ったところ。

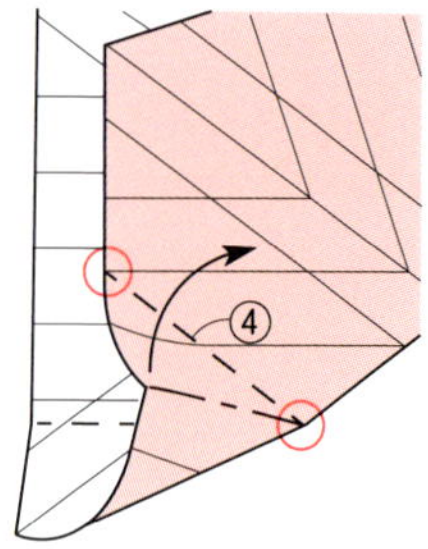

18
17のときに平らに押さえ
ると、自然と④の折り線が
できている。④の線は成り
行きで多少ずれてもOK。

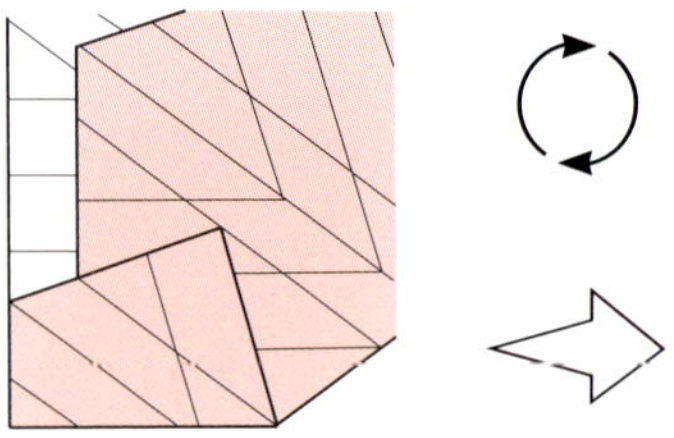

19
①～④の線で平らに折った
ところ。

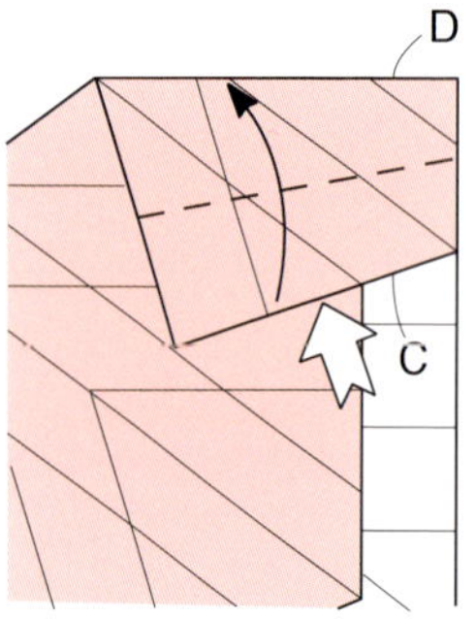

20
上下逆向きに置く。C（紙端）
をD（③の線）に合わせるよう
に谷折りする。

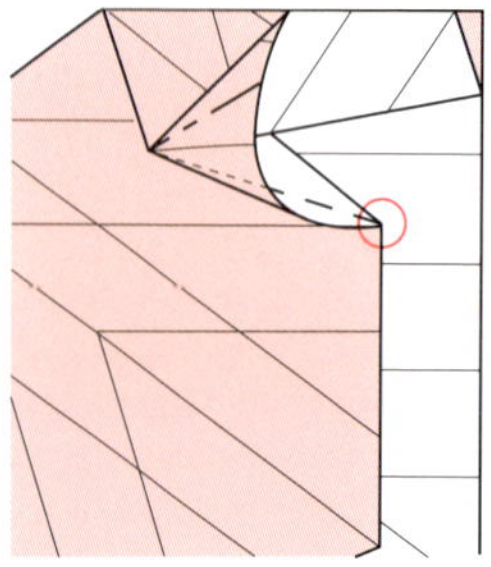

21
20を折りながら、20の折り線
の左端から右下の角を結ぶ
線で開いて平らにつぶす。

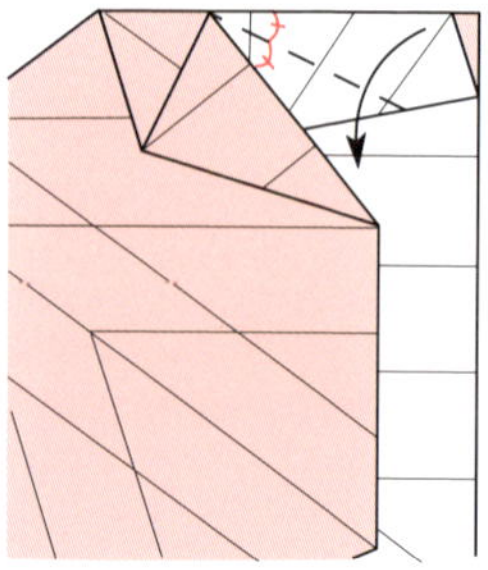

22
図のように、裏が見えている
部分を角の二等分線で折る。

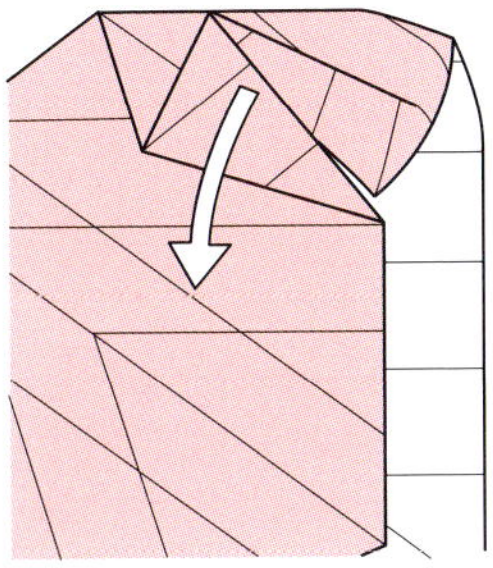

23
右上の角が浮いた状態。
折ったら、矢印の部分を開いて20の状態まで元に戻す。

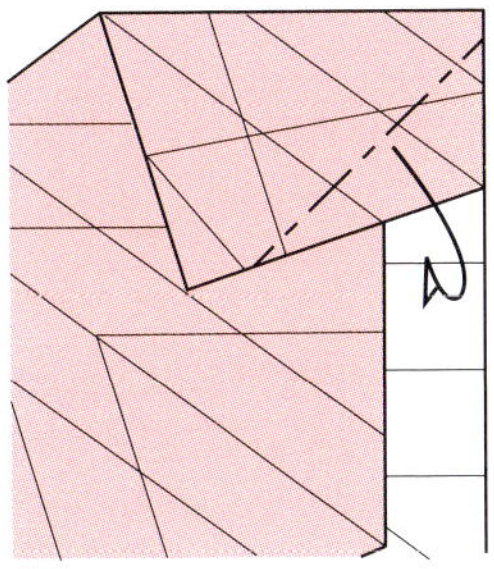

24
22でつけた折り線の延長線で紙端まで折る。

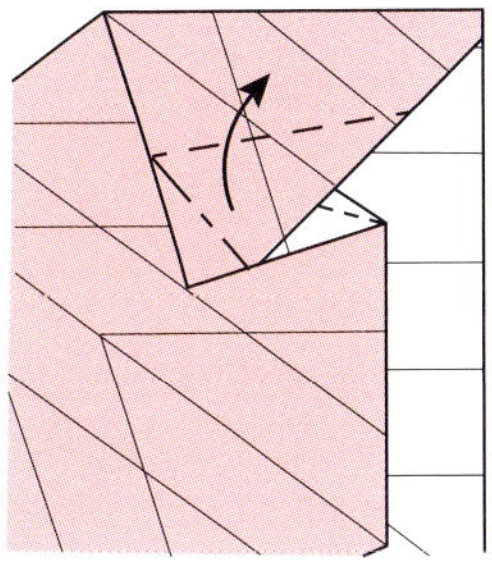

25
もう一度20〜21の線で折る。

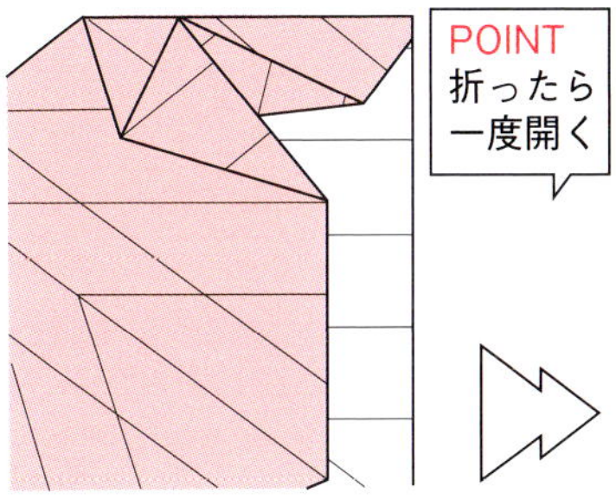

26
折ったところ。全体を一度開き、他の角も15〜26と同様に折る。

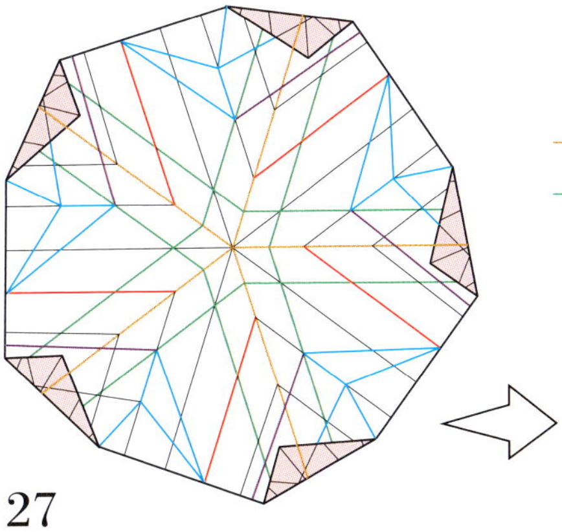

27
24の折り線のみ折ったまま、裏を上にして全体を一度開く。
※上図の線の色は28〜37を折る際に参照する。

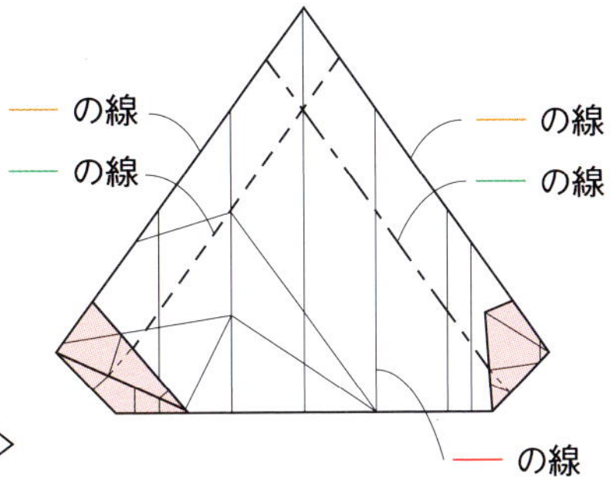

28
裏を外側にして風船の基本形(P.6)に折る。(→ —— の線)
折ったら、ここでもう一度図のように山折り、谷折りで折る。(→ —— の線)

※作り方説明用の写真は 21cm 角ではなく、25cm 角から切り出した紙を使用しています。

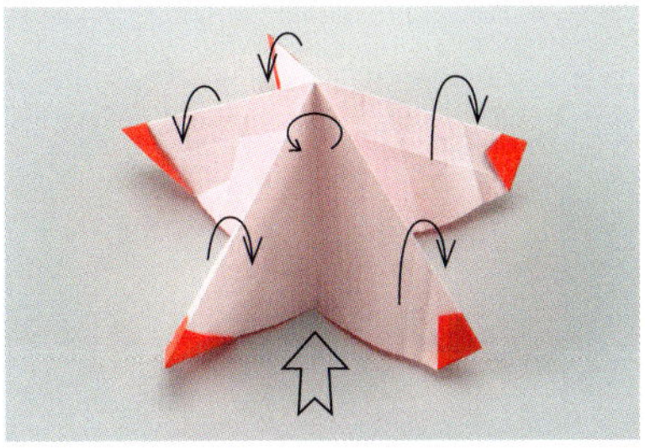

29
ピラミッド状に立て、それぞれのひだを28の折り線で折りながら中心を左回りにひねるようにして全体を広げる。

30
全体が平らになるまで開く。中心はつぶさない。

31
表に返す。紙が重なった部分を開くように左右に引く。

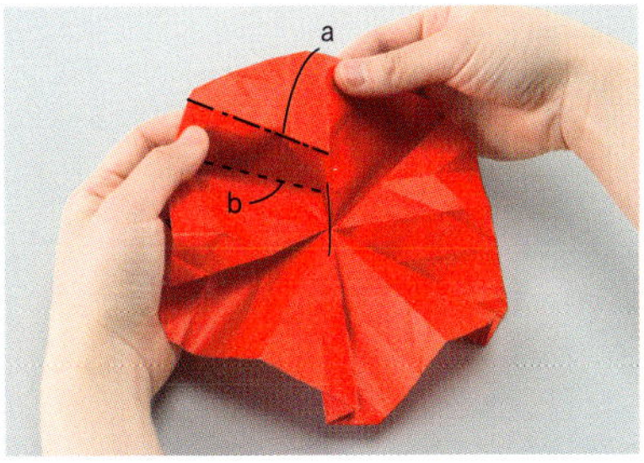

32
このとき、左の人さし指を伸ばすようにして添えると、自然と15〜19の③の折り線(a: —— の線)と13でつけた折り線(b: —— の線)で紙が折れる。

33
他の4か所も31～32と同様にする。13でつけた線（— の線）で裏から見て山折りに折る。

34
33の状態で裏から見たところ。

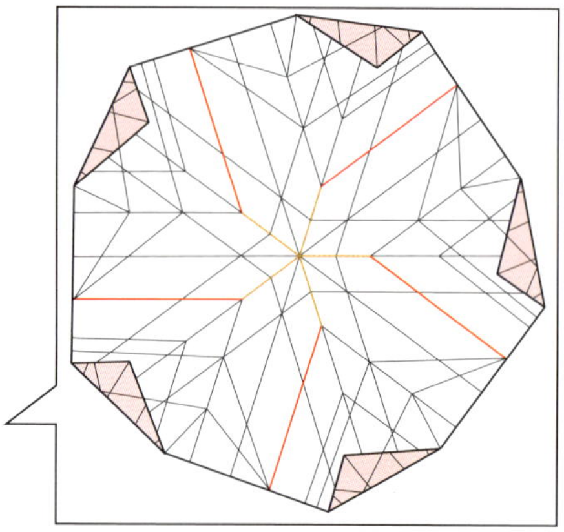

※33～34は図の — と — の線で裏から見て山折りで折る。

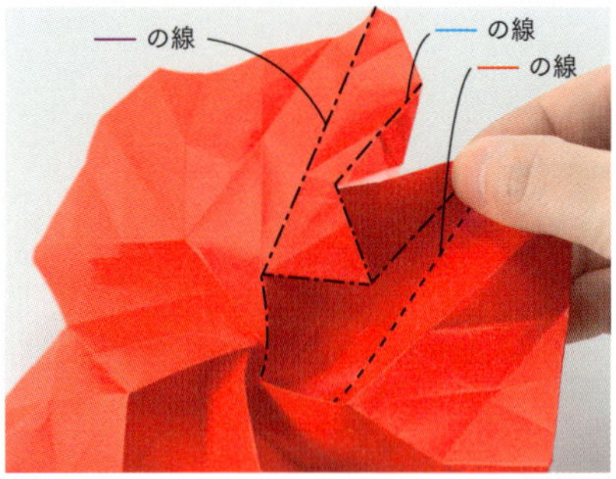

35
表に返し、角を26の状態に折る（— の線で折る）。
※次のひだを折るときに広がってしまってもOK。クリップで仮どめしてもOK。

36
他の角4か所も35と同様に折っていき、13でつけた線（— の線）で中心までずれないように注意して折りながら、左回りにタービンのように筒状にまとめる。

37
36を裏から見たところ。

38
36を横から見たところ。

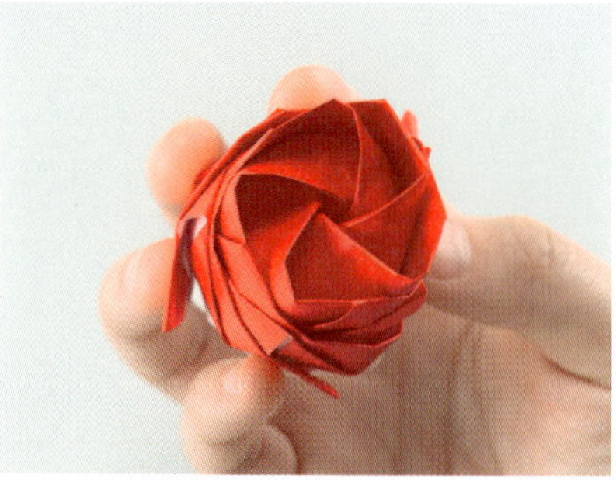

39
36を上から見たところ。

40
花びらの内側に丸箸を入れ、花びらの折り山に沿わせて右回りに回しながら少しずつ中心を広げる。広がってきたら、箸の太いほうでさらに広げ、整える。

41

ここからは花の底を作る。まず、上を左下にして向きを変えて持つ。

42

ひだの左端をしっかりと持ち、41の★のラインを手前の☆のラインに合わせるように折り目をずらしてつけ直す。

43

他の４か所も同様にする。このとき、隣のひだと互いにぶつからないように形を整える。

44

図のように軽く山折りする。これが底になる。

45

44の線で右回りに順番に折る。

46

全部折って組み合わせ、底が閉じたところ。ガクをつける場合は、底が平らになるように底を押し込む。

47

上向きに持ち直す。

48

外側の花びらを少しずつ折り返して外側に広げ、表情をつける。

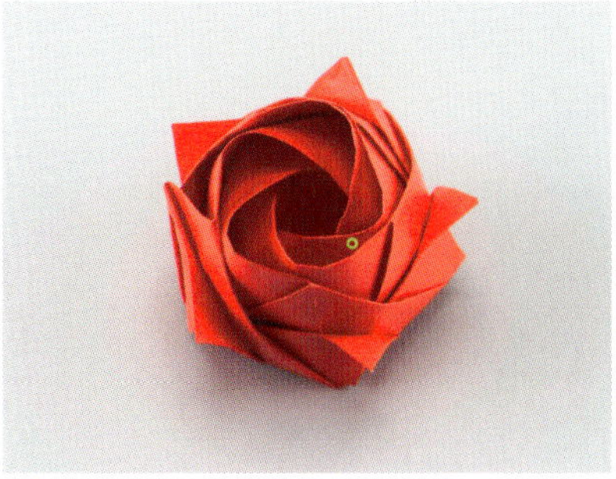

49

できあがり。

シンプルローズ *Simple rose / Rose simple*

初心者でも比較的折りやすいように手順を簡略化したバラです。この作品は 2008 年に完成していたのですが、当時はバラに見えずボツにしていました。あらためて見てみると、シンプルだからこその美しさを再発見できました。

（シンプルローズ★★★、シンプルローズ用のガク★★★、丸いつぼみ★、つぼみ用のガク★★★、バラの葉★★）

シンプルローズ P.18の作品

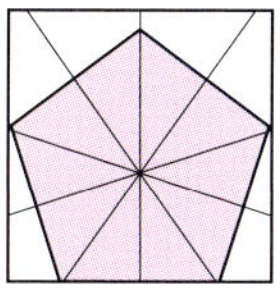

・紙のサイズ：25cm×25cmから切り出した正五角形（切り出し方はP.12）
・使用した紙：タント
・作り方のポイント：1〜18で必要な折り目を仕込み、仕込んだ折り目を使って19〜40で花の形に成形します。

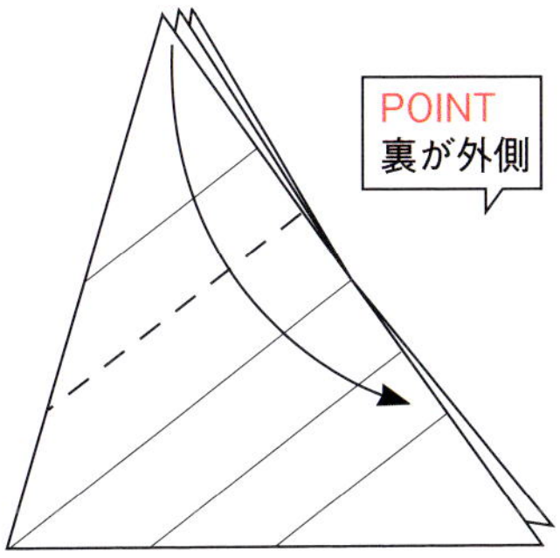

1. 初代五角バラ(P.13)の1〜8と同様に折る。紙の裏が外側にある状態。

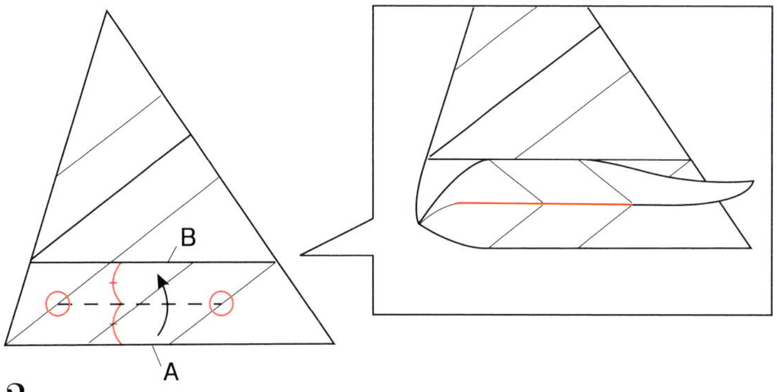

2 Aの線をBの線に揃えて、指定の範囲に折り線をつける。より簡単に折りたい場合は、紙の端まで折り線をつけてもOK(その場合、できあがり時に花びらに余計な線が出る)。

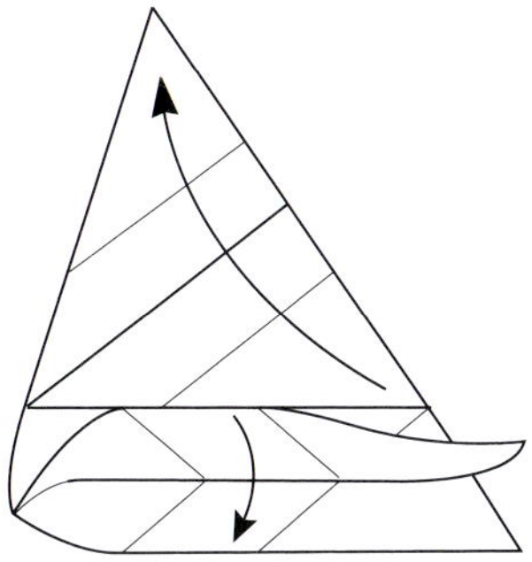

3 1〜2で折った部分を元に戻す。

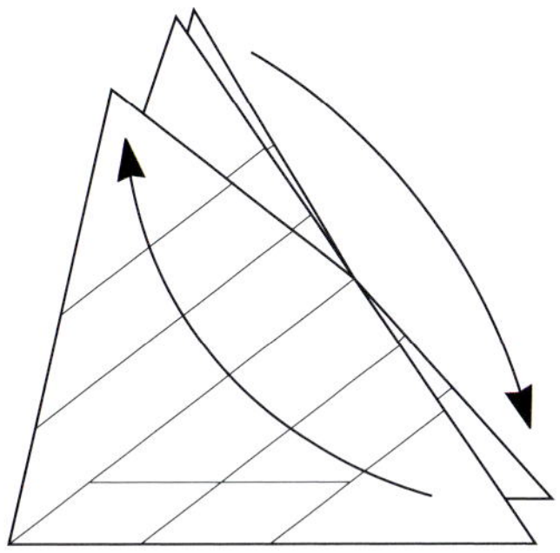

4 ひだを上下1枚ずつ反対側へめくり、1〜3と同様にすべてのひだに折り線をつける。

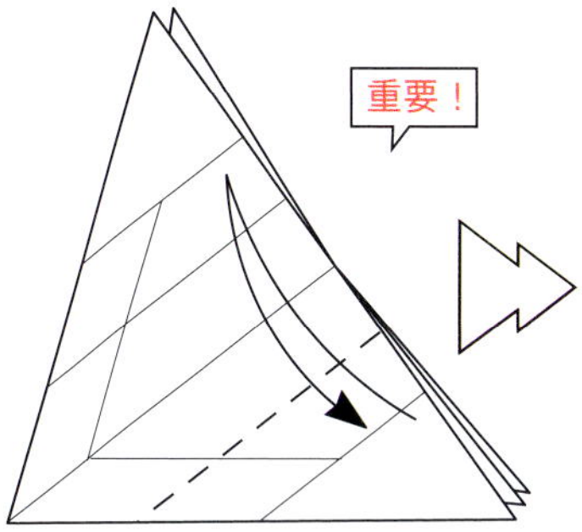

5 ここで、図のように初代五角バラの5〜7でつけた折り目を山折りから谷折りにつけ直しておく。すべてのひだを同様にする。

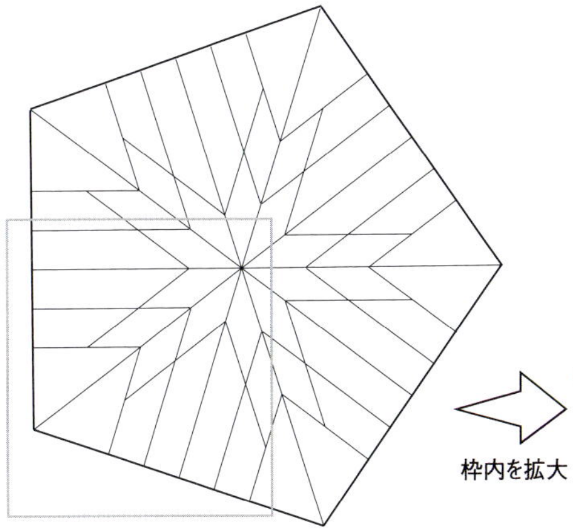

6 裏を上にして全体を広げる。

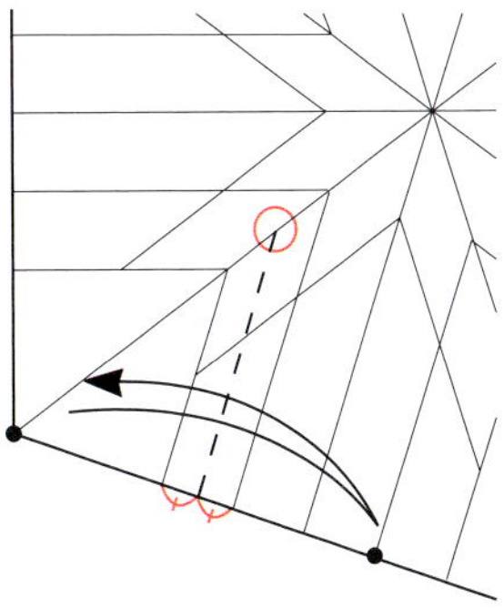

7 図のように折り線をつける。

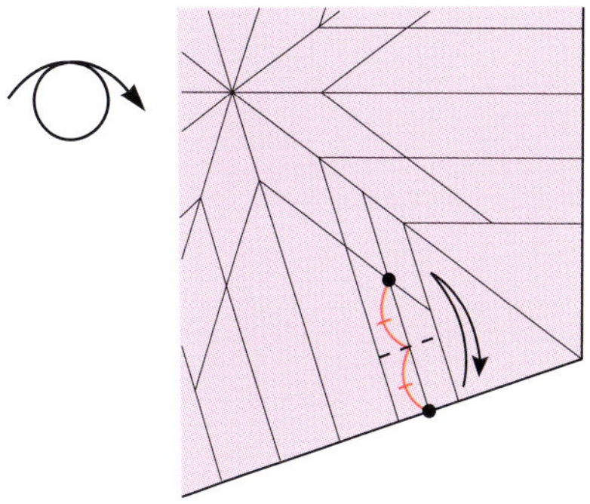

8 表に返し、図のように7の折り線上に折り線をつける。他も7〜8と同様に折る。

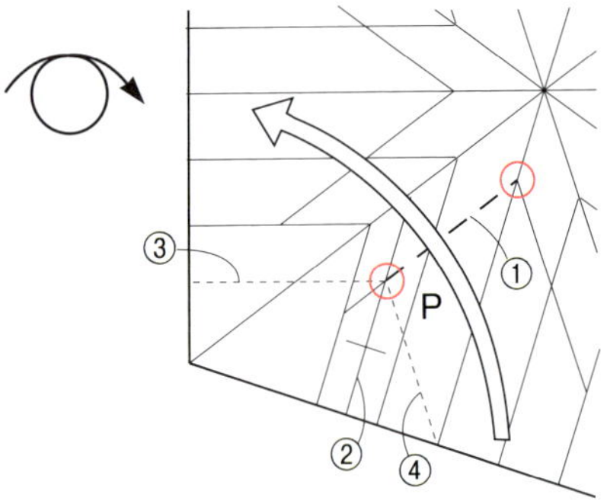

9
もう一度裏に返す。まず
①の線で谷折りする。

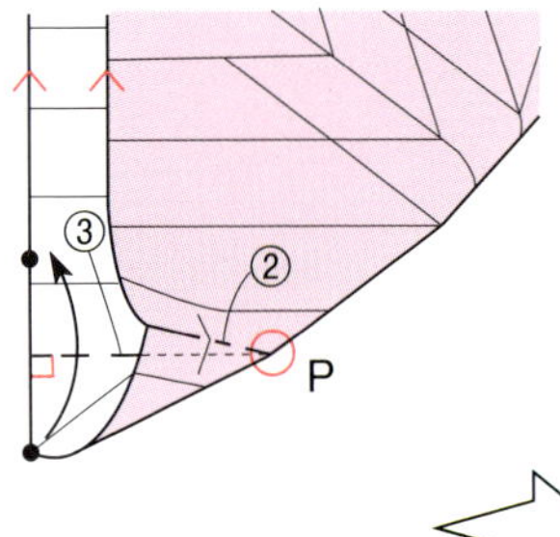

10
紙の端同士が平行に並ぶ。以後、
これがずれないように気をつける。
次に②の線で山折りしながら、P
（②の線と①の線の交点）から左
の辺に向かって垂直に折る（③）。

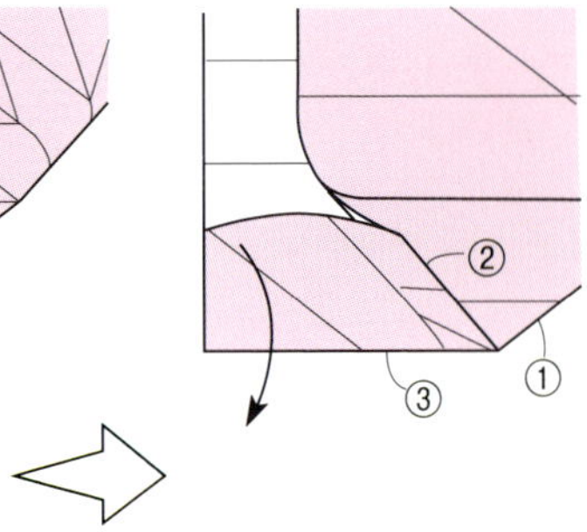

11
①〜③の線で折った
ところ。

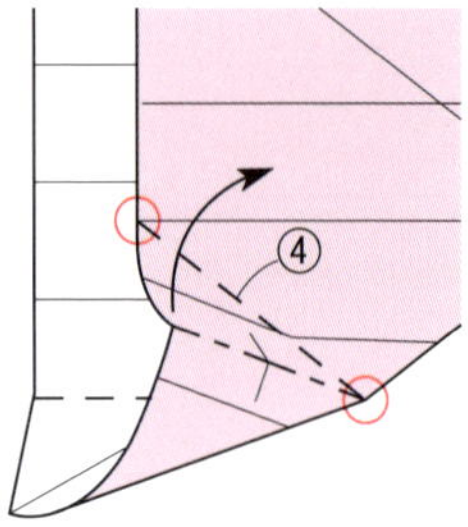

12
11のときに平らに押さえる
と、自然と④の折り線がで
きている。④の線は成り行
きで多少ずれてもOK。

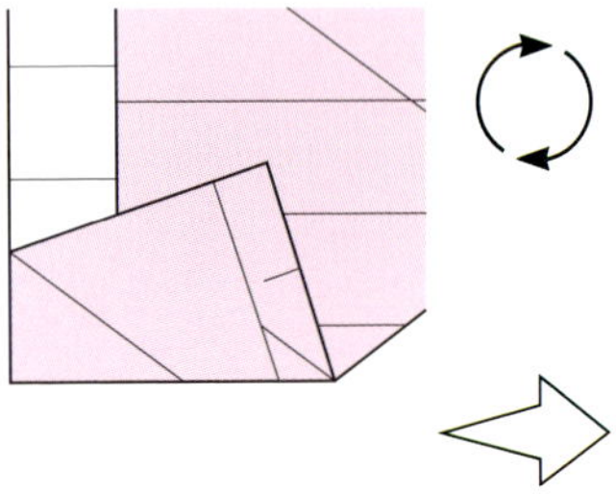

13
①〜④の線で平ら
に折ったところ。

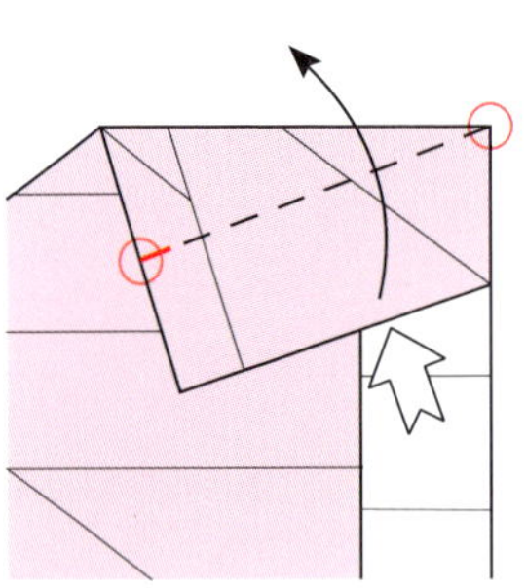

14
上下逆向きに置く。8でつけた
折り線と右上の角を結ぶ線で
折る。紙が破けないよう、角側
は少し遊びを残してもよい。

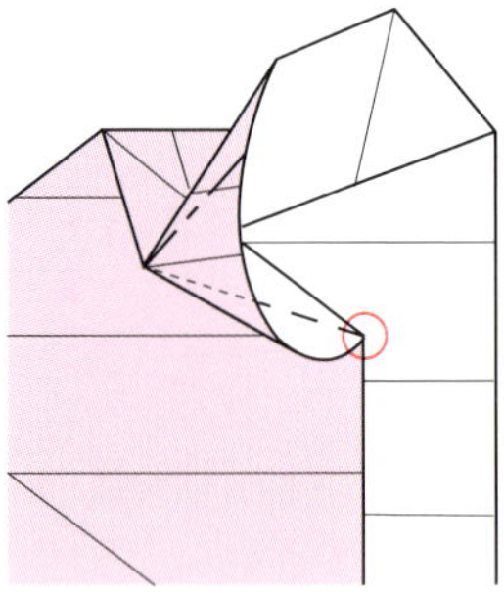

15
14を折りながら、14の折り線
の左端から右下の角を結ぶ
線で開いて平らにつぶす。角
側は少し遊びを残してもよい。

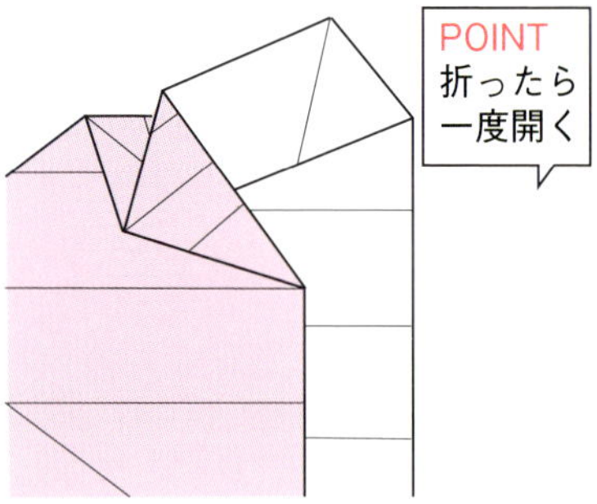

16
折ったところ。全体を一度開き、
他の角も9〜16と同様に折る。

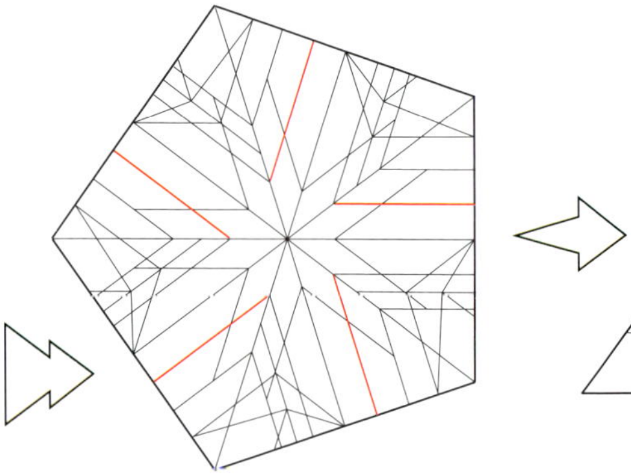

17
裏を上にして全体を一度開く。
※17〜18の赤線は25〜27を折る際に
参照する。

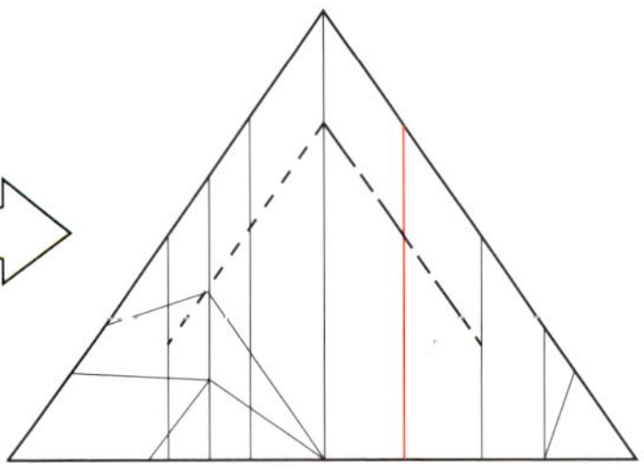

18
裏を外側にして風船の基本形（P.6）
に折る。ここで、もう一度図のように
山折り、谷折りで折る。

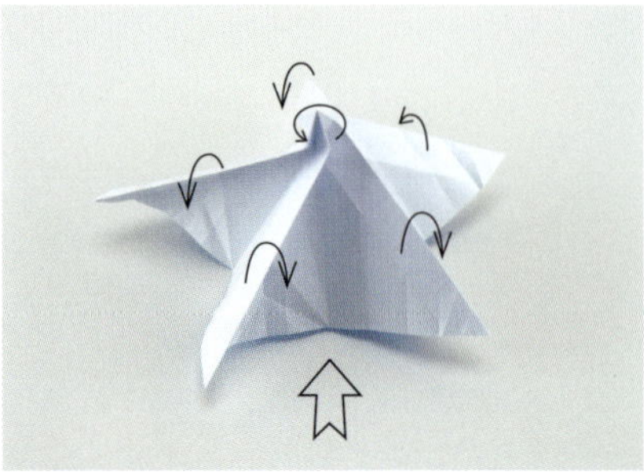

19
ピラミッド状に立て、それぞれのひだを18
の折り線で折りながら中心を左回りにひね
るようにして全体を広げる。

20
全体が平らになるまで開く。ただし、端まで折らないように注意。中心部分はつぶしてもつぶさなくてもどちらでも OK（つぶし方は P.23 参照）。

21
つぶした場合。

22
表に返す。紙が重なった部分を開くように左右に引く。

23
このとき、左側の人さし指を伸ばすようにして添えると、自然と 9~13 の③の折り線で紙が折れる。

24
角を 16 の状態に折る。
※次のひだを折るときに広がってしまっても OK。クリップで仮どめしても OK。

25
他の角 4 か所も 22 ～ 24 と同様に折る。5 でつけた線（17 ～ 18 の赤線）で裏から見て山折りに折る。

26
25 を裏から見たところ。

27
25 ～ 26 の線（5 でつけた線＝ 17 ～ 18 の赤線）で中心までずれないように注意して折りながら、左回りにタービンのように筒状にまとめる。

28
筒状にまとめたところ。

29
下部を上に折り上げていく。最初の 1 枚は少ししか上がらない。

30
2 枚めからは、上の平らな部分と平行になるように折る。左回りに 5 枚折る。

31
全部折り上げたところ。

32
31 を上から見たところ。

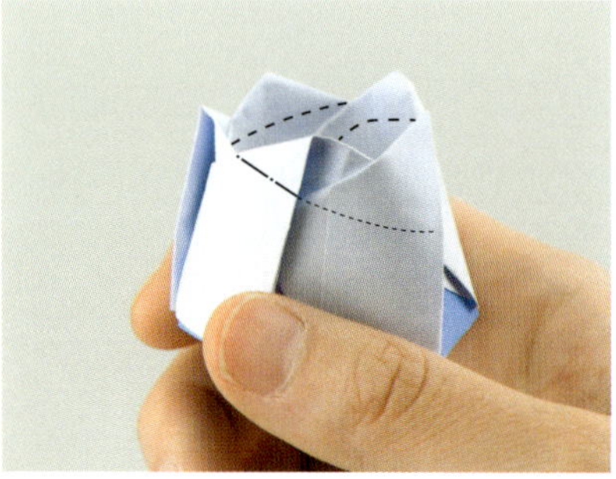

33
底を上にして持ち、山型になっている 5 か所を左回りに内側に折り込む。

34
折ったところ。

35
再び上に向けて持ち直し、花びらの内側に丸箸を入れ、花びらの折り山に沿わせて右回りに回しながら少しずつ中心を広げる。箸の太いほうも使って整える。

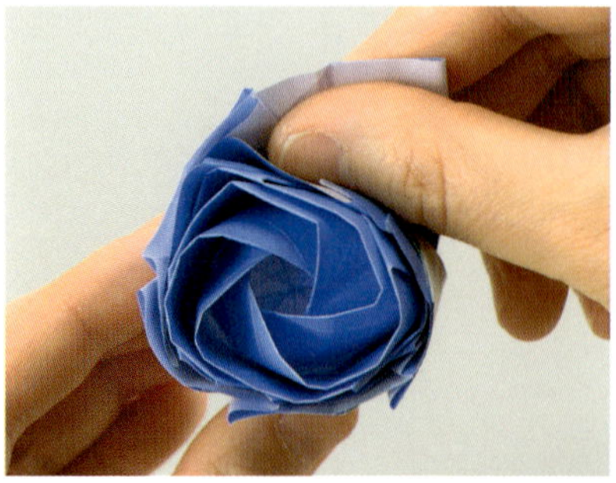

36
一番外側の花びらのたたまれた部分に親指をぐっと差し込み、ざっくりと広げる。

37
5 枚の花びら全部を広げたところ。

38
36 ～ 37 で広げた花びらの折り山の部分を開くようにして折る（中割り折り）。

39
折ったところ。他の 4 枚も同様に折り、形を整える。

40
できあがり。

きれいに折るためのコツ

★折り目はきちんとつける
頂点や角など、合わせるポイントをきちんと合わせ、爪でしっかりと折り目をつけましょう。

★前の図や先の図を見る
次の図を見ると、折ったらどんな形になるかがわかります。また、わからなくなったときは、少し前の図まで戻って折り直してみましょう。

★大きめの折り紙用紙で何度も練習する
特にバラは、一度で折り方をマスターするのは難しいです。表裏のある大きな紙で、何度もくり返して折ってみてください。一度コツがわかると、どんどん折れるようになります。

中心のつぶし方

1
中心の立体的になっている部分を指の腹で上から押しつぶす。

2
上が少し平らになる。側面を 5 方向に少しずつ引っ張り、また上から押しつぶす。これをくり返して平らにする。

3
つぶした縁がきれいな五角形になるように整える。

シンプルローズ用のガク P.18,26の作品

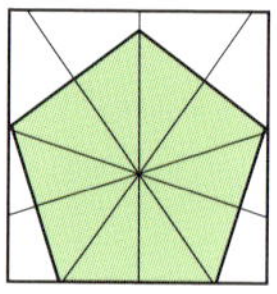

・紙のサイズ：15cm×15cmから切り出した正五角形（切り出し方はP.12）
・使用した紙：タント
※シンプルローズ、ガーデンローズに使える。花とガクの紙の大きさの比率は5：3＝25cm：15cm。

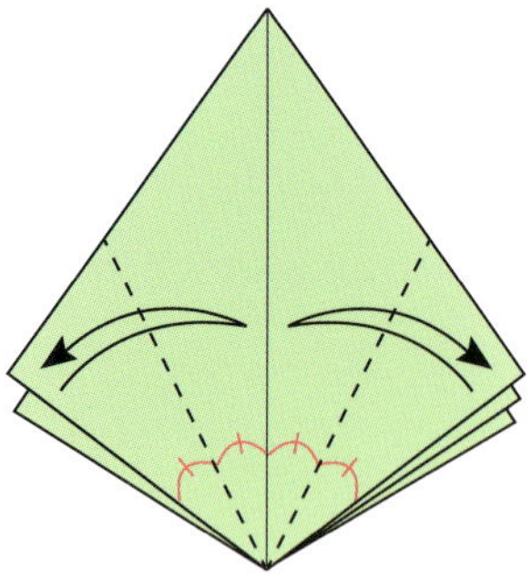

1
花の基本形（P.6）に折り、図のように折り線をつける。

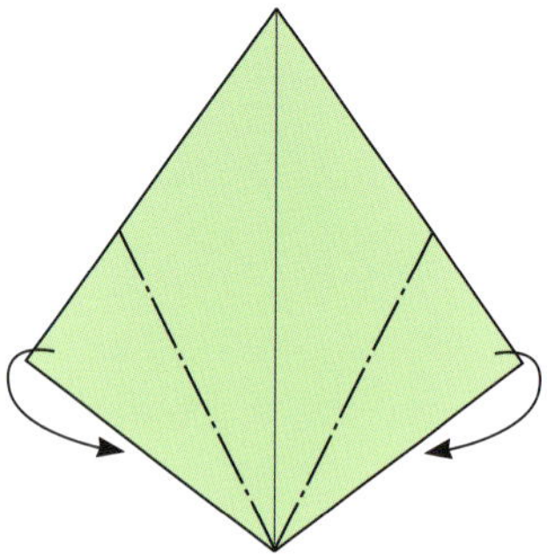

2
1の折り線で中割り折りをする。

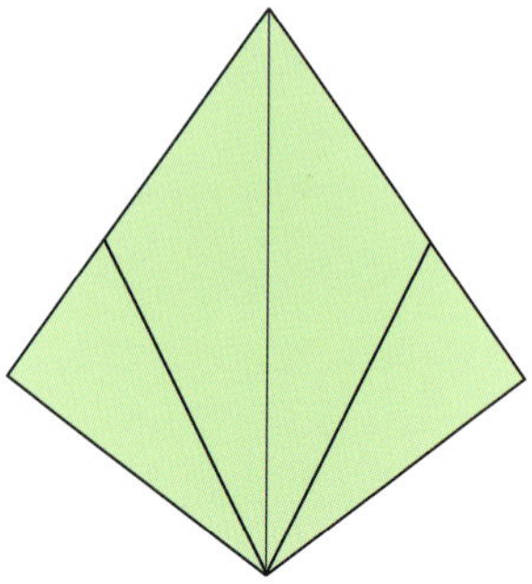

3
他も1～2と同様に折る。

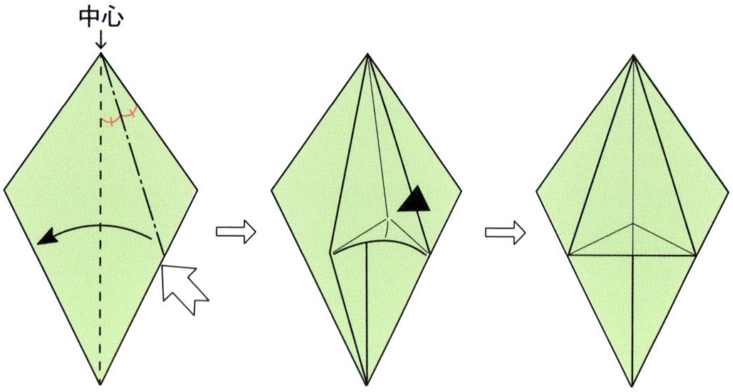

4
図の折り線で開きながら角を平らにつぶす。

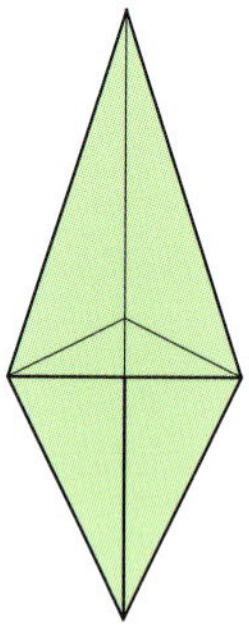

5
他も4と同様に折る。

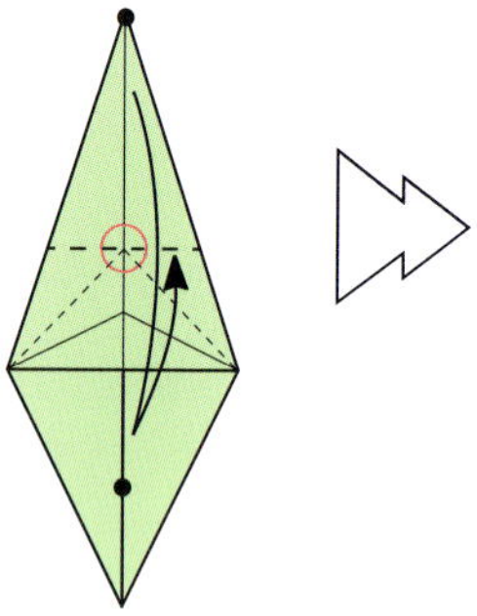

6
下に隠れている紙の頂点部分で折り目をつける。紙が重なって厚みがあるのでしっかりと折る。

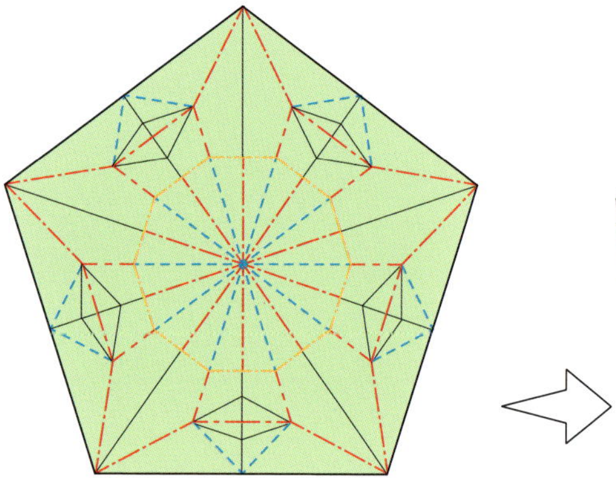

7
全体を一度開き、6でつけた折り線をすべて山折りに折り直す。中心部を図の折り線で折り直し、沈め折りの準備をする。
※P.62の7を参照

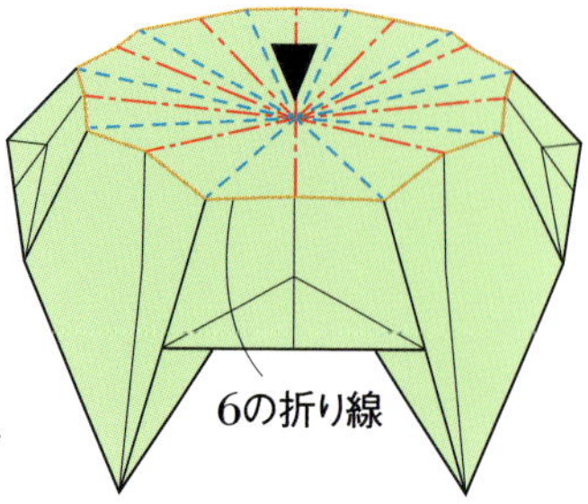

8
7の折り線で折り、沈め折り（P.5）をする。
※P.63の8を参照

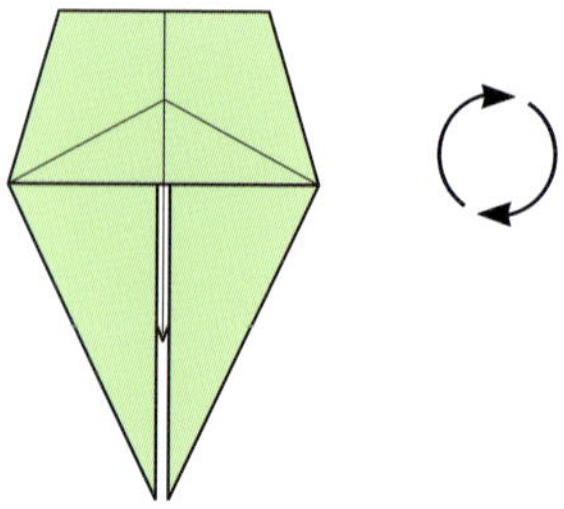

9
折ったところ。上下逆向きに置く。

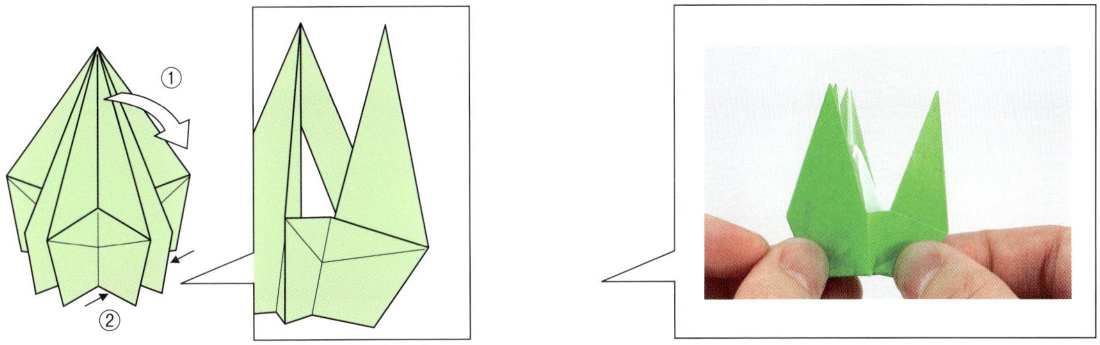

10

内側の部分が見えるところまで外側のひだを引き出す（①）。紙がずれるので、下部を押さえて折り目をつけ直す（②）。

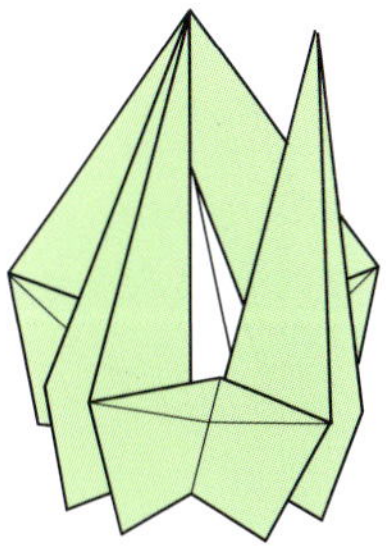

11

開いた形が固定される。
5か所とも同様にする。

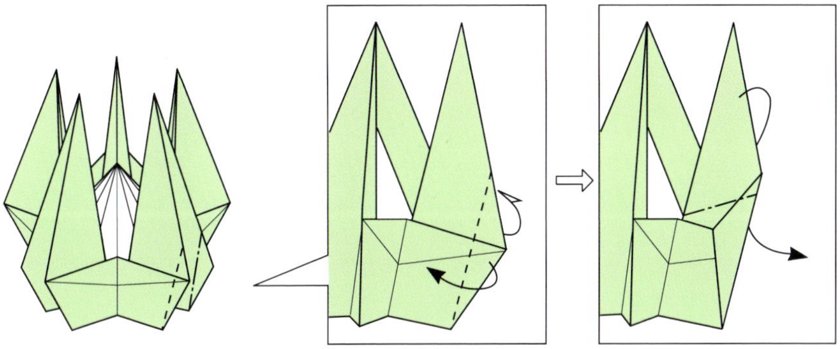

12

角の部分をそれぞれ開くように折り、上部を中割り折りする。
5か所とも同様にする。

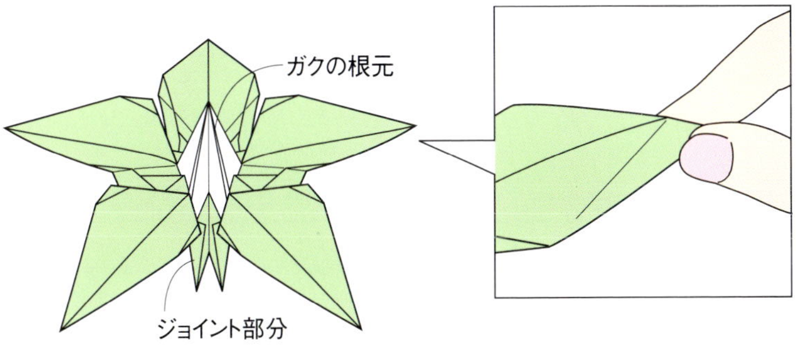

13

5か所折り、開いたところ。
先を少し指でつまんでとがらせる。

14

ジョイント部分を上にして、できあがり。花との組み立て方はP.46を参照する。

ガーデンローズ *Garden rose / Rosier de jardin*

花弁の多いカップ咲きのバラを表現しました。シンプルローズのアレンジですが、花びらの処理が独特です。
ピンクと黄色のグラデーションが美しい和紙を使って折りました。花弁が丸く表現できるので、この作品には和紙も似合います。
（ガーデンローズ★★★★★、シンプルローズ用のガク★★★、丸いつぼみ★、つぼみ用のガク★★★、バラの葉★★）

ガーデンローズ P.26の作品

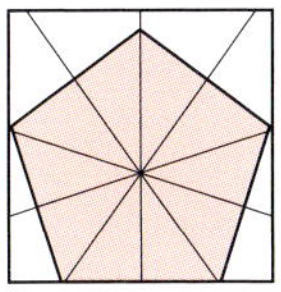

- 紙のサイズ：25cm×25cmから切り出した正五角形（切り出し方はP.12）
- 使用した紙：和紙
- 作り方のポイント：1〜17で必要な折り目を仕込み、仕込んだ折り目を使って18〜48で花の形に成形します。

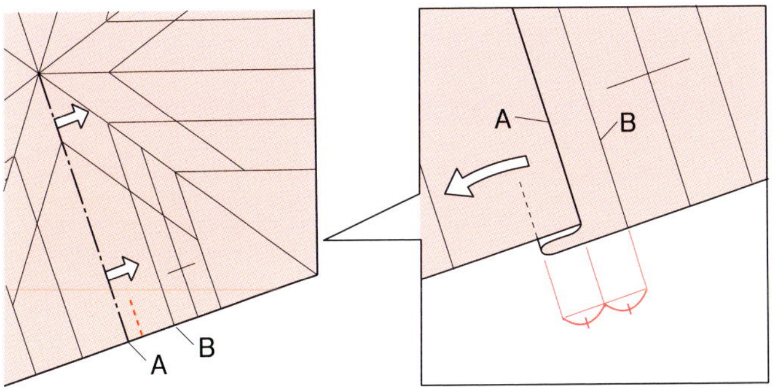

1
シンプルローズ（P.19）の1〜8と同様に折る。次に、図のようにAの線をつまんで少しBの線の方に寄せ、A-B間の1/3の位置に折り線をつける。

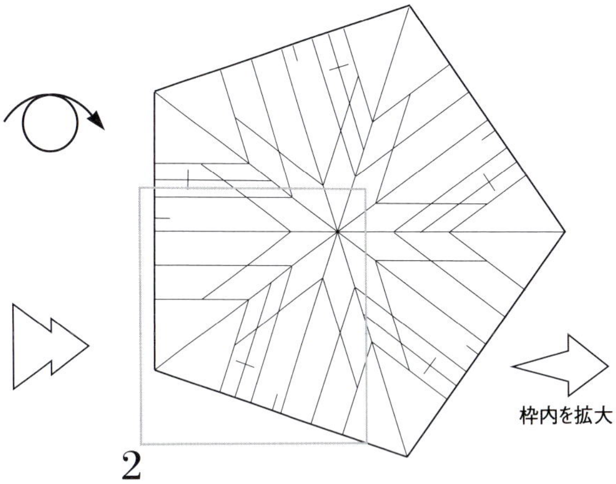

2
他の4か所も同様に折り線をつけ、裏を上にして全体を広げる。

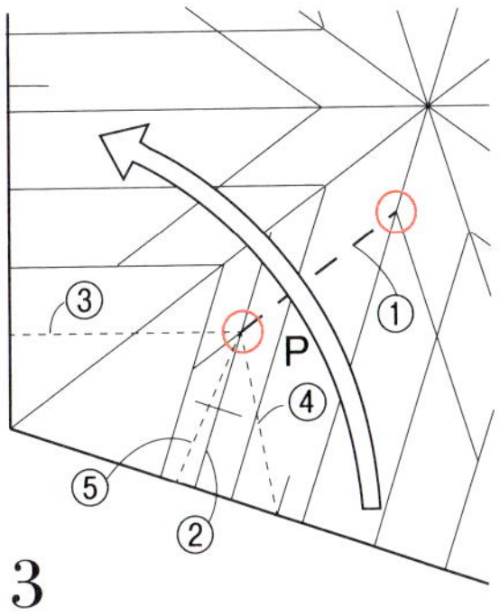

3
まず①の線で谷折りする。

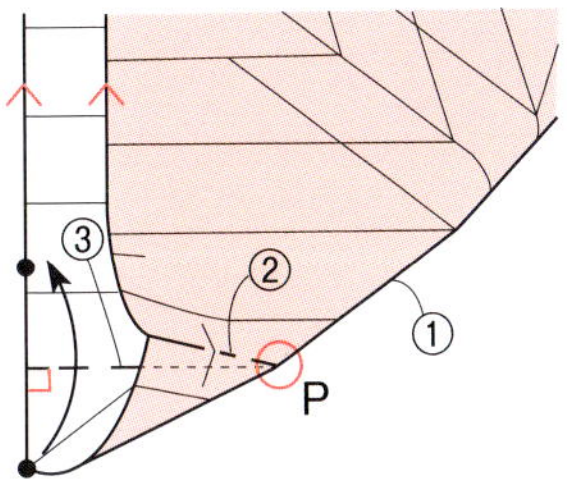

4
紙の端同士が平行に並ぶ。以後、これがずれないように気をつける。次に②の線で山折りしながら、P（②の線と①の線の交点）から左の辺に向かって垂直に折る（③）。

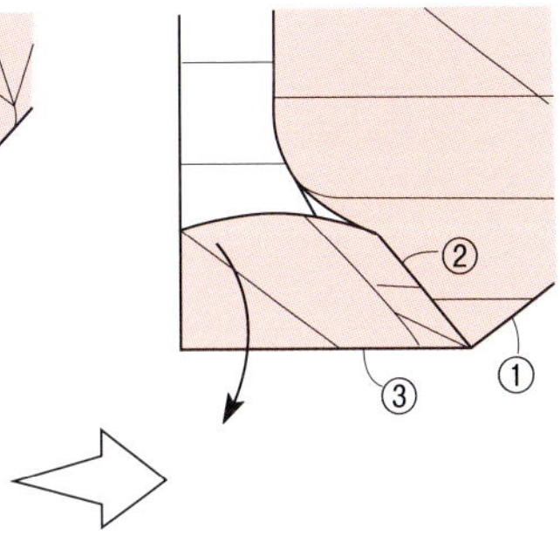

5
①〜③の線で折ったところ。一旦②③の線を開く。

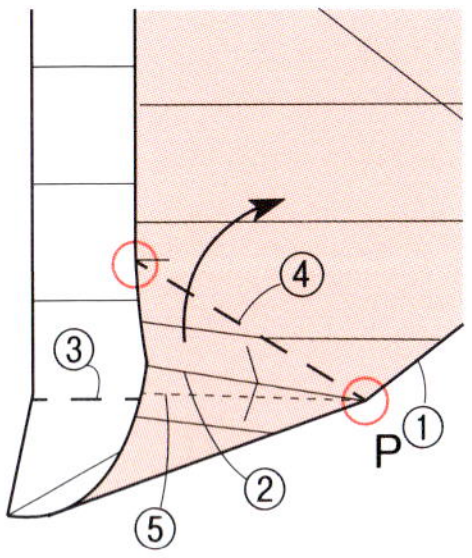

6
Pから1〜2でつけた折り線の端を結ぶ線（④）で谷折りする。

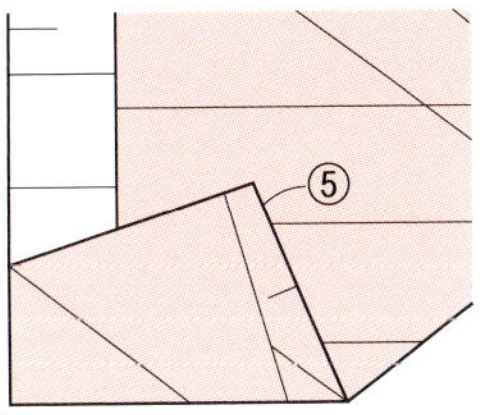

7
①③④の線で平らに折ると、自然と⑤の線で折れる（②の線と少しずれる）。

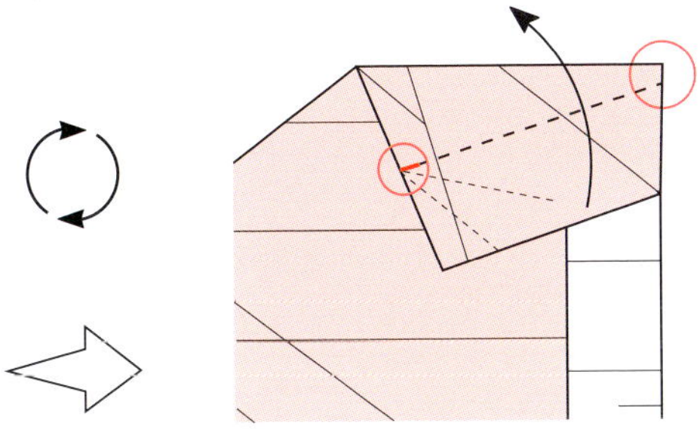

8
上下逆向きに置く。シンプルローズの8でつけた折り線から、右上の角の少し下を結ぶ線で折る。

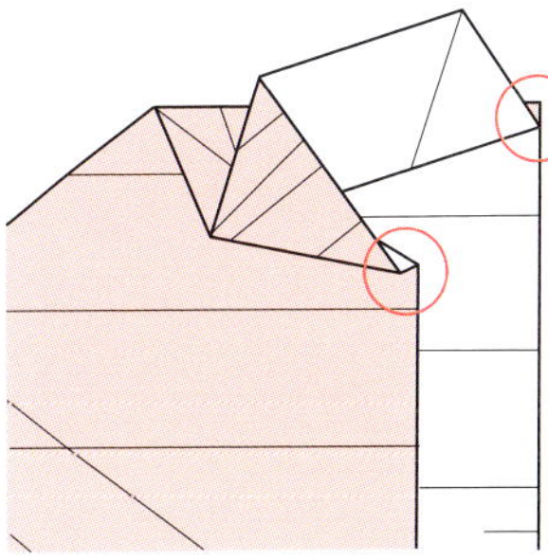

9
8を折りながら、8の折り線の左端から右下の角の少し手前を結ぶ線で開いて平らにつぶす。

解説
DVD

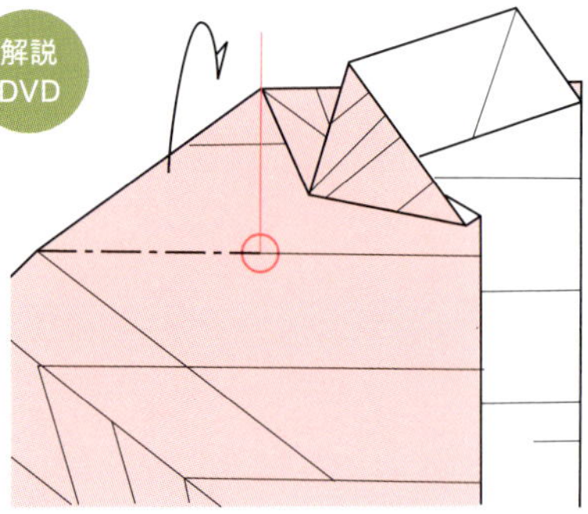

10
図のように左側の部分だけを山折りする。

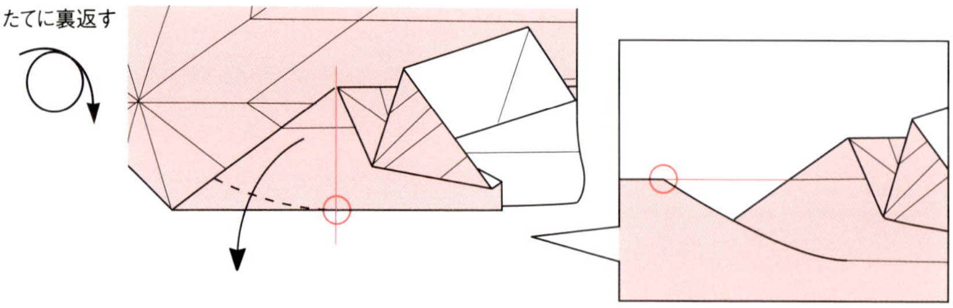

※表から見たときに図のように
左の角と右の折り線が一直
線に並ぶ位置で折る。

11
少し丸みを帯びるようにカーブに谷折りする。

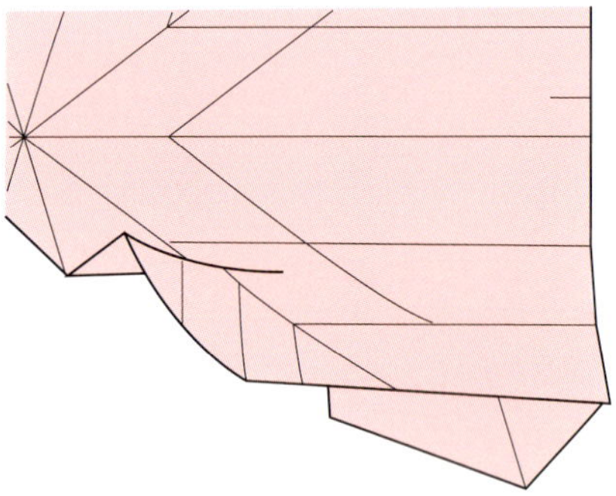

12
谷折りの部分をつまむようにして持ち（下の写真②）、折り線がなだらかに右の折り線につながるようにする（上図は②の状態で裏から見たところ）。

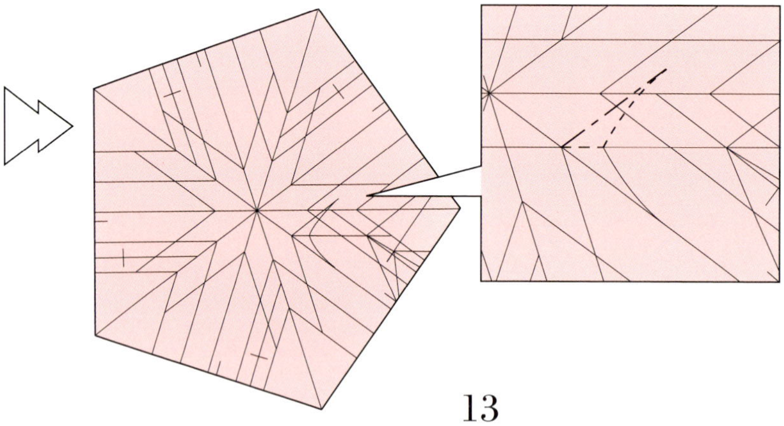

13
表を上にして全体を広げる。11〜12でできた折り線の上側部分は図のように山折りと谷折りを逆につけ直す。

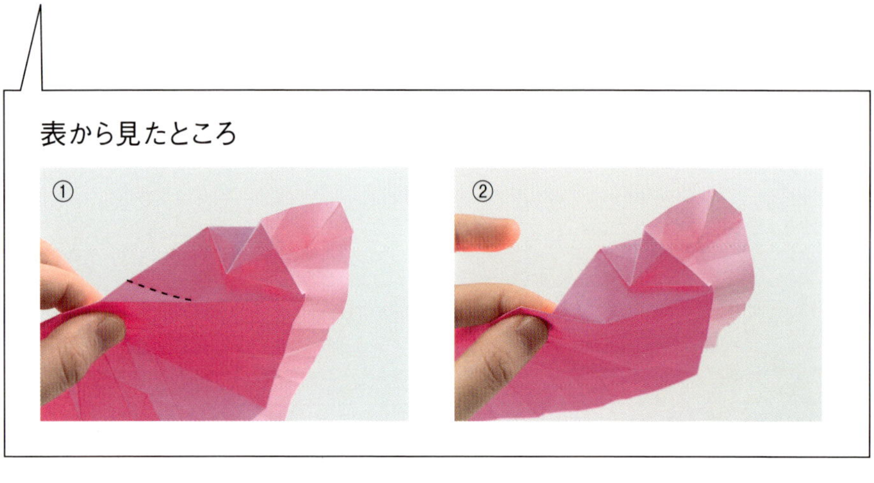

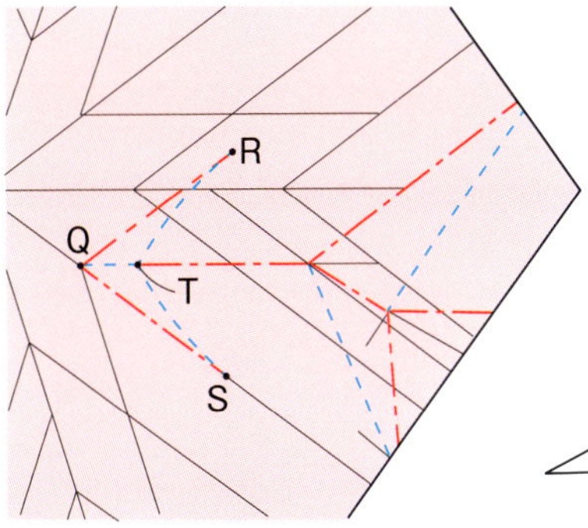

14

11〜13で折った部分（図の左部分）を中割り折りし、図の右部分ももう一度折り線通り（9の状態）に折る。

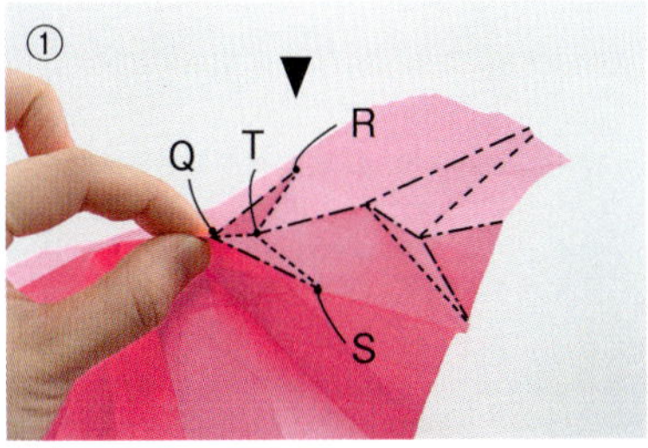

14 の折り線で折ると自然と T がへこむ。T を Q のほうへ押すようにしながら R と S をぴったり重ねる（求心中割り折り）。

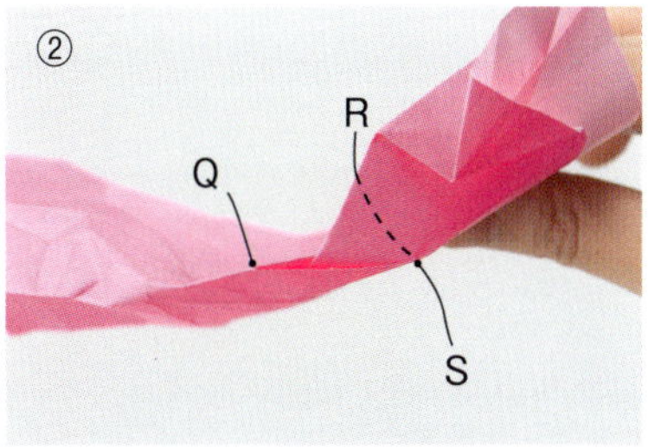

重ねた状態で改めて折りぐせをつけておく。裏から右手の人さし指の腹で支えると折りやすい。

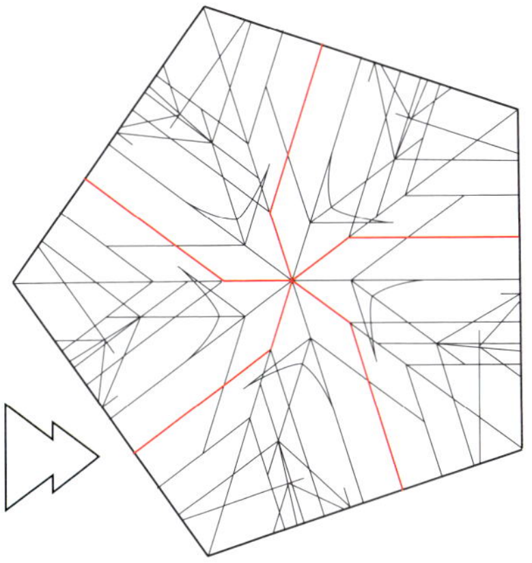

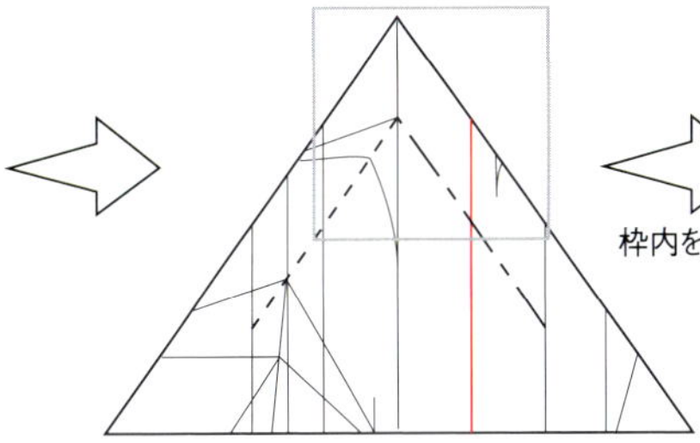

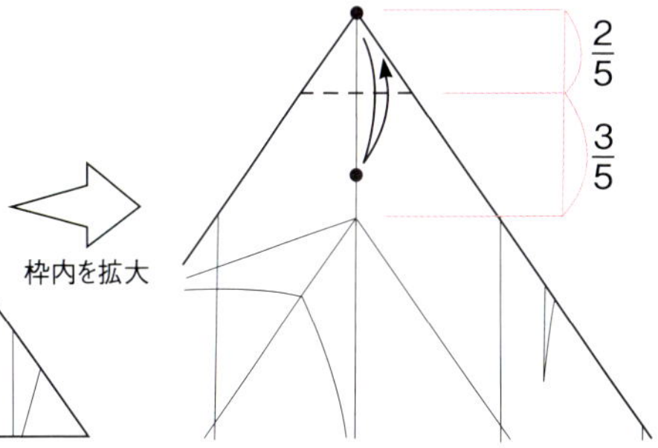

15

全体を一度開き、他の4か所も3〜14と同様に折り、折ったらもう一度裏を上にして全体を広げる。
※15〜16の赤線は26〜27を折る際に参照する。

16

裏を外側にして風船の基本形（P.6）に折る。ここで、もう一度図のように山折り、谷折りで折る。

17

先端部分の図の位置にしっかりと折り線をつける。この折り線を使って18〜21で沈め折りをする。

18

一旦広げて、17 で折った折り線をすべて山折りに折り直す。

19

5 か所を山折りにしたところ。

20

18 〜 19 でつけた折り線で沈め折り（P.5）をする。

21
沈め折りしたところ。

22
それぞれのひだを16の折り線で折りながら、左回りにひねるようにして全体を広げ、平らになるまで開く。ただし、端まで折らないように注意。(シンプルローズの19参照)

23
表に返す。紙が重なった部分を開くように左右に引く。

24
左右に引きながら左側の人さし指を伸ばすようにして添えると、自然と3〜7の③の折り線で紙が折れる。

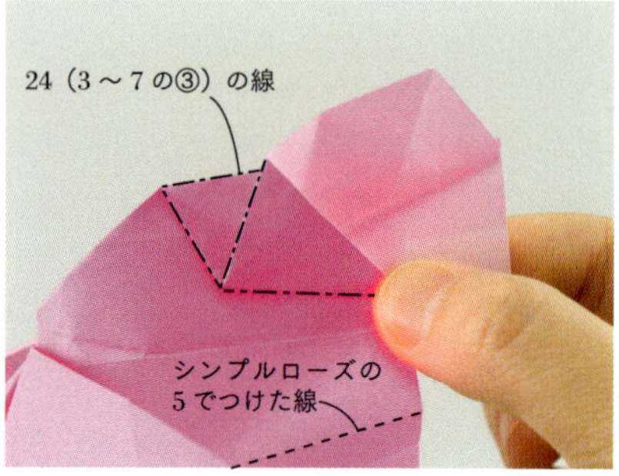

25
角を9の状態に折る。
※次のひだを折るときに広がってしまってもOK。クリップで仮どめしてもOK。

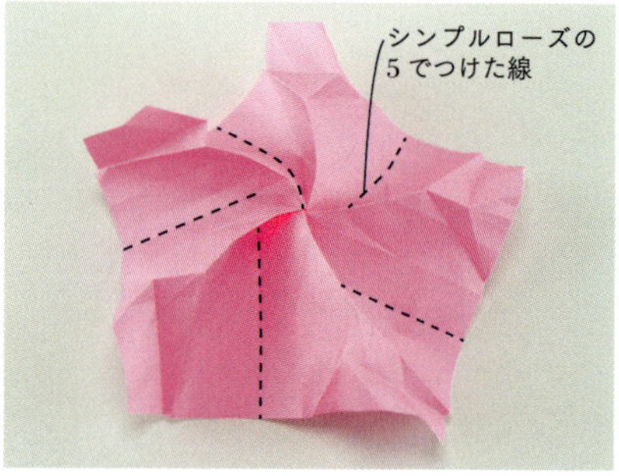

26
他の角4か所も23〜25と同様に折る。シンプルローズの5でつけた線（15〜16の赤線）で裏から見て山折りに折る。

27
26の線（シンプルローズの5でつけた線＝15〜16の赤線）で中心までずれないように注意して折りながら、シンプルローズの25〜28（P.21）と同様に、左回りにタービンのように筒状にまとめる。

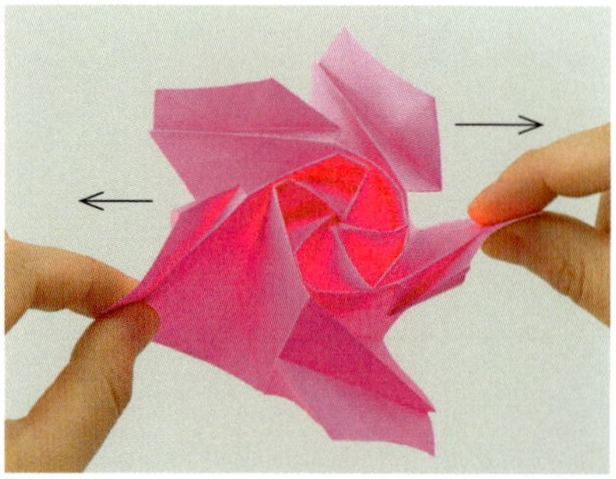

28
左右に引くようにして、中心の閉じた折り山を途中まで開き、中割り折りに折り直す。

29
14でつけた折りぐせに沿って中割り折りをする。

30
5か所すべて中割り折りをする。

31
中割り折りしたまま、再び 25 ～ 27 のようにして筒状にまとめる。

32
下部を上に折り上げていく。最初の 1 枚は少ししか上がらない。

33
2 枚めからは、上の平らな部分と平行になるように折る。左回りに 5 枚折る。

34
5 枚全部折り上げたところ。

35
底を上にして持ち、山型になっている 5 か所を左回りに内側に折り込む。

36
折ったところ。

37
再び上に向けて持ち直し、中割折りした花びらの内側に丸箸を入れ、花びらの折り山に沿わせて右回りに回しながら少しずつ中心を広げる。箸の太いほうは使わない。

38
一番外側の花びらのたたまれた部分に親指をぐっと差し込み、ざっくりと広げる。

39
5 枚の花びら全部を広げたところ。

解説 DVD

40-1
38 で親指を入れた位置のもう 1 枚内側の花びらの折り目を伸ばし、親指に巻きつけるようにして丸く成形する。

40-2

40-3

41
花びら 1 枚を成形したところ。他の 4 枚も同様に折る。

42
5 枚の花びら全部を丸く成形したところ。

43
シンプルローズの 38 と同様に、外側の花びらの折り山を開くようにして折る（中割り折り）。

44
折ったところ。他の 4 枚も同様に折る。

45
5 枚の花びら全部折ったところ。

46
一番外側の花びらの面取りをするように角2か所を少しだけ折る。

47
折ったところ。他の4枚も同様にする。

48
できあがり。
※ガクをつける場合は、シンプルローズ用のガク（P.24）を折り、P.49を参照してつける。

花とパーツの組み合わせ一覧表

各作り方ページには、見本作品に使った紙の大きさや紙の種類を表記していますが、ぜひいろいろな大きさや種類の紙で折ってみてください。下の表は、対応するパーツと、写実的に作る場合の紙の大きさの目安をまとめたものです。違う大きさで作る場合は、組み合わせるパーツも同じ比率で大きさを決めるといいでしょう。
花とガクなど、組み立てるパーツはなるべく正確な大きさの比率で作る必要がありますが、葉などはいくつか大きさを変えて組み合わせるのがおすすめです。バラの3枚葉や5枚葉を作る場合は、真ん中の葉を大きめにするとバランスがよく写実的に仕上がります。

※　=用意する正方形の1辺の長さ

花（つぼみ）	※	ガク	※	葉	※	茎	※	芯	※
初代五角バラ	21cm	つぼみ用のガク	17cm	バラの葉	15cm	ワイヤー		なし	
シンプルローズ	25cm	シンプルローズ用のガク	15cm	バラの葉	15cm	ワイヤー		なし	
ガーデンローズ	25cm	シンプルローズ用のガク	15cm	バラの葉	15cm	ワイヤー		なし	
基本の五角バラ	25cm	バラのガク	15cm	バラの葉	15cm	ワイヤー		なし	
ハイブリッドティーローズ	25cm	バラのガク	15cm	バラの葉	15cm	ワイヤー		なし	
ニューモダンローズ	25cm	バラのガク	15cm	バラの葉	15cm	ワイヤー		なし	
らせんのつぼみ	15cm	つぼみ用のガク	15cm	バラの葉	15cm	ワイヤー		なし	
丸いつぼみ	10cm	つぼみ用のガク	10cm	バラの葉	15cm	ワイヤー		なし	
とがったつぼみ	10cm	つぼみ用のガク	10cm	バラの葉	15cm	ワイヤー		なし	
ハイビスカスの花	17.5cm	つぼみ用のガク	7.5cm	ハイビスカスの葉	12.5cm	ワイヤー		ハイビスカスの芯	15cm
ヒメユリ	21cm	なし		ユリの葉	7.5cm	ワイヤー		茎用のワイヤー	
テッポウユリ	21cm	なし		ユリの葉	7.5cm	ワイヤー		茎用のワイヤー	
オリエンタルハイブリッド	21cm	なし		ユリの葉	7.5cm	ワイヤー		茎用のワイヤー	
チューリップの花	17.5cm	なし		チューリップの葉	35cm	チューリップの茎	35cm	チューリップの芯	8cm

基本の五角バラ *Basic pentagon rose / Rose pentagonale de base*

バラの花の底を外側に折り返すことで花弁の数が倍増します。後で気がつきましたが、
川崎敏和先生の「バラ」と「一分ローズ」のテクニックの組み合わせになっています。15cm 角くらいの紙から作ると、かわいらしくまとまります。
（基本の五角バラ★★★★）
※ 花を 55 個使用。1つずつワイヤーを通し、円柱状とリース状の吸水性スポンジに刺したものを紙やレースペーパー、リボンでデコレーションした。

基本の五角バラ P.34の作品

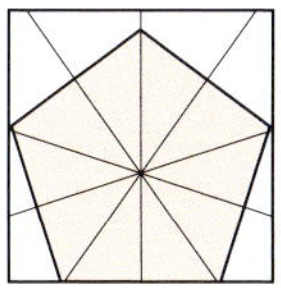

解説 DVD

・紙のサイズ：15cm×15cmまたは17.5cm×17.5cmから切り出した正五角形（切り出し方はP.12）
・使用した紙：タント
・作り方のポイント：1〜21で必要な折り目を仕込み、仕込んだ折り目を使って22〜43で花の形に成形します。
※他のバラのように写実的に作る場合は25cm×25cmから切り出した正五角形で作る。

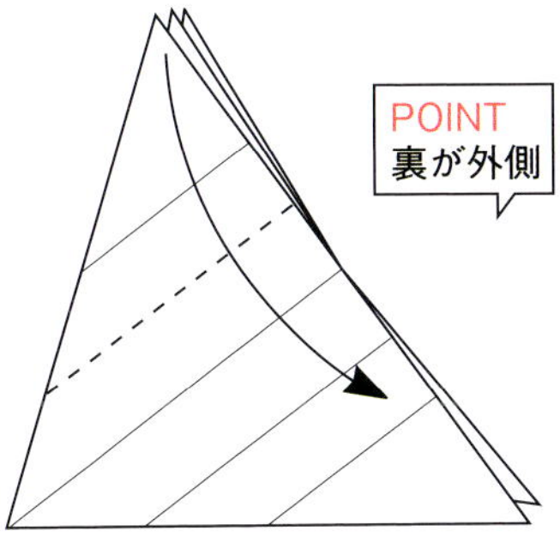

1
初代五角バラ(P.13)の1〜8までと同様に折る。紙の裏が外側にある状態。

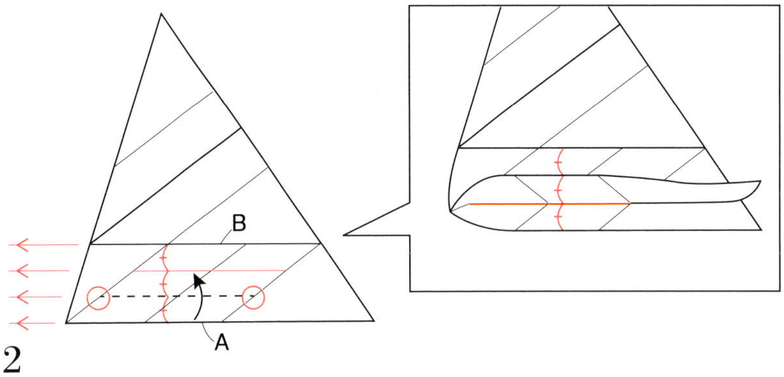

2
Aの辺がBの辺と平行になるように、A-B間の1/3の位置で折り、指定部分のみに折り線をつける。

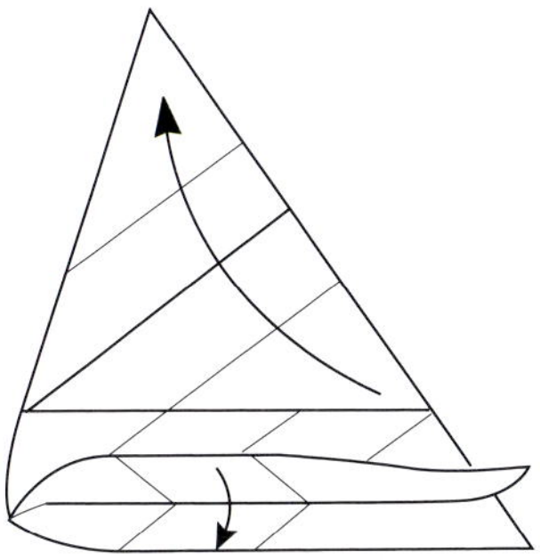

3
1と2で折った部分を元に戻す。

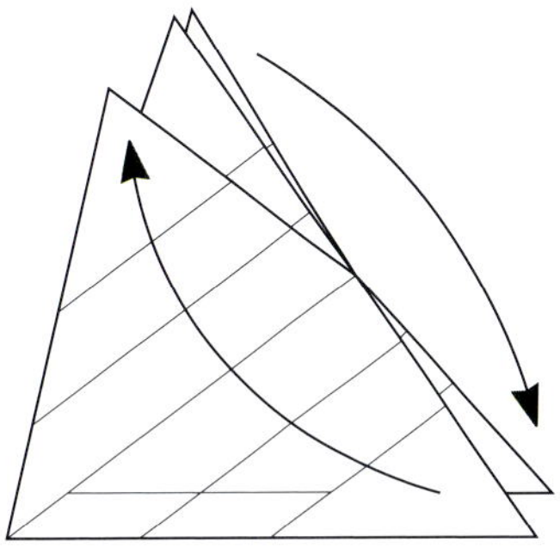

4
ひだを上下1枚ずつ反対側にめくる。

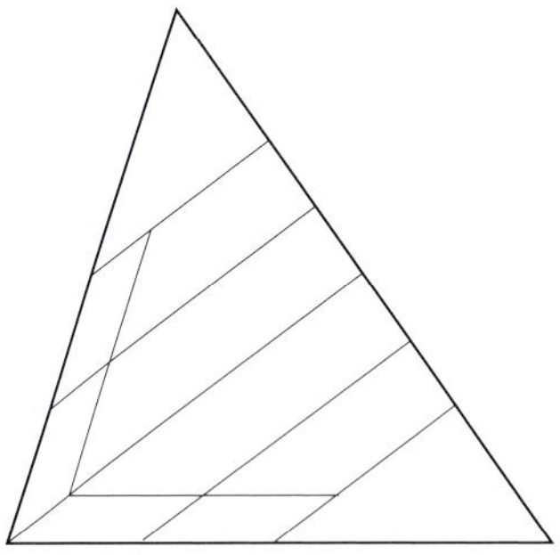

5
1〜4をくり返して、すべてのひだに折り線をつける。

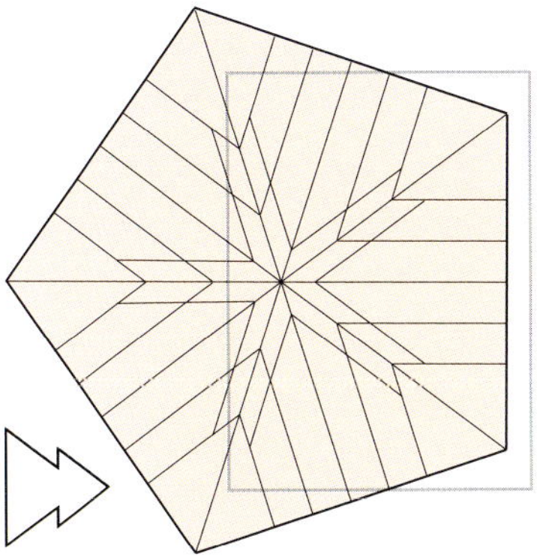

6
全体を広げ、表を上にして置く。

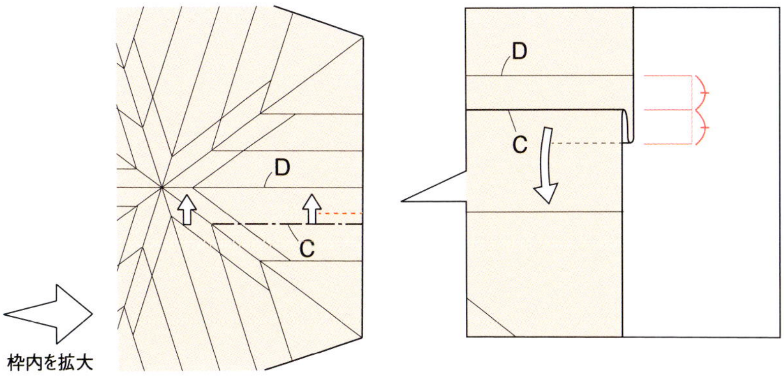

7
図のようにCの線をつまんで少しDの線の方に寄せ、C-D間の1/3の位置に折り線をつけて目印にする。

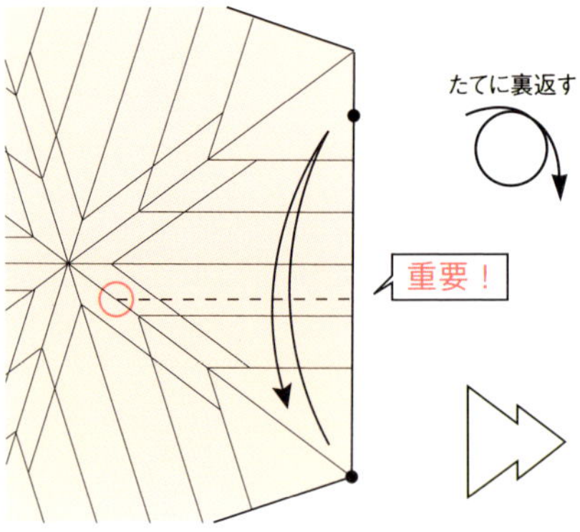

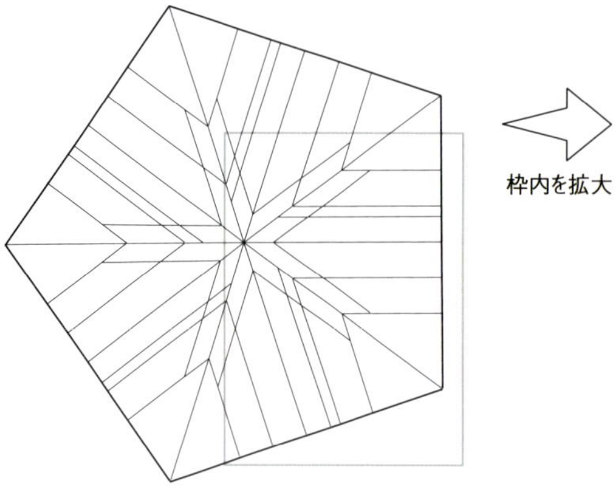

8
7でつけた目印で折る。

9
他の4か所も7～8と同様に折り、
裏に返す。

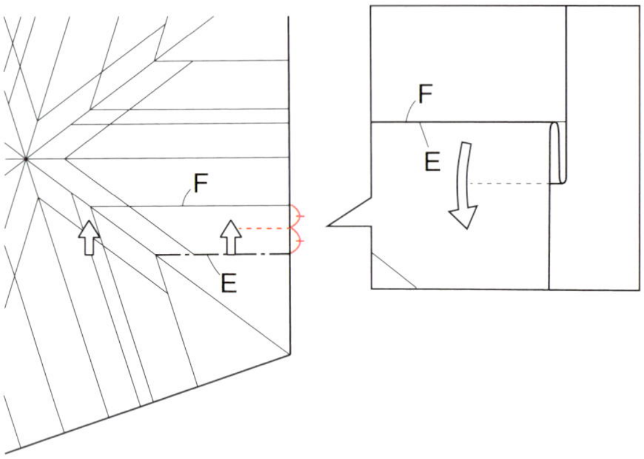

10
図のようにEの線をつまんでFの線と重なるように寄せ、
E-F間の1/2の位置に折り線をつけて目印にする。

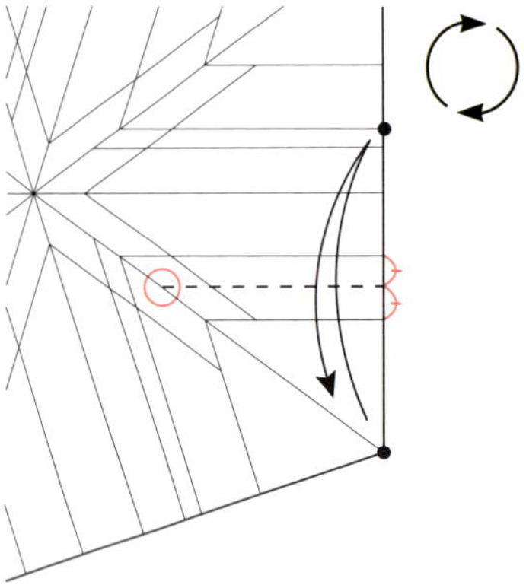

11
10でつけた目印で折る。
他の4か所も同様にする。

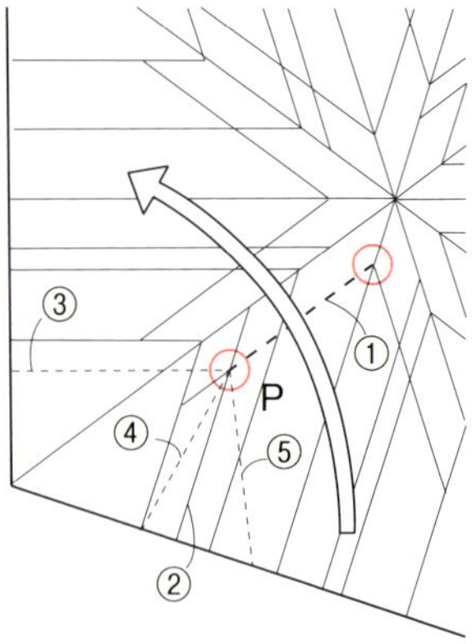

12
図の向きに置き直す。
まず、①の線で谷折りする。

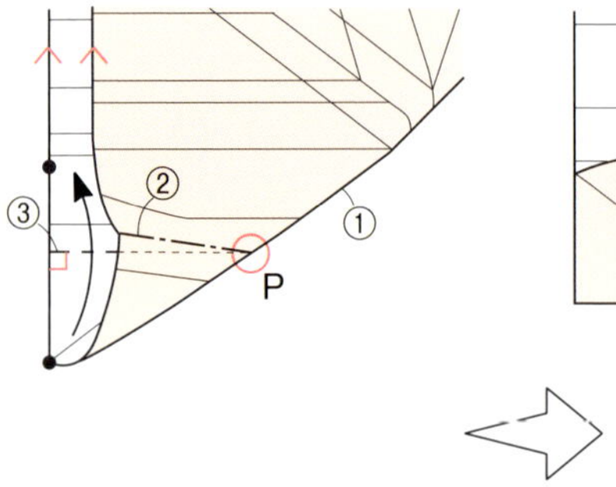

13
紙の端同士が平行に並ぶ。以後、
これがずれないように気をつける。
次に②の線で山折りしながら、P
(②の線と①の線の交点)から左
の辺への垂線(③)を折る。

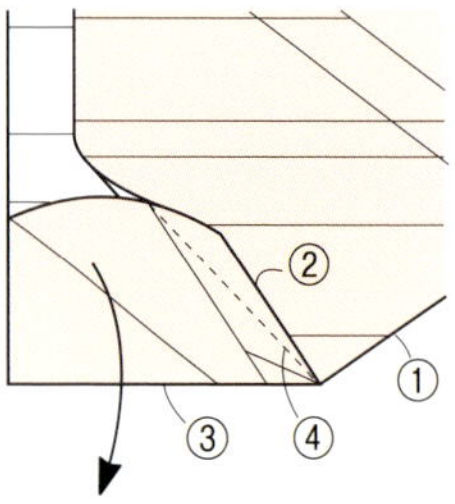

14
①～③の線で折ったところ。
一旦②③の線を開く。

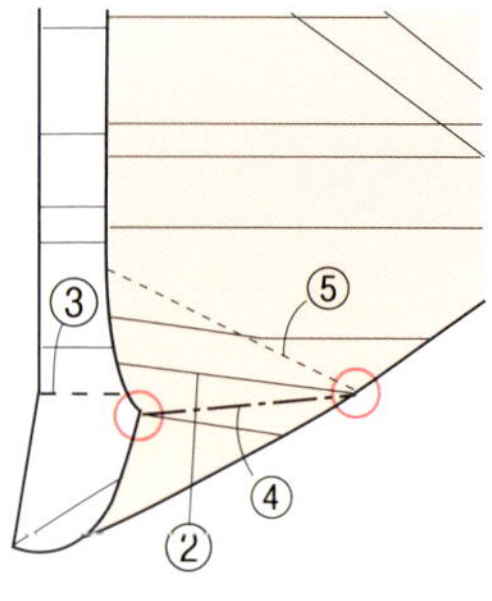

15
②の線を④の線で折り直し
ながら再び③の線で平らに
折ると、成り行きで⑤の線
が折れる。

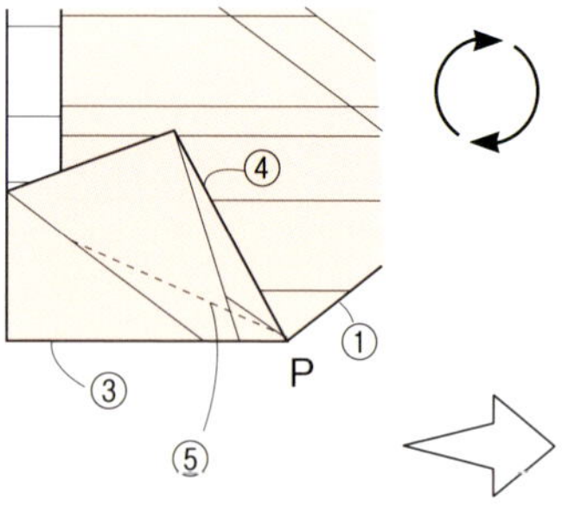

16
①③④の線で平らに折った
ところ。紙の下で⑤の線が
折れている。

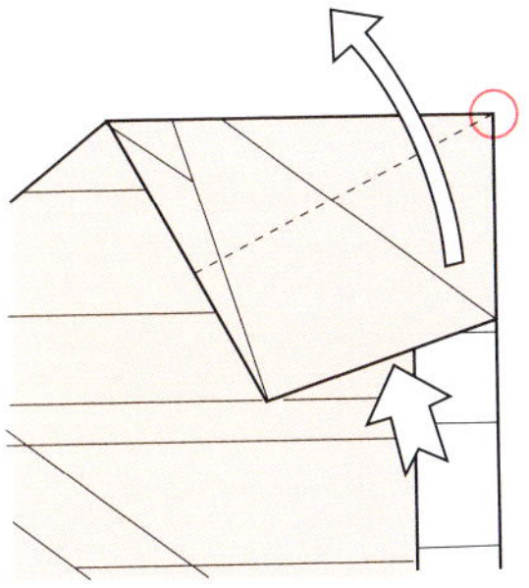

17
上下逆向きに置く。右の頂点がずれないように押さえながら、図の部分を開く。紙が破けないよう、角側は少し遊びを残してもよい。

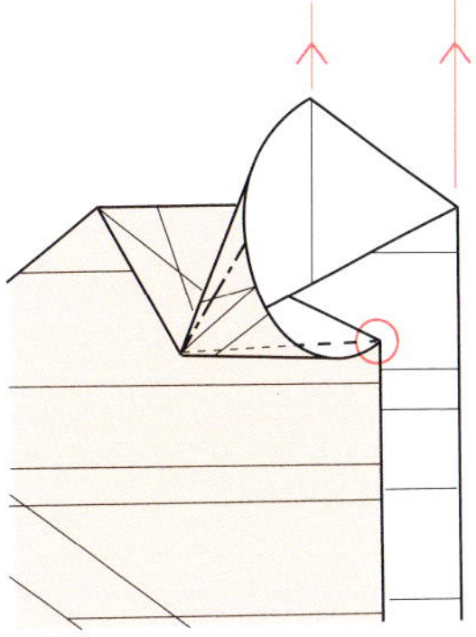

18
図の2線が平行になるようにして位置を決め、開いて平らに折る。右下は角に向かって折る。角側は少し遊びを残してもよい。

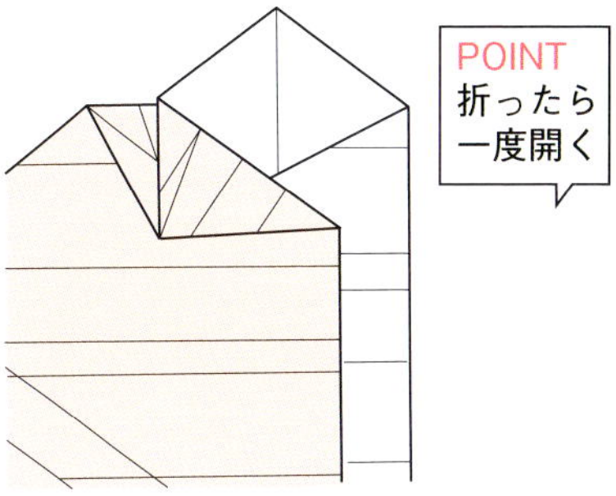

19
折ったところ。全体を一度開き、他の4か所も12〜19と同様に折る。

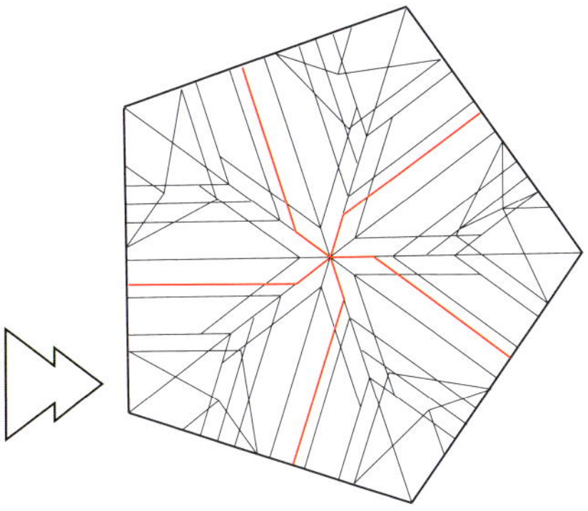

20
裏を上にして全体を一度開く。
※20〜21の赤線は27〜28を折る際に参照する。

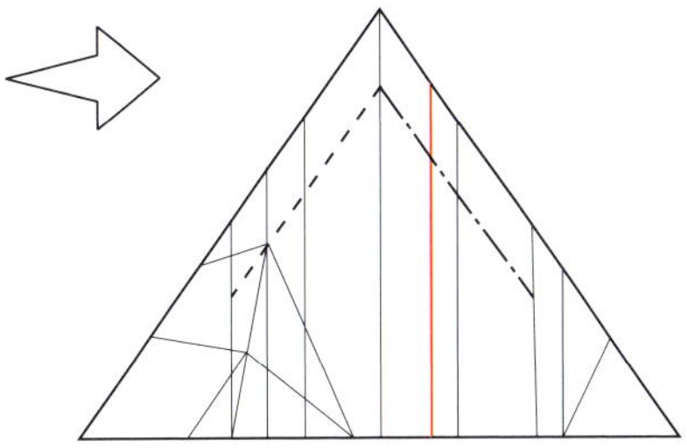

21
裏を外側にして風船の基本形(P.6)に折る。ここで、もう一度図のように山折り、谷折りで折る。

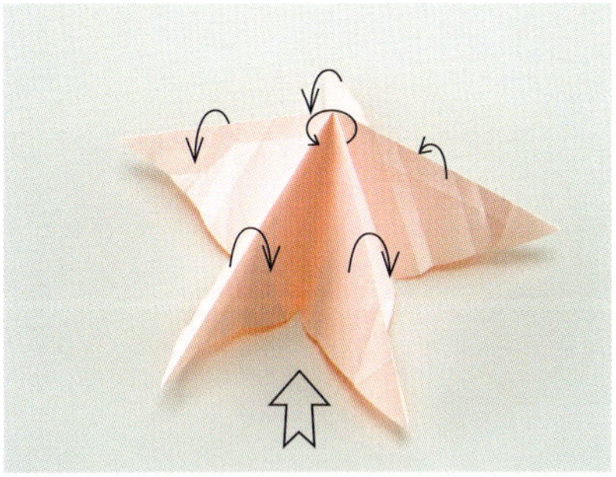

22
ピラミッド状に立て、それぞれのひだを21の折り線で折りながら左回りに中心をひねるようにして全体を広げる。

23
全体が平らになるまで開く。ただし、端まで折らないように注意。中心はつぶさない。

24
表に返し、紙が重なった部分を開くように左右に引く。

25
左側の人さし指を伸ばすようにして添えると、自然と12〜16の③の線で折れる。

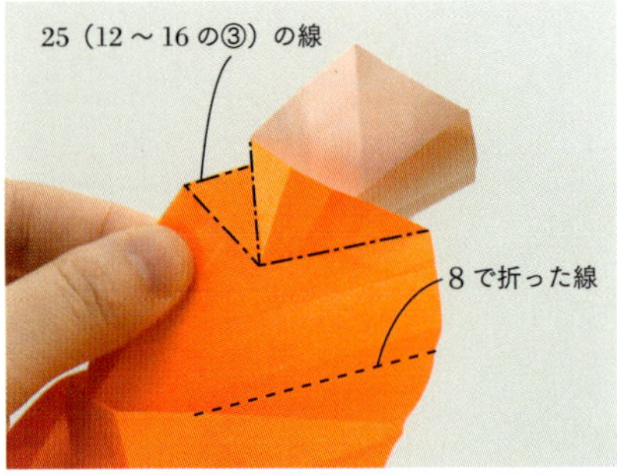

26
角を19の状態に折る。
※次のひだを折るときに広がってしまってもOK。クリップで仮どめしてもOK。

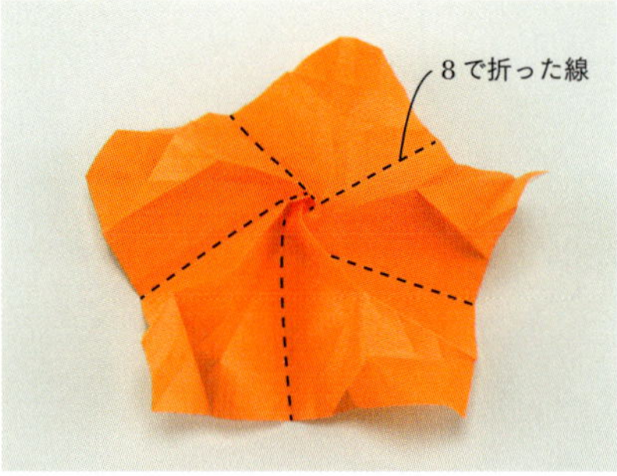

27
他の4か所も24～26と同様に折る。8で折った線（20～21の赤線）で裏から見て山折りに折る。

28
26の線(8で折った線＝20～21の赤線）で中心までずれないように注意して折りながら、左回りにタービンのように筒状にまとめる。

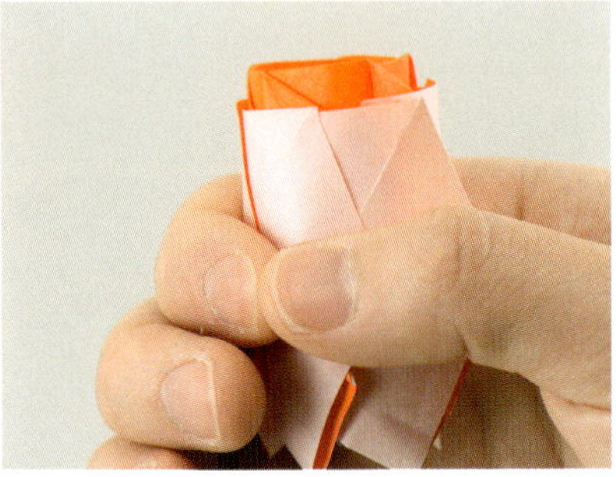

29
筒状にまとめたところ。

30
下部を上に折り上げる。最初の1枚は少ししか上がらない。

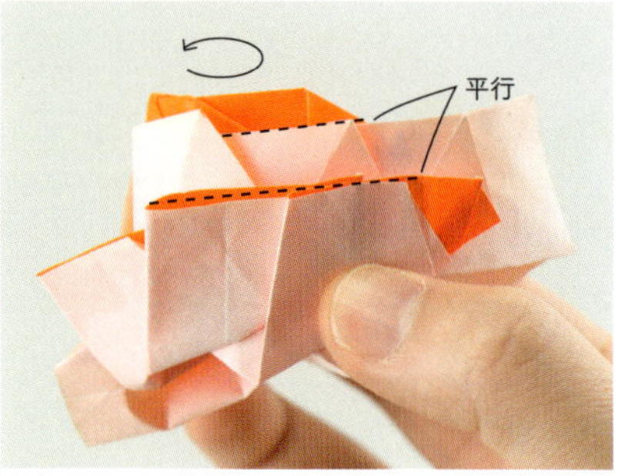

31
2枚めからは上の平らな部分と平行になるように折る。左回りに5枚折る。

32
5枚全部折り上げたところ。

33
底を上にして持ち、山型になっている5か所を左回りに内側に折り込む。

34
折ったところ。もう少し深めに折ってもOK。

35
再び上に向けて持ち直し、花びらの内側に丸箸を入れ、花びらの折り山に沿わせて右回りに回しながら少しずつ中心を広げる。箸の太いほうも使って整える。

36
一番外側の花びらのたたまれた部分に親指をぐっと差し込み、ざっくりと広げる。

37
5 枚の花びら全部を広げたところ。

38
36 ～ 37 で広げた花びらの折り山の部分を開くようにして折る（中割り折り）。

39
折ったところ。他の 4 枚も同様に折る。

40
5 枚の花びら全部折ったところ。花びらを開かない場合はこれでできあがり。

41
花びらを開く場合は、38 ～ 39 で中割り折りした内側の花びらの根元側を少し折る。

42
花びらの先側はそのまま沿わせるだけ。

43
5 枚同様にし、できあがり。

ハイブリッドティーローズ *Hybrid tea rose / Hybride de thé*

モダンローズの代表ともいえる、「ハイブリッドティーローズ」という実際にある大輪のバラの品種をイメージして作りました。
当初は「求心中割り折り」で折っていましたが、折りやすい「遠心中割り折り」に改良しました。
（ハイブリッドティーローズ★★★★★、バラのガク★★★、らせんのつぼみ★★、つぼみ用のガク★★★、バラの葉★★）

ハイブリッドティーローズ　P.40の作品

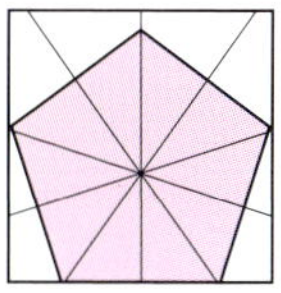

・紙のサイズ：25cm×25cmから切り出した正五角形（切り出し方はP.12）
・使用した紙：ヴィヴァルディ
・作り方のポイント：1～18で必要な折り目を仕込み、仕込んだ折り目を使って19～45で花の形に成形します。

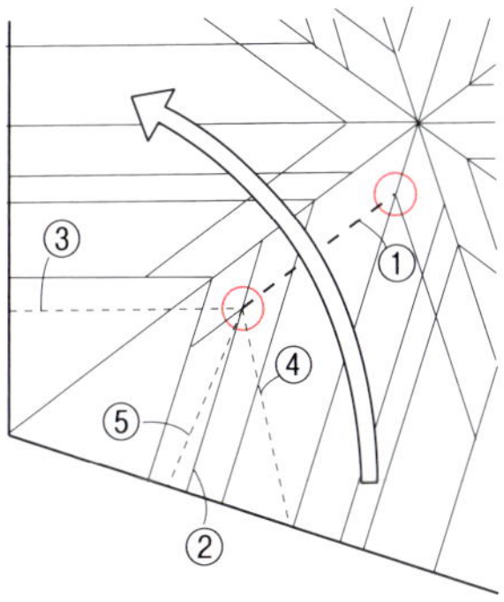

1
基本の五角バラ(P.35)の1～10までと同様に折る。まず、①の線で谷折りする。

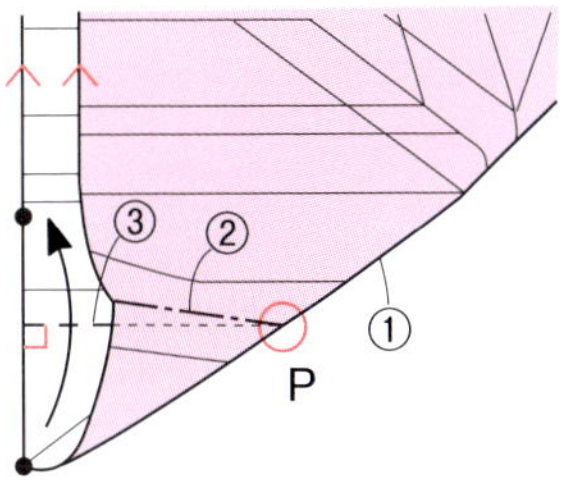

2
紙の端同士が平行に並ぶ。以後、これがずれないように気をつける。次に②の線で山折りしながら、P（②の線と①の線の交点）から左の辺への垂線（③）を折る。

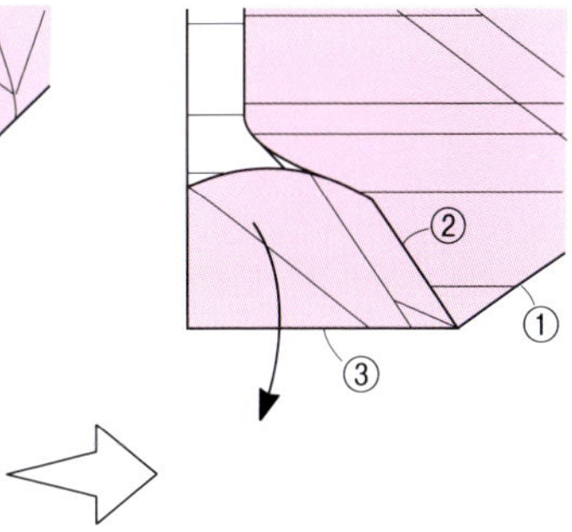

3
①～③の線で折ったところ。一旦②③の線を開く。

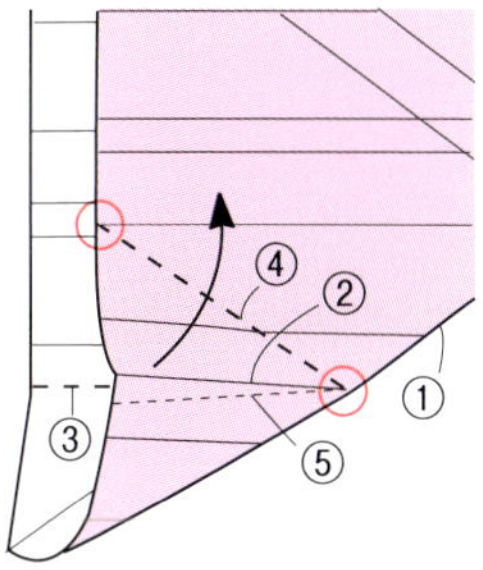

4
④の線で折る。

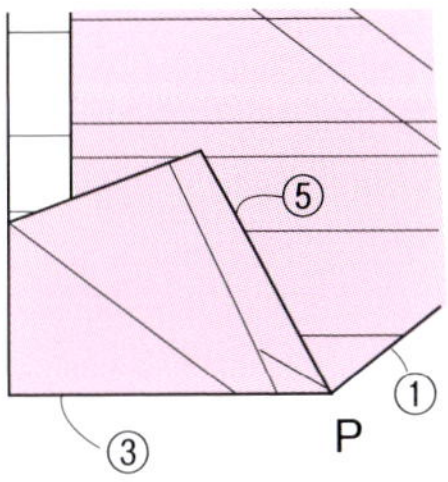

5
①③④の線で平らに折ると、成り行きで⑤の線が折れる（②の線から少しずれる）。

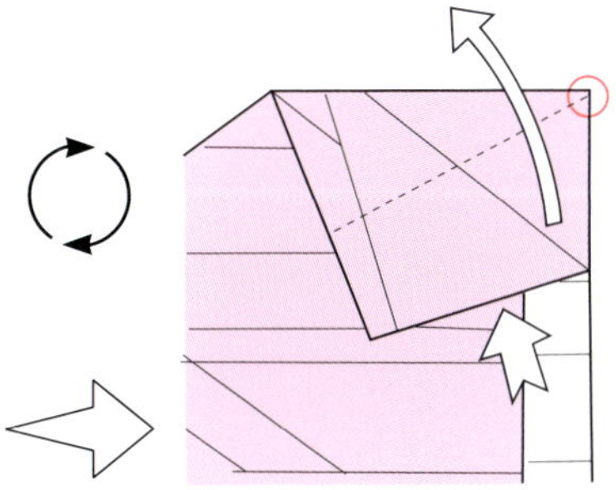

6
上下逆向きに置く。右の頂点がずれないように押さえながら、図の部分を開く。

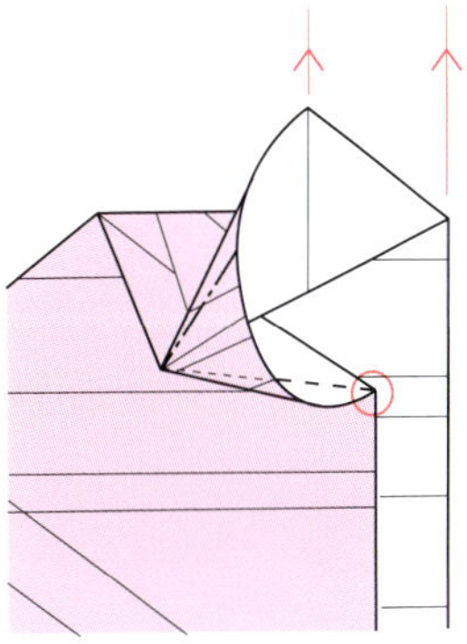

7
図の2線が平行になるようにして位置を決め、開いて平らに折る。右下は角に向かって折る。

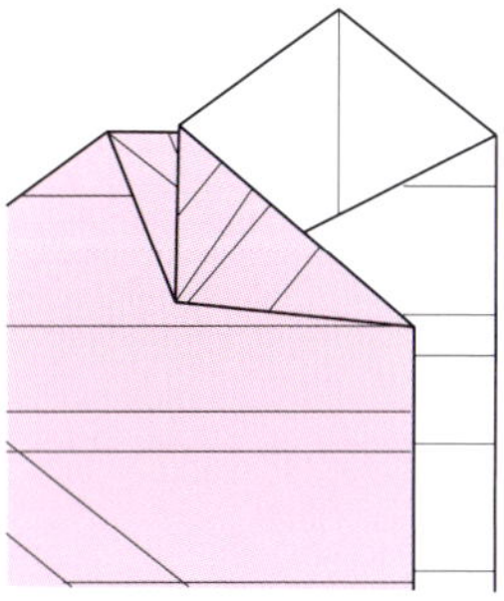

8
折ったところ。

解説 DVD

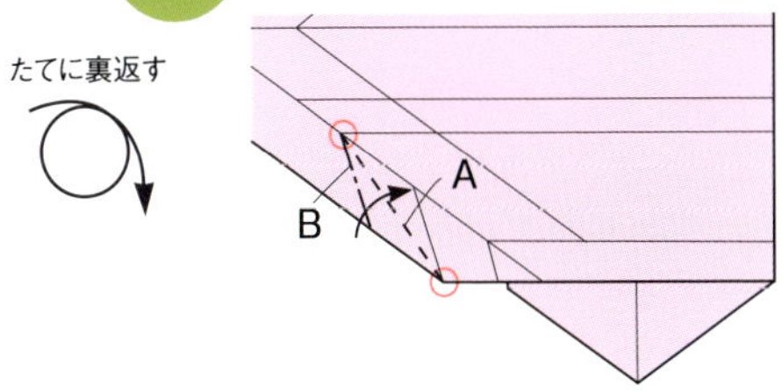

9
たてに裏返し、図の位置で折る。まずAを折り、少しつまむようにしてBを折る。

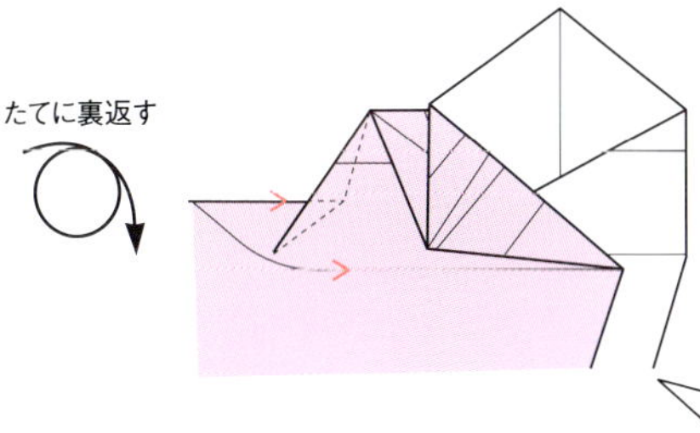

10
折ったところ。図の2線が平行になるように整える。

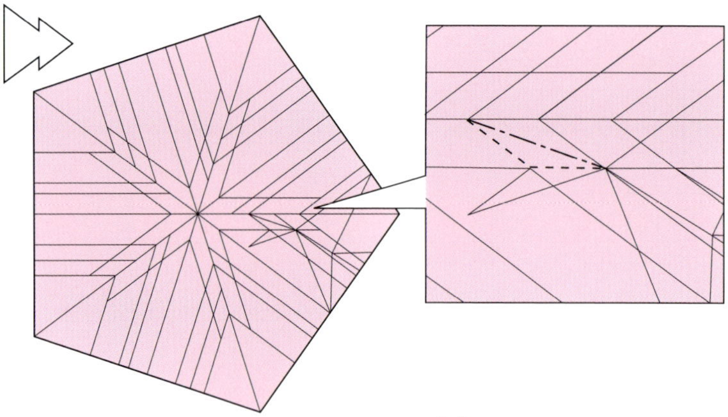

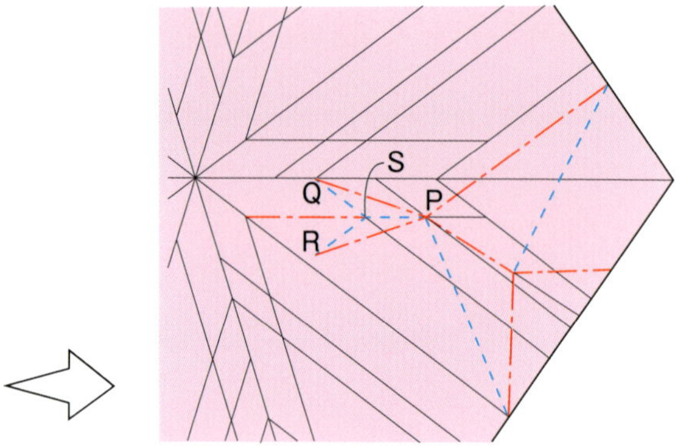

11

表を上にして全体を広げる。9〜10でできた折り線の上側部分は図のように山折りと谷折りを逆につけ直す。

12

9〜11で折った部分（図の左部分）を中割り折りし、図の右部分ももう一度折り線通り（8の状態）に折る。

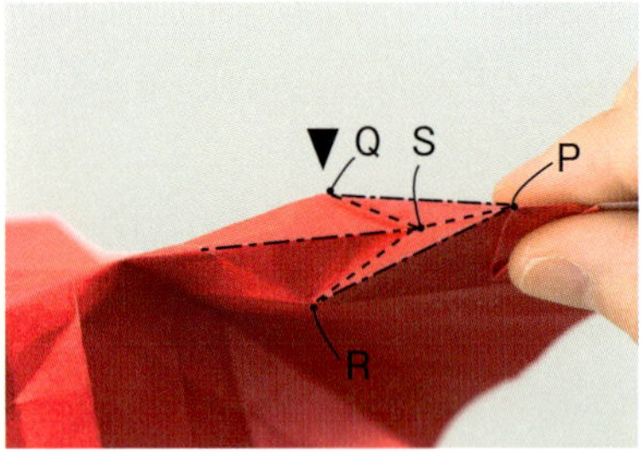

13

12の折り線で折ると自然とSがへこむ。SをPのほうへ押すようにしながらQとRをぴったり重ねる（遠心中割り折り）。

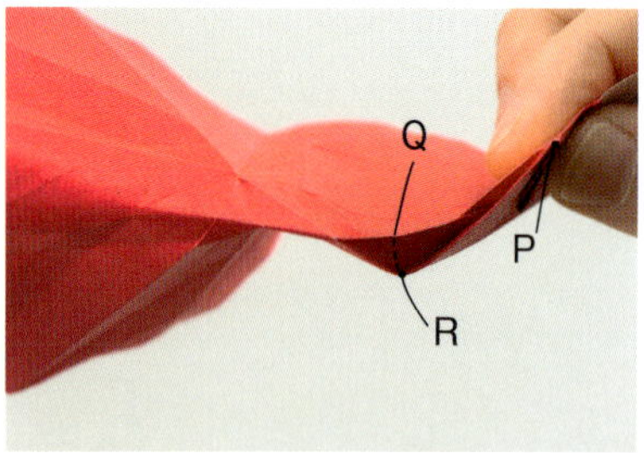

14

重ねた状態で改めて折りぐせをつけておく。裏から右手の人さし指の腹で支えると折りやすい。

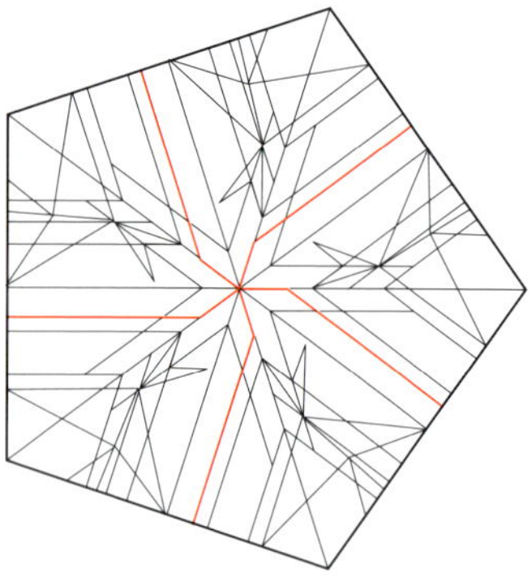

15

全体を一度開き、他の4か所も1〜14と同様に折り、折ったらもう一度裏を上にして全体を広げる。
※上図の赤線は24〜25を折る際に参照する。

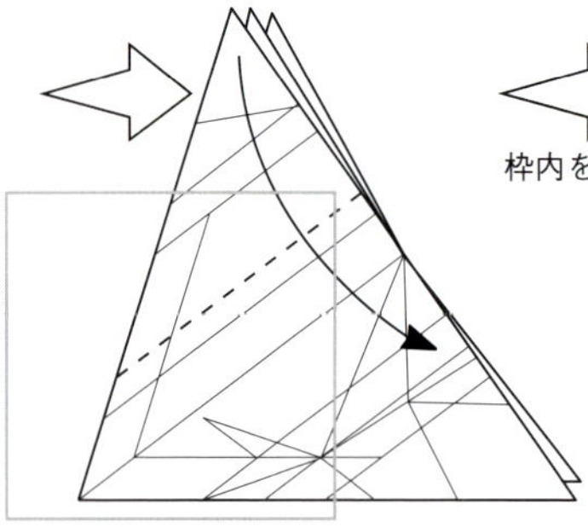

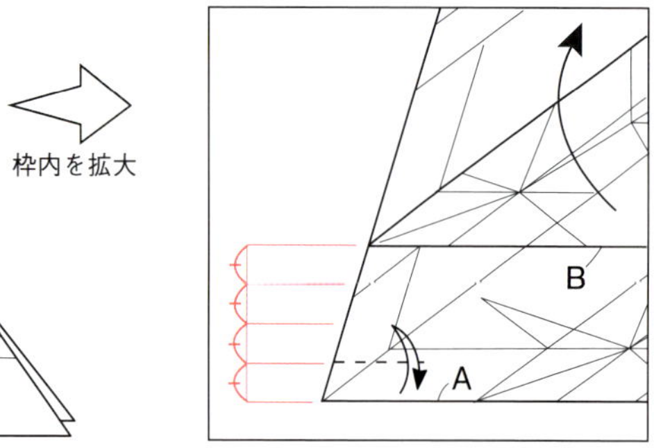

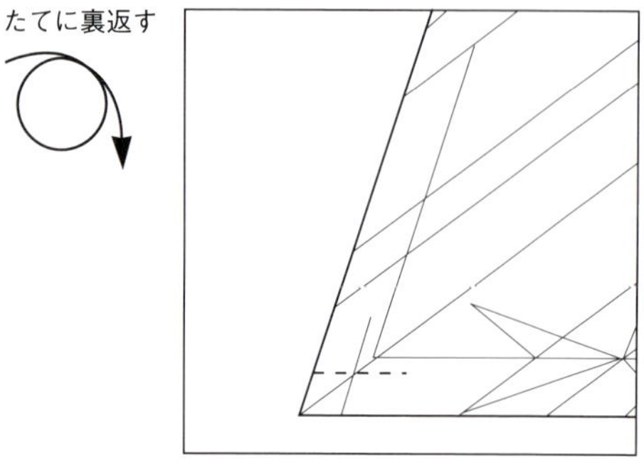

16

裏を外側にして風船の基本形（P.6）に折り、ひだ1枚だけを図のように折る。

17

A-B間の1/3ではなく1/4の位置に端だけ折り線をつける。折り線をつけたら、16で折った部分を元に戻す。

18

たてに裏返し、反対側も16〜17と同様に1/4の折り線をつける。

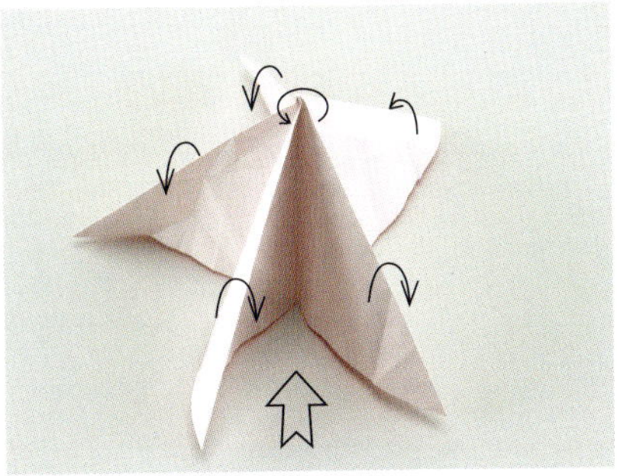

19
基本の五角バラの 20 ～ 21 (P.37) と同様にピラミッド状に立て、左回りに中心をひねるようにして全体を広げる。

20
全体が平らになるまで開く。ただし、端まで折らないように注意。中心部分は 17 ～ 18 でつけた 1/4 の折り線で左回りにねじれている。

21
表に返し、紙が重なった部分を開くように左右に引く。

22
左側の人さし指を伸ばすようにして添えると、自然と 1~5 の③の線で折れる。

23
角を 8 の状態に折る。
※次のひだを折るときに広がってしまってもOK。クリップで仮どめしてもOK。

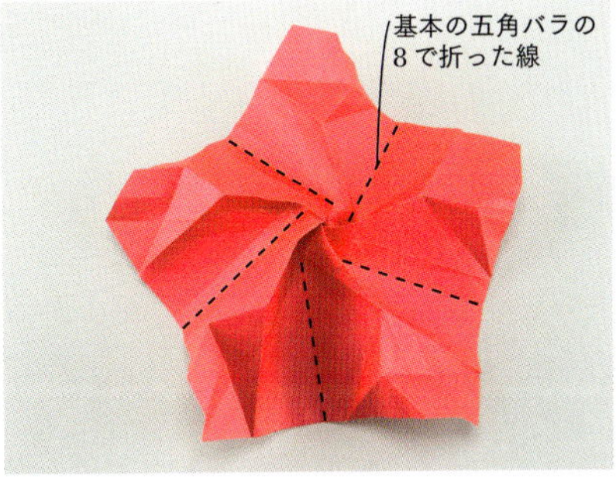

24
他の角 4 か所も 21 ～ 23 と同様に折る。基本の五角バラの 8 で折った線 (15 の赤線) で裏から見て山折りに折る。

25
24 の線 (基本の五角バラの 8 で折った線 ＝15 の赤線) で中心までずれないように注意して折りながら、左回りにタービンのように筒状にまとめる。

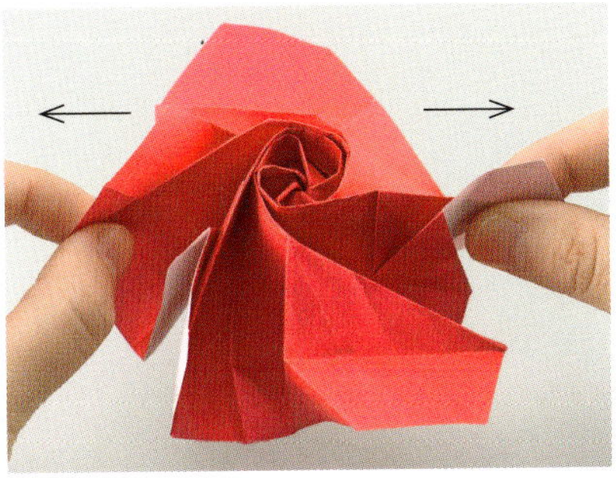

26
左右に引くようにして、中心の閉じた折り山を途中まで開き、中割り折りに折り直す。

27
12 ～ 14 でつけた折りぐせに沿って中割り折りをする。

28
5か所すべて中割り折りをする。

29
中割り折りしたまま、再び25のように筒状にまとめる。

30
下部を上に折り上げる。最初の1枚は少ししか上がらない。

31
2枚めからは上の平らな部分と平行になるように折る。左回りに5枚折る。

32
5枚全部折り上げたところ。

33
底を上にして持ち、山型になっている5か所を左回りに内側に折り込む。

34
折ったところ。

35
再び上に向けて持ち直し、中割折りした花びらの内側に丸箸を入れ、花びらの折り山に沿わせて右回りに回しながら少しずつ中心を広げる。箸の太いほうも使って整える。

36
一番外側の花びらに親指をぐっと差し込み、ざっくりと広げる。

37
5 枚の花びら全部を広げたところ。

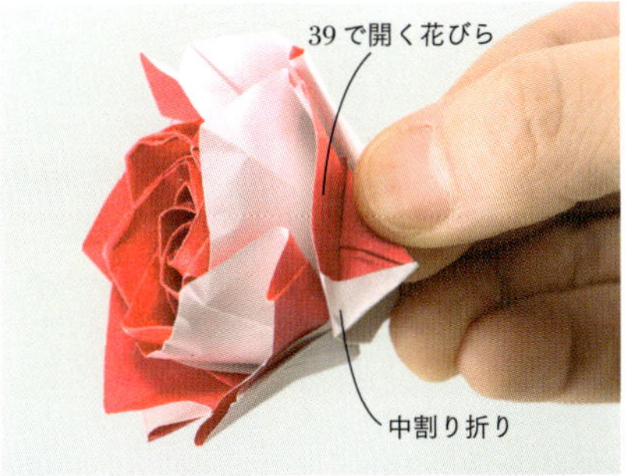

38
基本の五角バラの 38 ～ 39 と同様に、外側の花びらの折り山を開くようにして折る（中割り折り）。

39
38 で中割り折りした内側の花びらを開く。根元側を少し折る。

40
花びらの先側はそのまま沿わせるだけ。

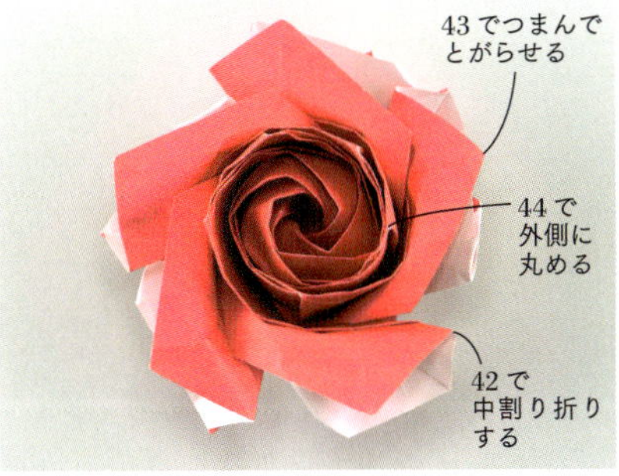

41
38 ～ 40 を 5 枚同様にする。

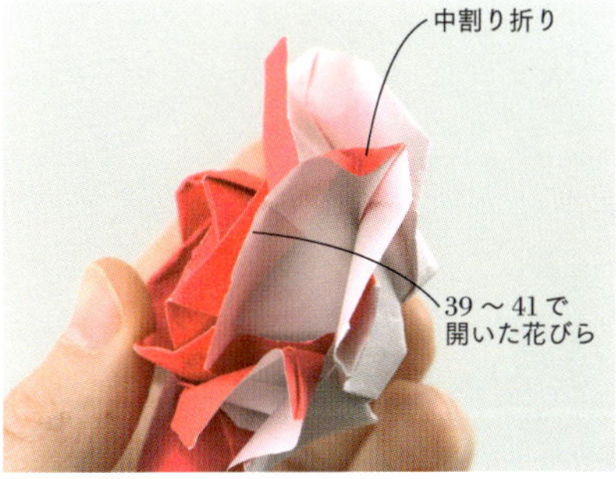

42
39 ～ 41 で開いた花びらの右側下の部分を少し折る（中割り折り）。

43
開いた花びらの先端部分（紙の角）を少しつまんでとがらせる。

44
開いた花びらの1枚内側の花びらのとがっている部分（12 の P）を指で少し押さえて外側に丸める。

45
42 ～ 44 を 5 か所同様にして全体の形を整え、できあがり。

バラの組み立て方①

※ 写真はハイブリッドティーローズとバラのガク(P.62) ですが、組み立て方は他のバラも共通です。

1
ガクの中心にワイヤーを通す。

2
上部のワイヤーを曲げる。

3
ガクをはさむように通す。ワイヤーが長い場合は、ワイヤーの先をもう一度内側に押し込むように折り返してもOK。

4
ガクのひだを斜めにねじるようにして花の下から入れる。ねじることで花の裏側にフィットする。

5
ガクと花が一体化する。バランスを見て、のりづけする。

6
折り曲げたワイヤーが飛び出ないように注意して、ガクの根元からフローラテープで巻く。

バラの組み立て方②<置物用>

※ 写真はハイブリッドティーローズとバラのガク（P.62）ですが、組み立て方は他のバラも共通です。

1
ガクを花の下から差し込み、1本をのばす。

2
横から見たところ。のばした1本とその両隣の3本で支えられる。

3
前から見たところ。茎をつけなくても、そのまま置物として飾ることができる。

3種のつぼみ *3 different rose buds / 3 types de bouton de rose*

花びらが顔を出したばかりのまだ硬い状態をイメージしたとがったつぼみ、少しふくらんできた状態の丸いつぼみ、咲きかけのらせんのつぼみ。
共通で使えるつぼみ用のガクができたことで表現が広がり、バリーションが増えました。
（らせんのつぼみ★★、丸いつぼみ★、とがったつぼみ★、つぼみ用のガク★★★、バラの葉★★）

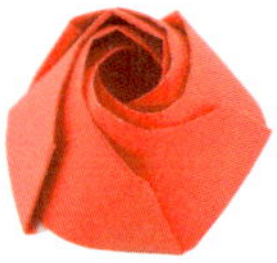

らせんのつぼみ

P.40,47の作品

・紙のサイズ：15cm×15cmから切り出した正五角形（切り出し方はP.12）
・使用した紙：タント

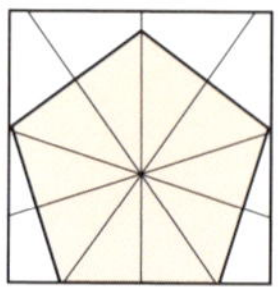

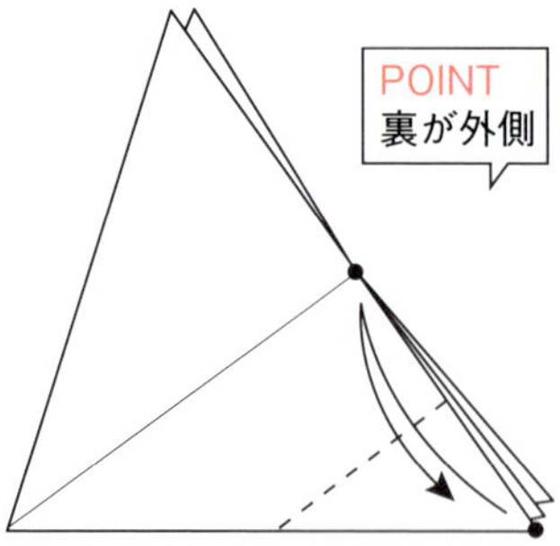

1
裏を外側にして風船の基本形(P.6)に折り、図の向きに置く。5枚のひだにそれぞれ図のように折り線をつける。

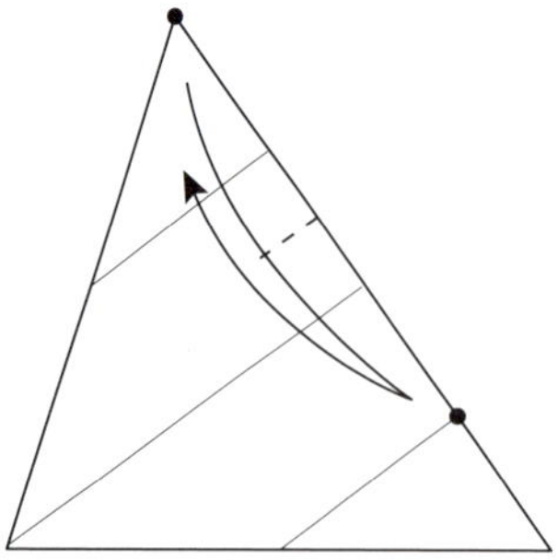

2
さらに図のようにひだを1枚ずつめくりながら端だけに折り線をつける。5枚同様に折る。

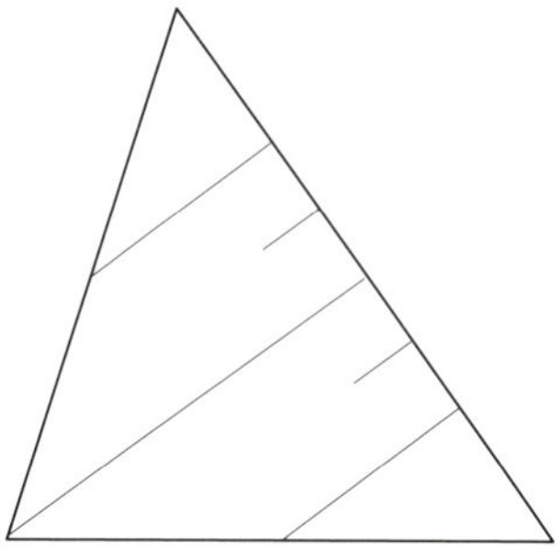

3
折ったところ。

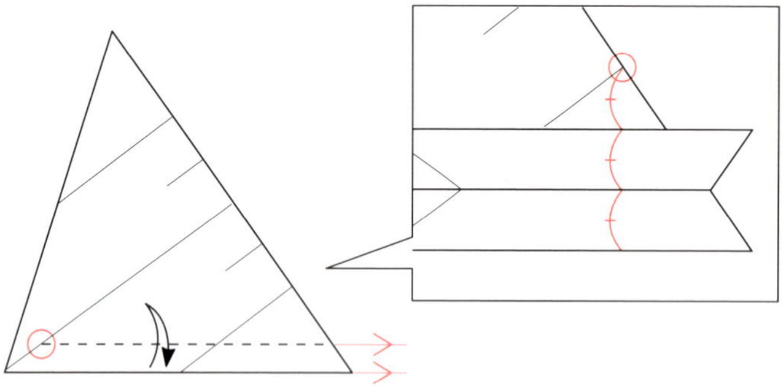

4
ひだの端を1枚だけめくり、図のように下の辺と平行に折り線をつける。

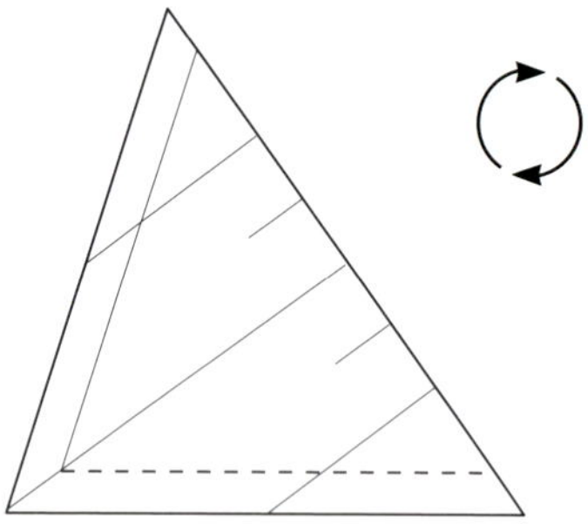

5
他のひだも4と同様に折る。

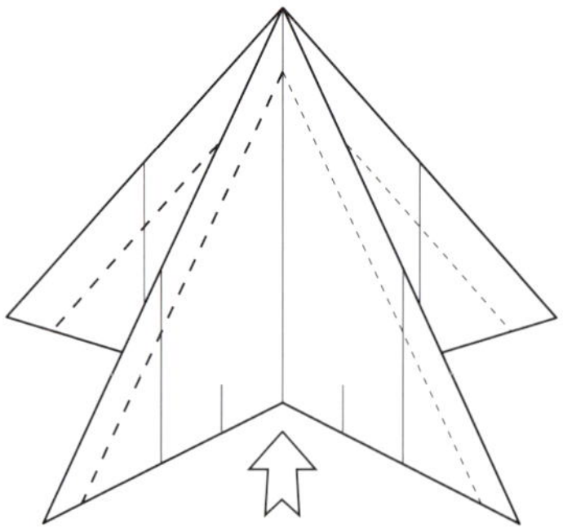

6
ピラミッド状に立て、それぞれのひだを4～5でつけた折り線で折りながら平らに開く。

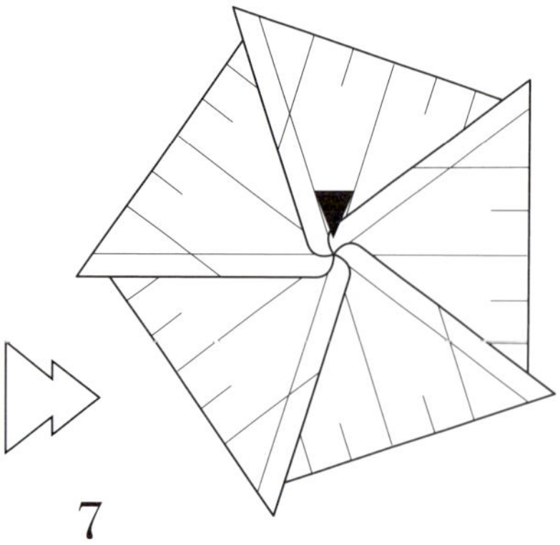

7
中心の立体的にねじれている部分を指で押して平らにつぶす（つぶし方はP.23参照）。

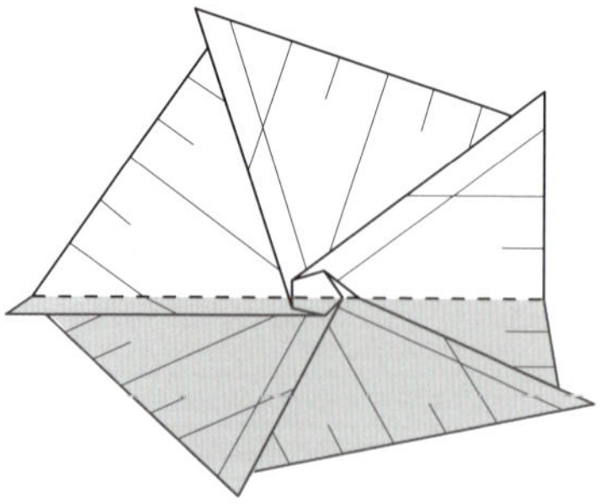

8
中心を通る折り線で軽く折り、下半分を立ち上げる。
※8～10の図では上半分のみで動作をするので、関係のない下半分を便宜上グレーにしている。

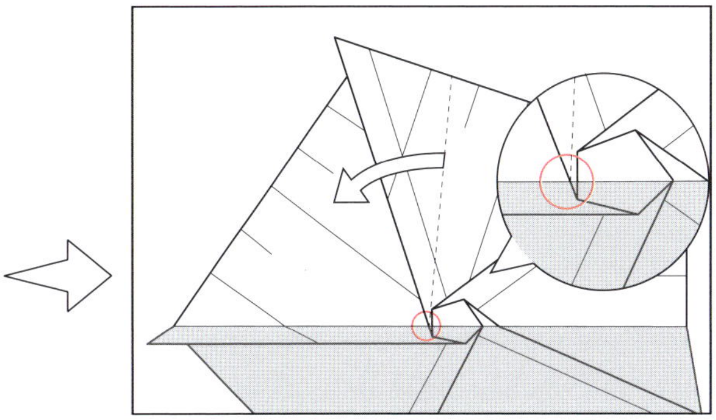

9
円の位置を支点として点線
(10で折る線)を山折りに
するように左に寄せる。

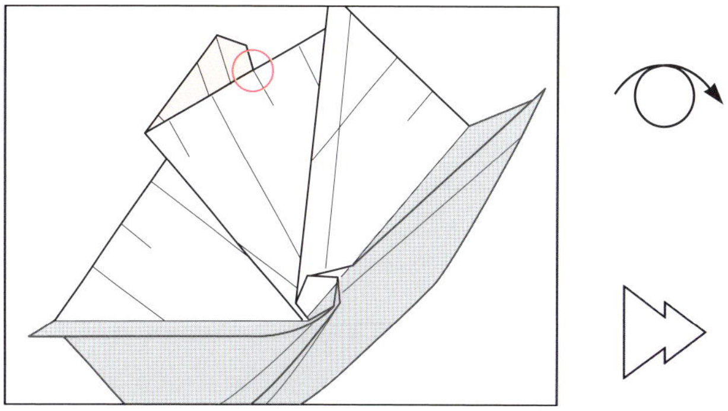

10
図の位置で押さえて折り線をつける。
ほかの4か所も8〜10と同様にする。

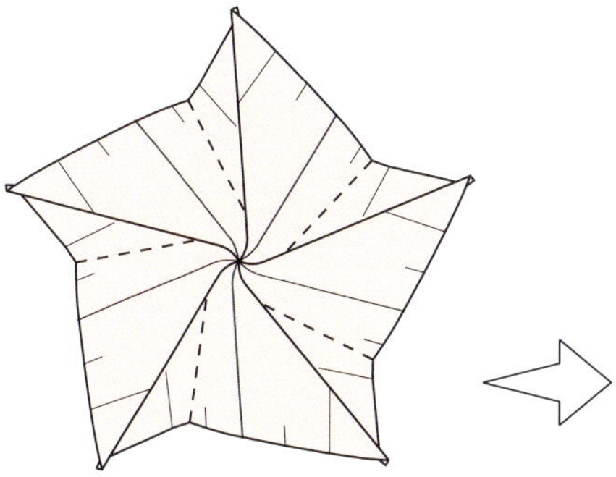

11
表に返し、8〜10でつけた
折り線で左回りに巻くよう
にして全体をまとめる。

12
まとめたところ。

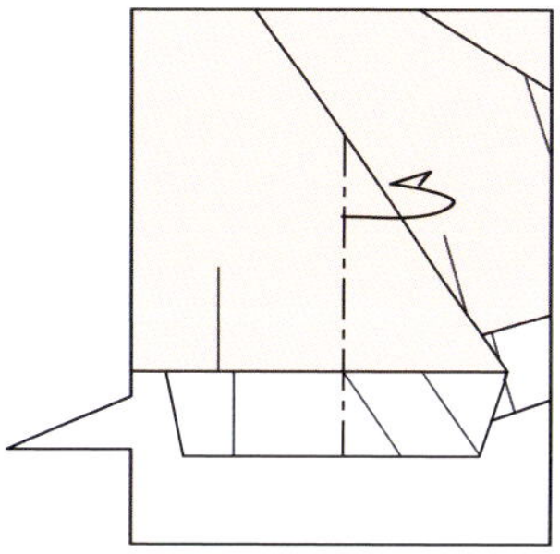

13
それぞれのひだを図の
位置で山折りする。

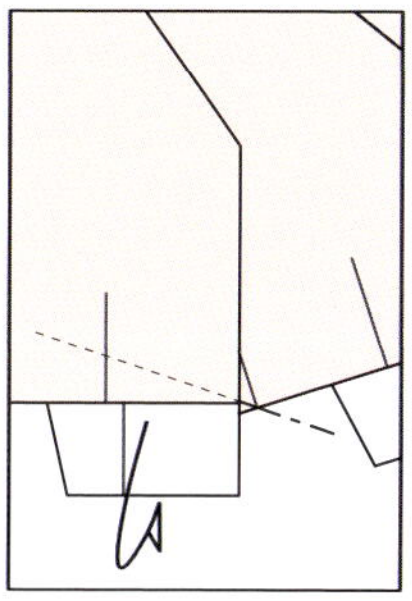

14
それぞれのひだを図の
ように少しななめに内側
に折る。左回りに折る。

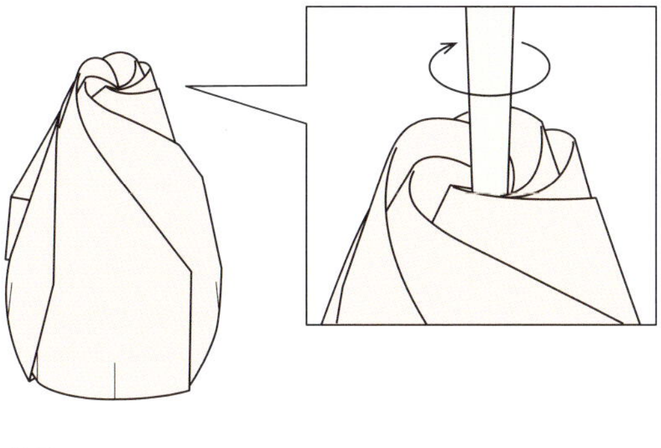

15
丸箸を花びらの内側に入れ、花びらの折り山に
沿わせて右回りに回しながら中心を広げて整える。

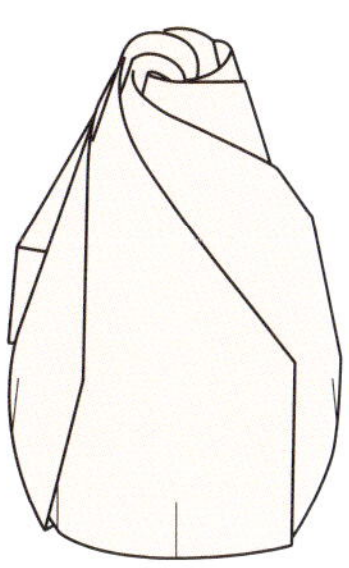

16
できあがり。

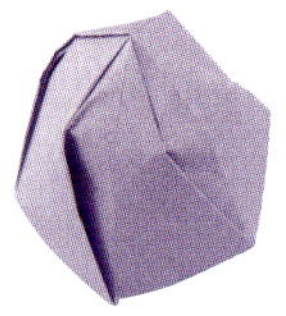

丸いつぼみ

P.18,47の作品

・紙のサイズ：10cm×10cmから切り出した正五角形（切り出し方はP.12）
・使用した紙：タント

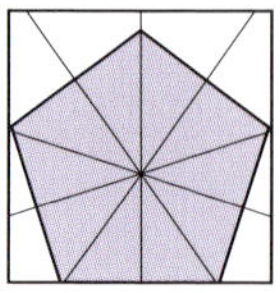

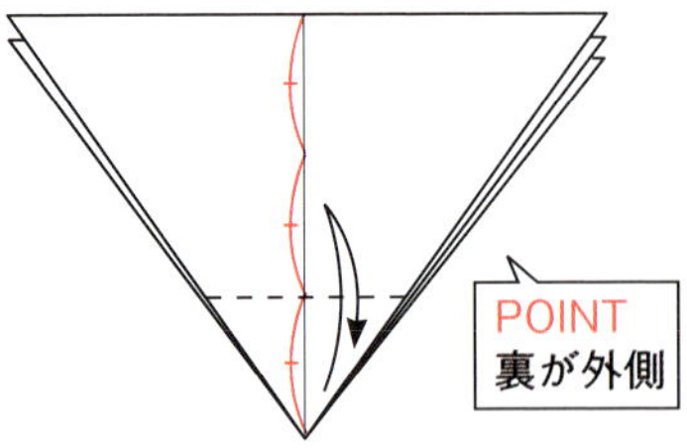

1
裏を外側にして風船の基本形(P.6)に折る。図の向きに置き、下から1/3の位置で折り線をつける。

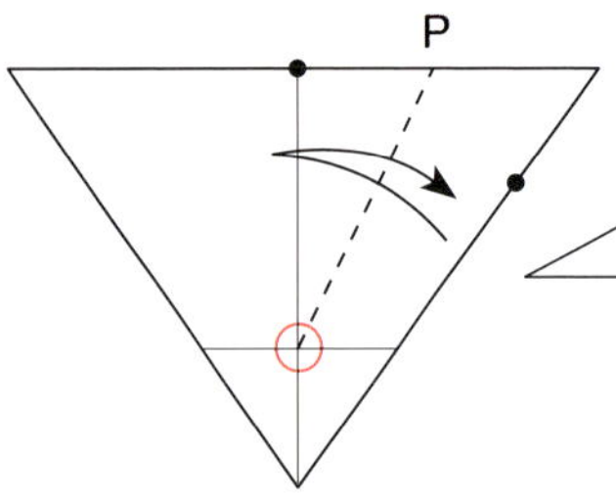

2
図のように1番手前のひだの右の辺が中心線上にくる位置で折り線をつける。すべてのひだを同様にする。

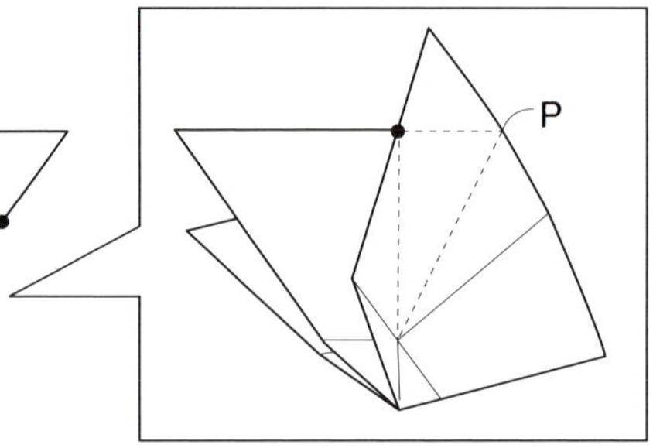

図のように右側を開いて折り、手前（折るときは後ろ）の面にだけ折り線をつける。

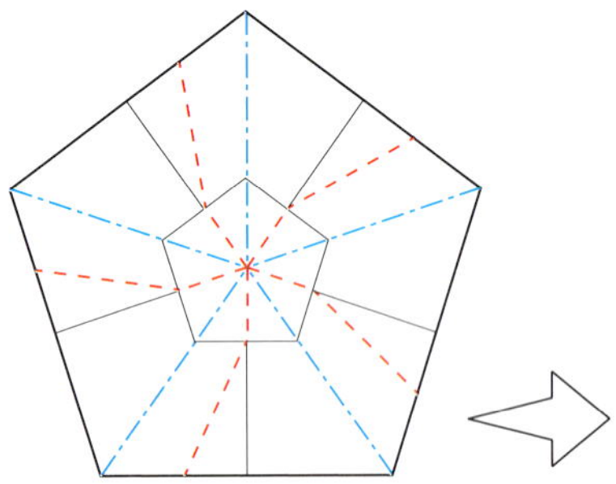

3
全体を一度開く。

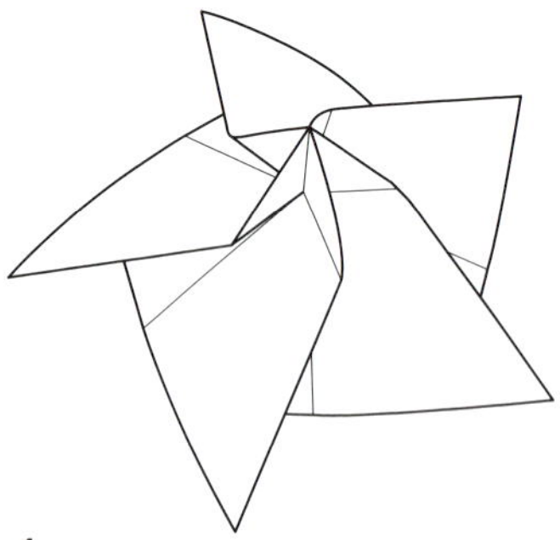

4
3の折り線で山型に折る。

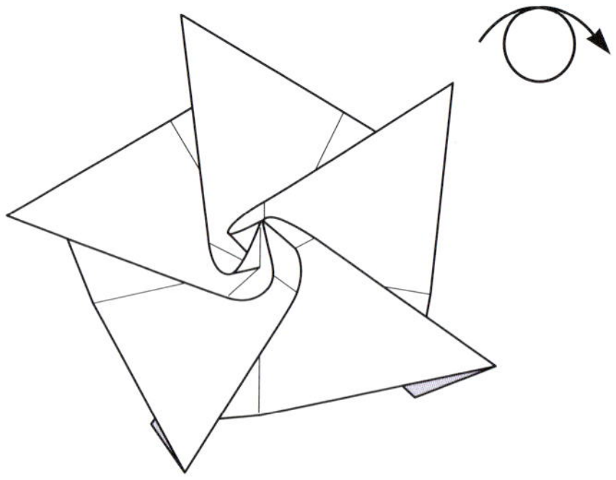

5
中心部を押し込んで全体をへこませる（外周りが立ち上がる）。

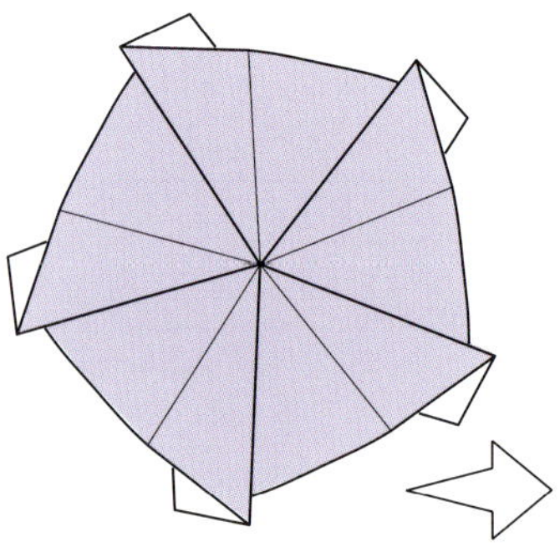

6
裏返す。こちらの面が外側で山型になっている。

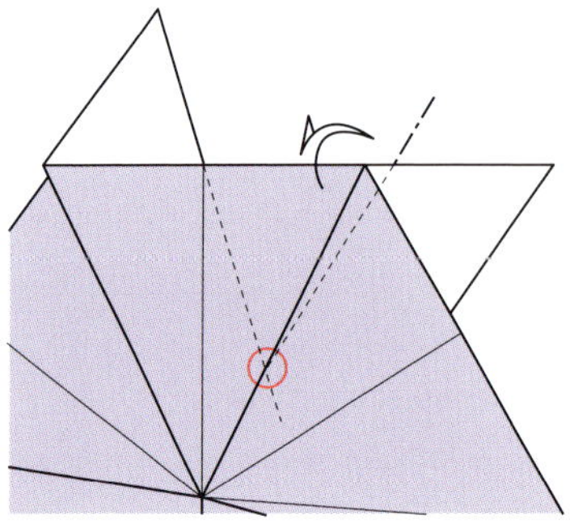

7
図のように紙が重なっているうちの一番後ろの1枚だけを少し後ろに折り込む。

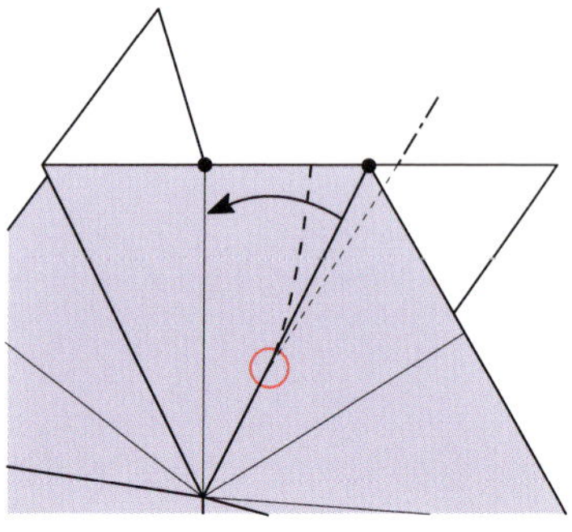

8
7の山折りを折りながら、図の2点が重なるように、少しカーブした谷折り線で折る。

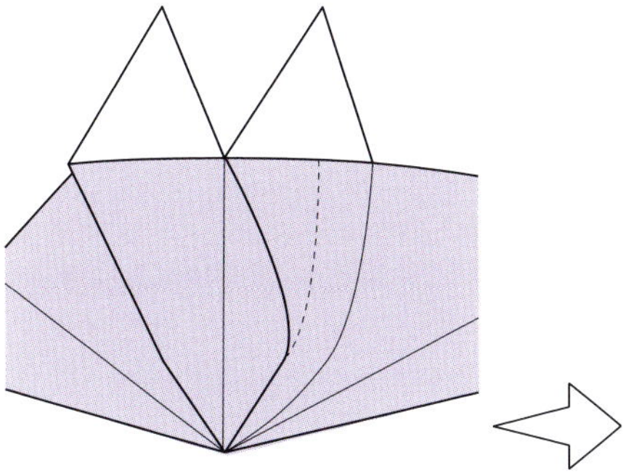

9
折ったところ。少し丸みのある形になる。
他も7〜8と同様に山折り、谷折りで
折る。

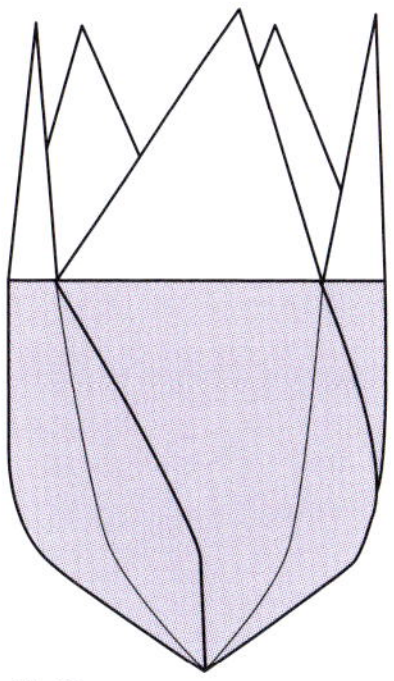

10
5か所を同様に折り、
まとめたところ。

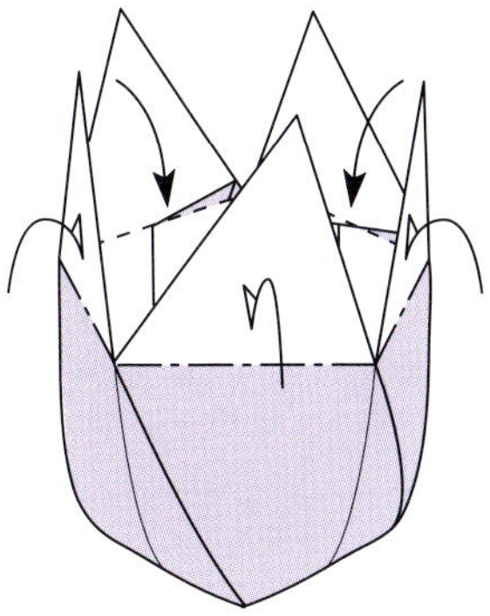

11
上の三角の部分を内側
に折り込む。

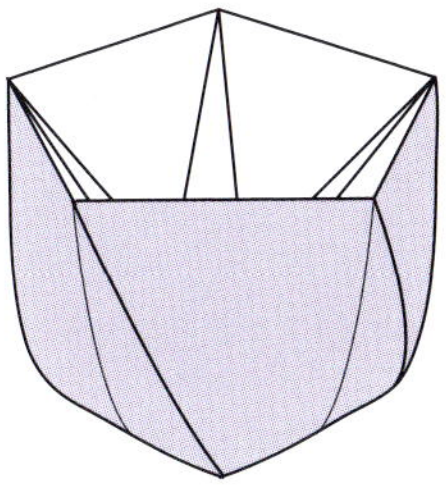

12
全部折ったところ。

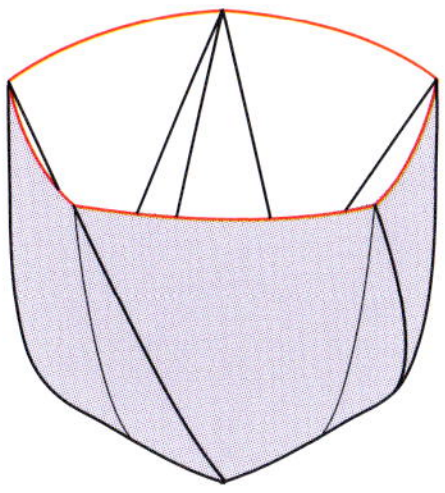

13
上の縁のまっすぐな辺を指で
しごいて丸みをもたせる。

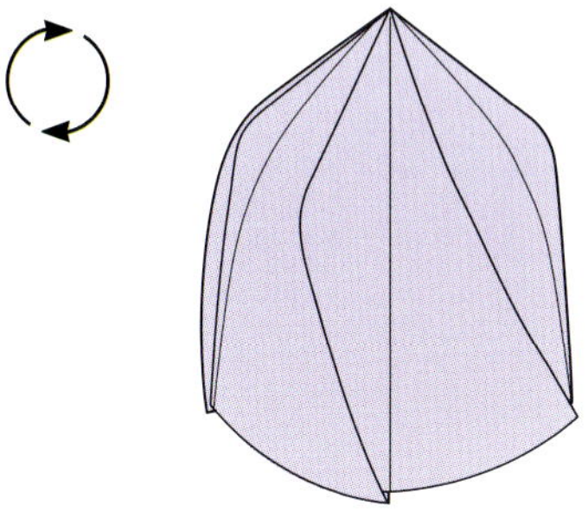

14
上下逆向きに置き、
できあがり。

つぼみの組み立て方

※ 写真はらせんのつぼみとつぼみ用のガク（P.54）ですが、組み立て方は他のつぼみも共通です。

1
P.46 の 1 〜 2 と同様に、ガクの中心にワイヤーを通して上部を曲げる。

2
ガクをはさむように通す。

3
ガクの中につぼみを入れてのりづけする。
P.46 の 6 と同様に、ガクの根元からフローラテープを巻く。

とがったつぼみ

P.47,70の作品

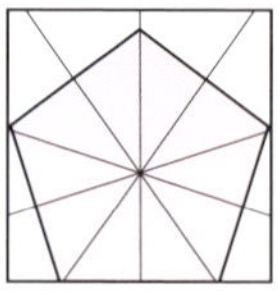

・紙のサイズ：10cm×10cmから切り出した正五角形（切り出し方はP.12）
・使用した紙：タント

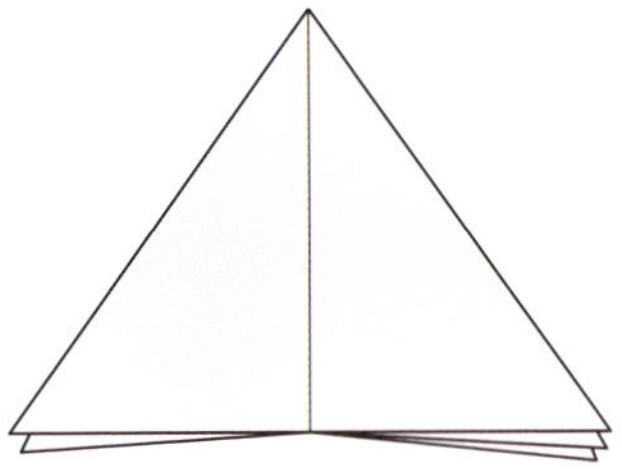

1
風船の基本形（P.6）に折る。

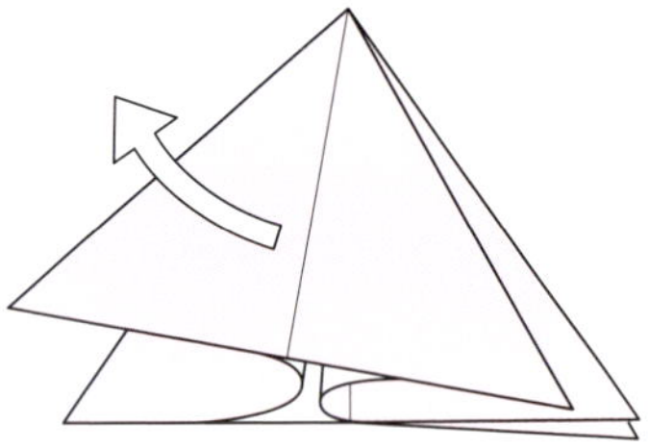

2
一番手前の三角形を左へずらす。

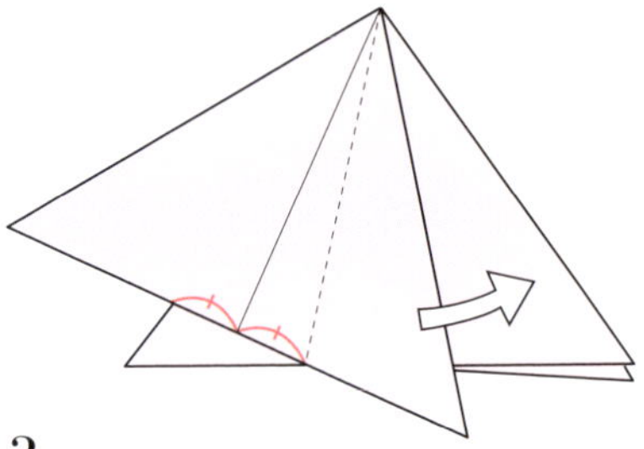

3
図の位置で押さえて折り線を
つけ、戻す。

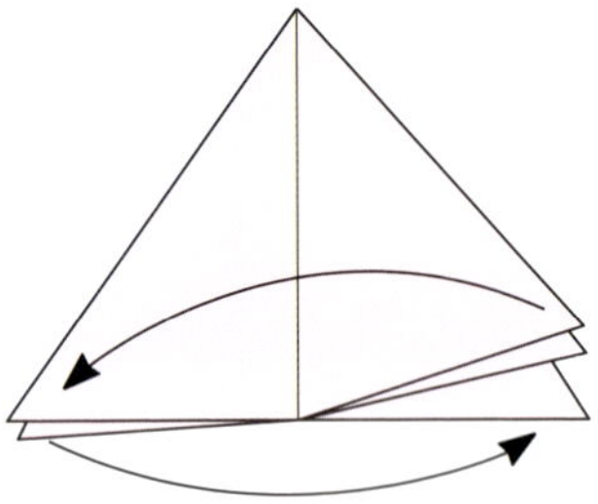

4
左右のひだを2枚ずつ
反対側へめくる。

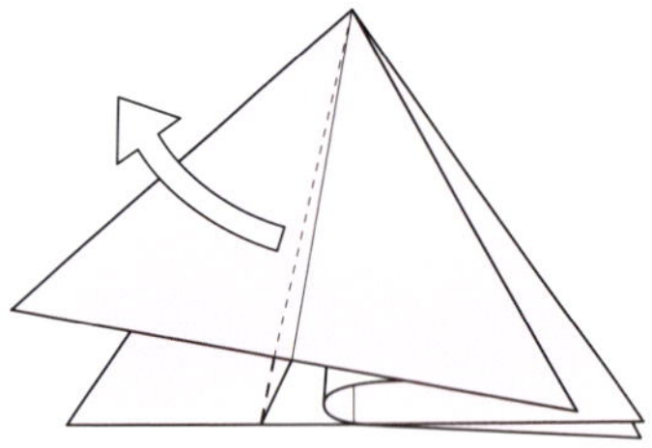

5
3でつけた折り線を使ってずらす。

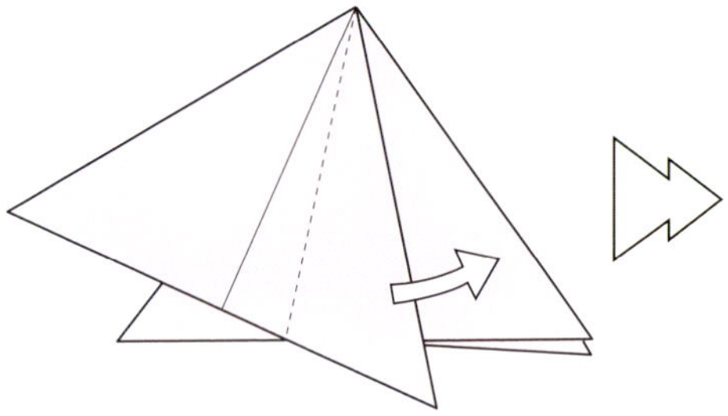

6
折り線をつけて戻す。すべて
のひだを同様に折る。

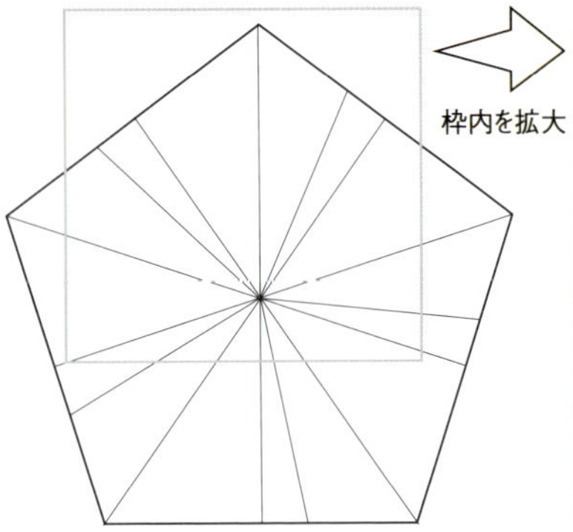

7
全体を開き、裏を上にして置く。

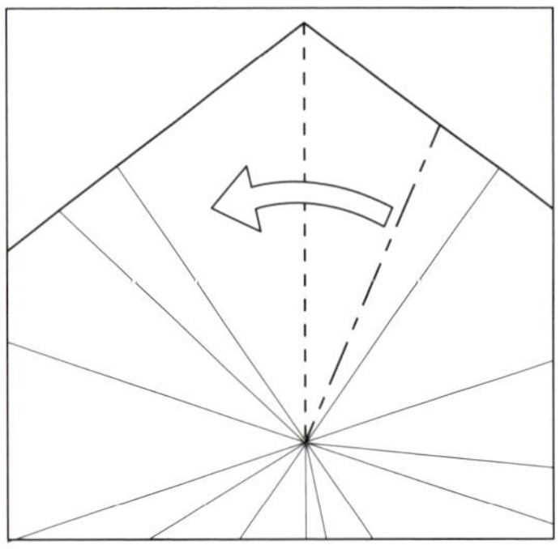

8
図のように折る。

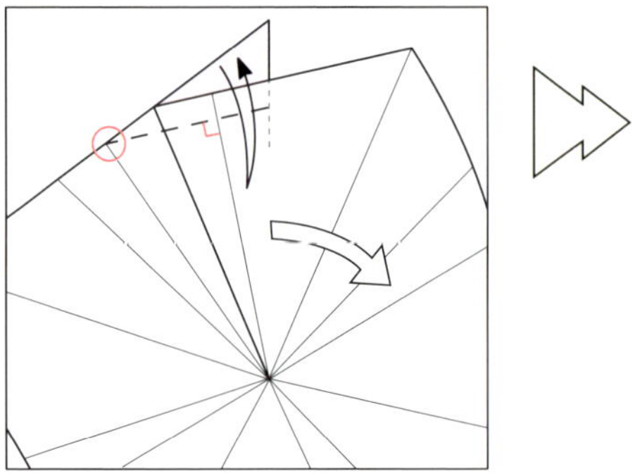

9
さらに図のように折り線をつける。他も
8〜9と同様に折る。

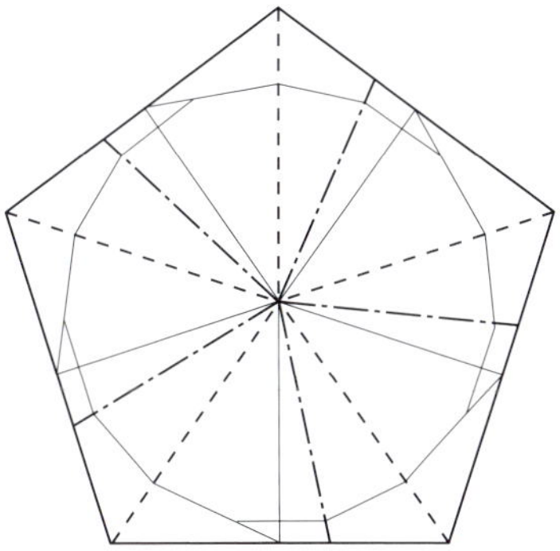

10
全体を開き、図の折り線で折る。

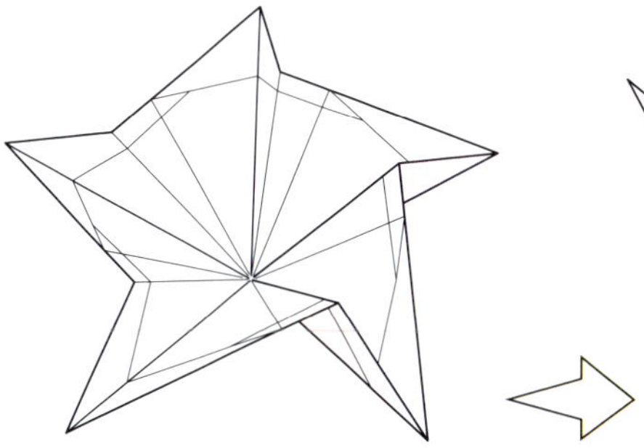

11
折っている途中。

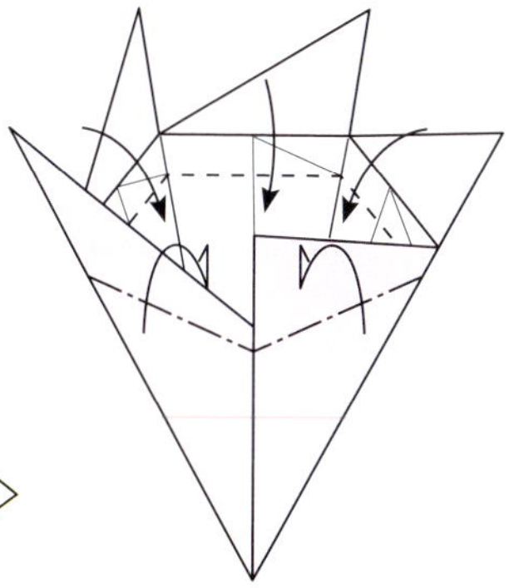

12
左回りに順番に9の
折り線で内側に折る。

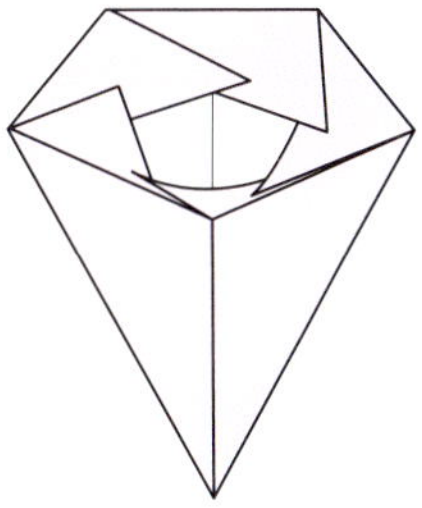

13
折ったところ。

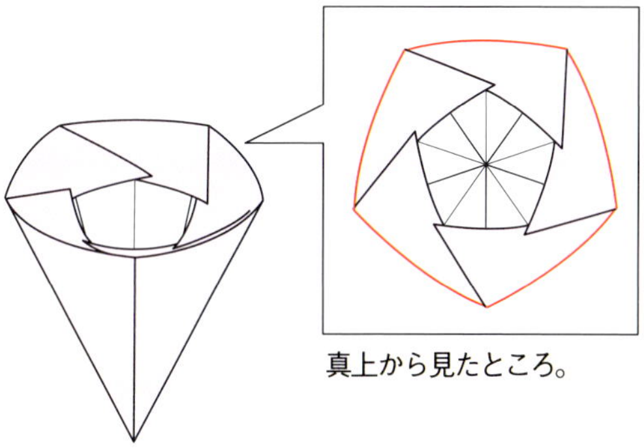

真上から見たところ。

14
上の縁のまっすぐな辺を指で
しごいて丸みをもたせる。

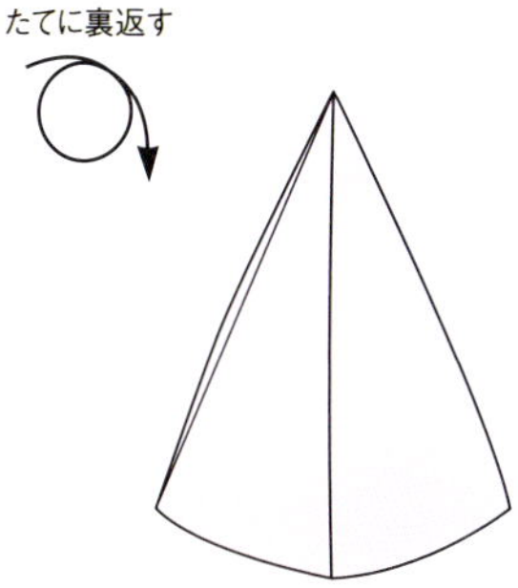

15
上下を逆に置き、できあがり。

つぼみ用のガク P.18,26,40,47,70の作品

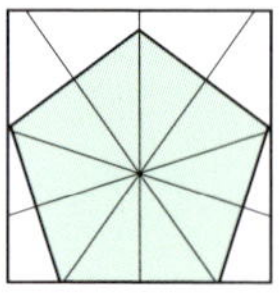

・紙のサイズ：10cm×10cmまたは15cm×15cm（※）から切り出した正五角形（切り出し方はP.12）
・使用した紙：タント
※3種のつぼみ、初代五角バラ、ハイビスカスに使える。つぼみ各種とガクの紙の大きさの比率はそれぞれ1：1。
初代五角バラ、ハイビスカスに使う場合はそれぞれP.13、P.71を参照。

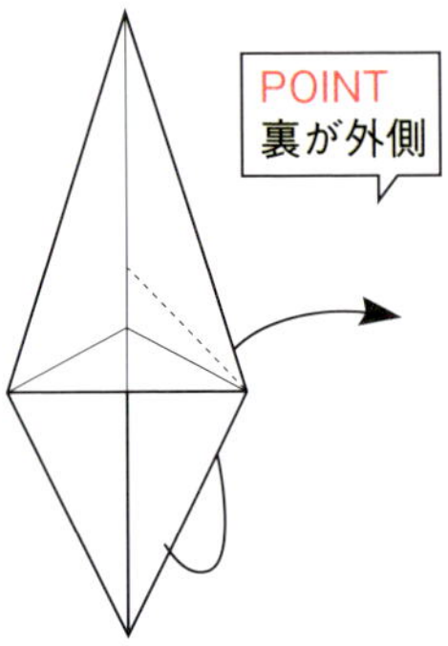

1
裏を外側にしてシンプルローズ用のガク（P.24）の5までと同様に折る。紙が上がる一番上まで上げて中割り折りする。

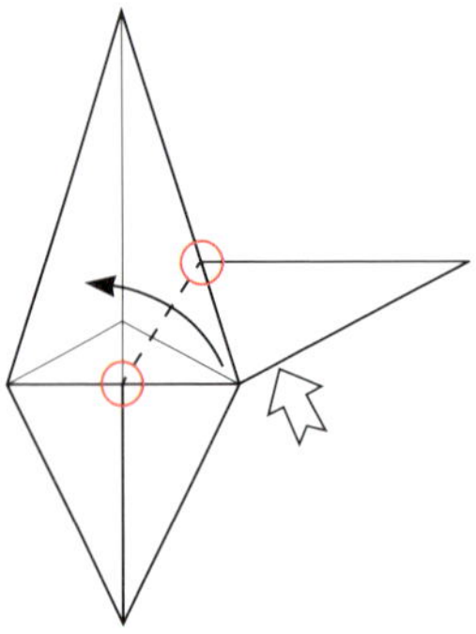

2
図の位置でひだの真ん中に指を入れて開き、手前側だけ折り線をつける。

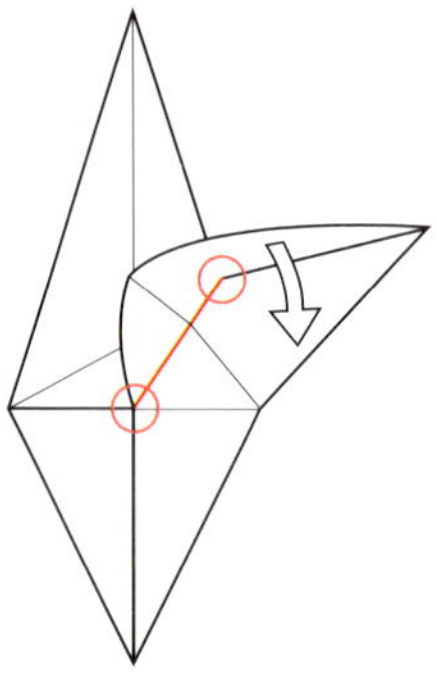

3
折り線をつけ、戻して閉じる。

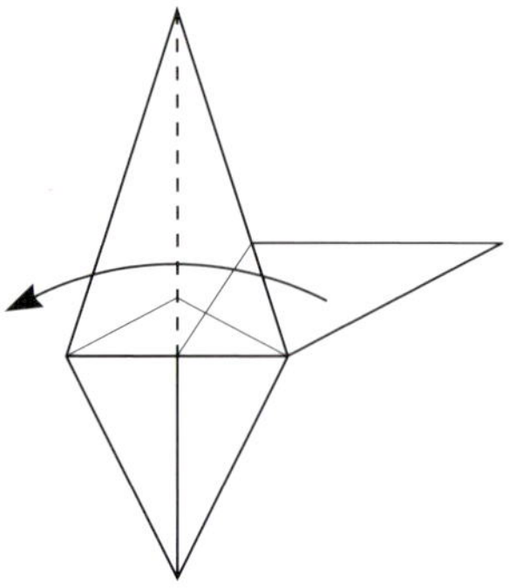

4
ひだを反対側にめくる。

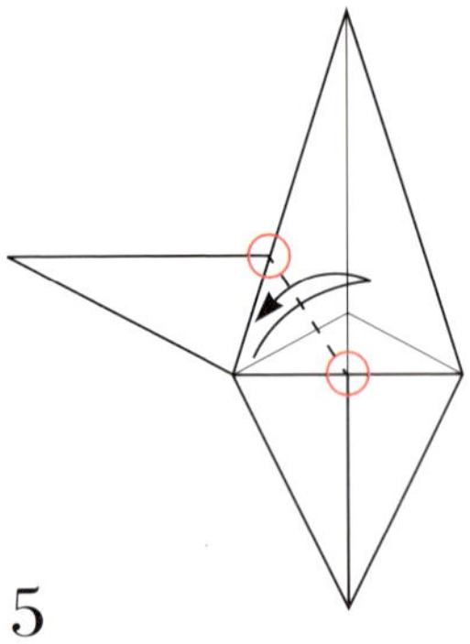

5
2〜3と同様に折り線をつける。

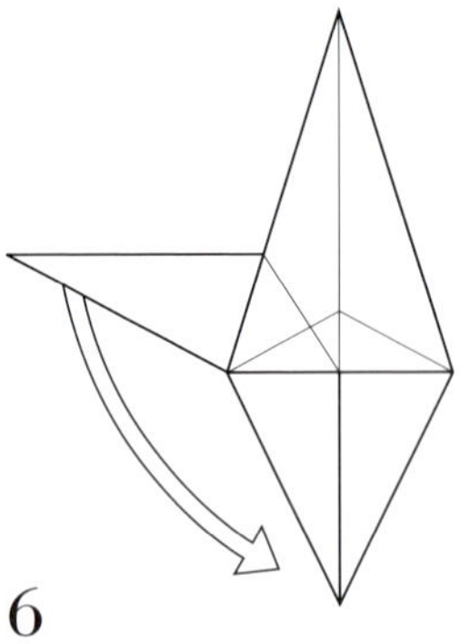

6
中割り折りを元に戻す。

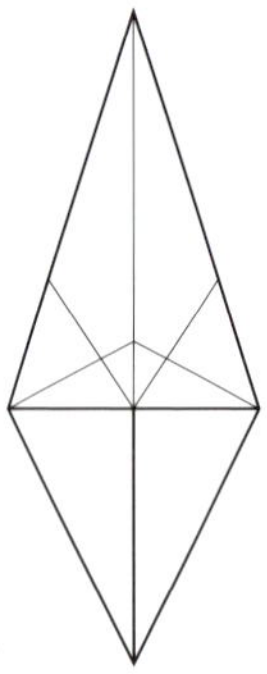

7
他のひだも1〜6と同様に折る。

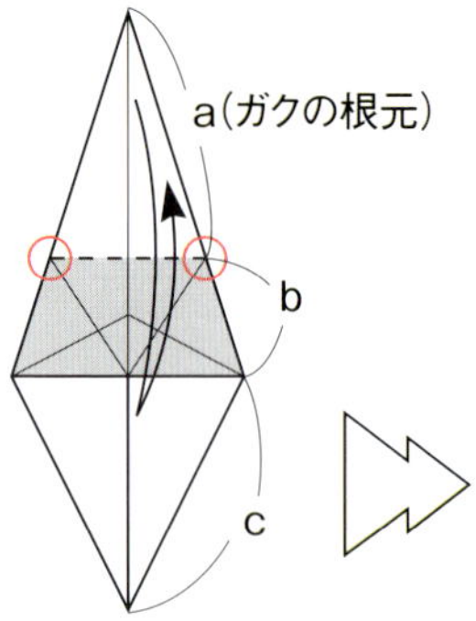

8
図の位置に折り線をつける。紙が重なっている分厚みがあるので、しっかりと折る。
※8〜12の図では便宜上bの部分に色をつける。これを折る際の目安にする。

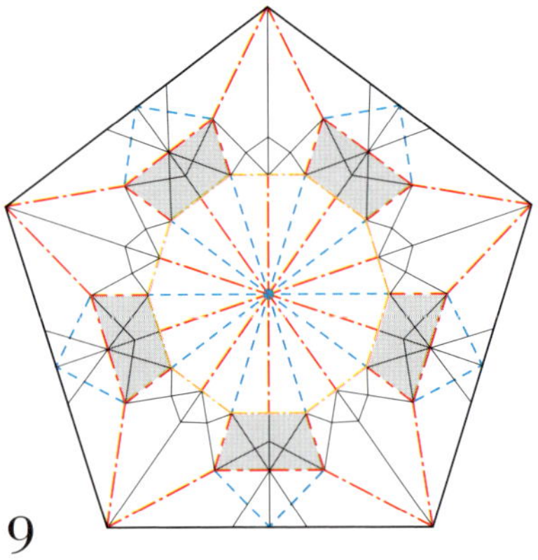

9
裏を上にして全体を一度開く。8でつけた折り線をすべて山折りに折り直す。aの部分を図の折り線で折り直し、沈め折りの準備をする。
※P.62の7を参照

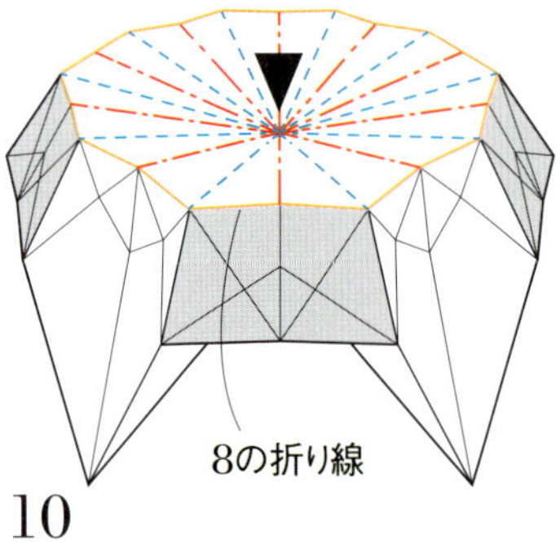

10
9の折り線で折り、b、cの部分から形成し、aの部分を沈めるように沈め折り（P.5）をする。
※P.63の8を参照

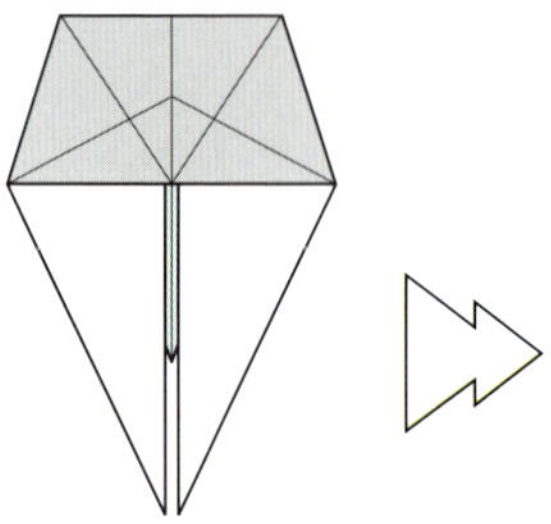

11
沈め折りした状態でしっかりと折りぐせをつける。ガクの根元が中に折りたたまれる。

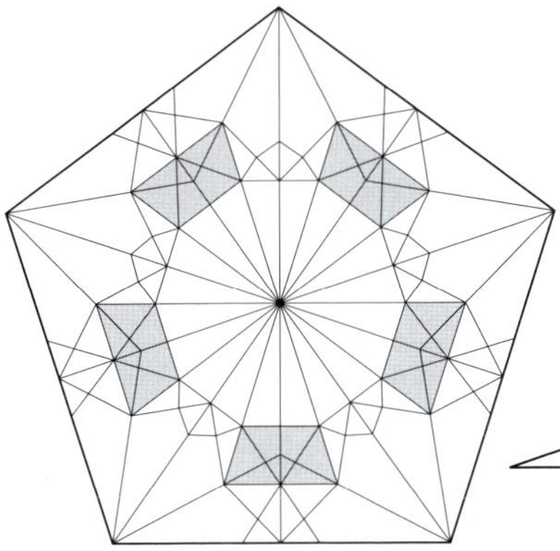

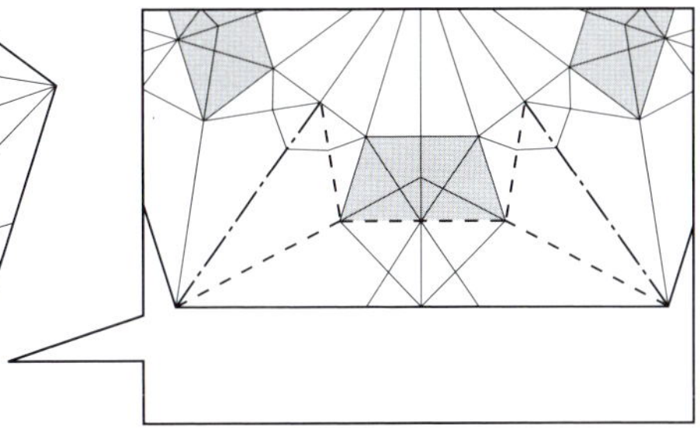

外周りの辺が折り上がる。

12

もう一度裏を上にして全体を開き、図のように折り直す。他の辺も同様にする。

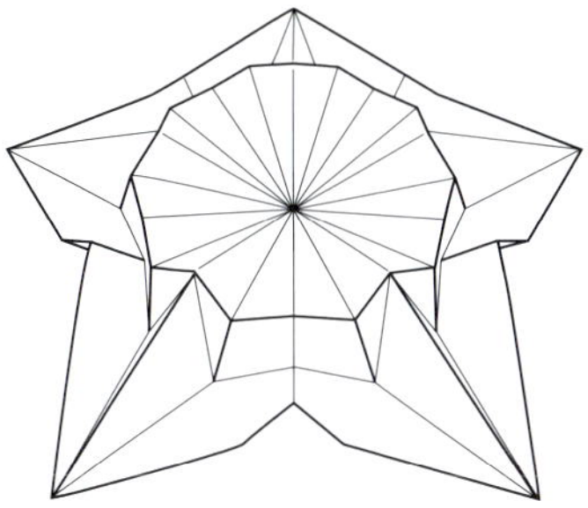

13

12で折り直した折り線と沈め折りの折り線で星形に折りたたむ。

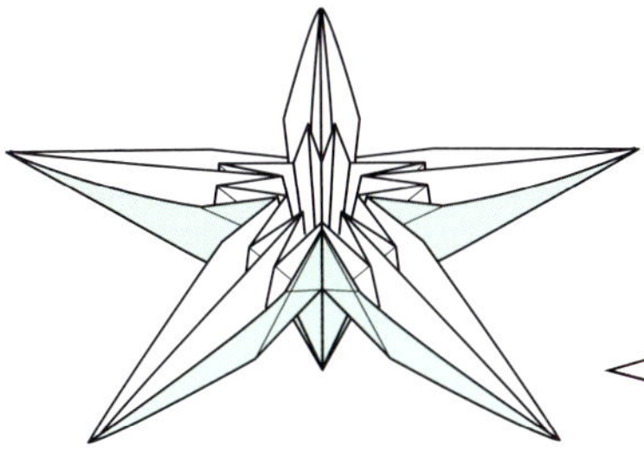

14

折ったところ。

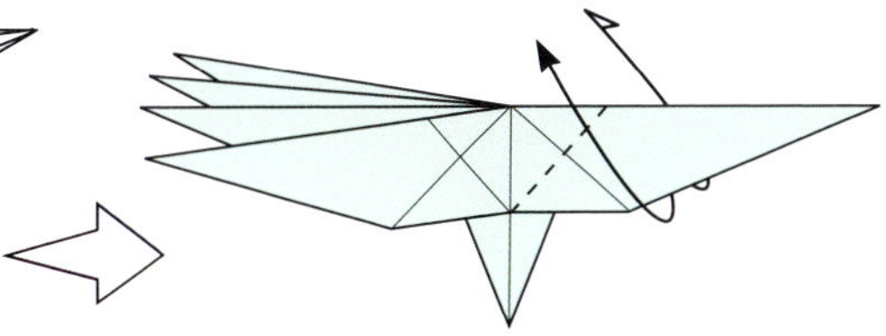

15

2~7でつけた折り線でかぶせ折り（P.6）をする。

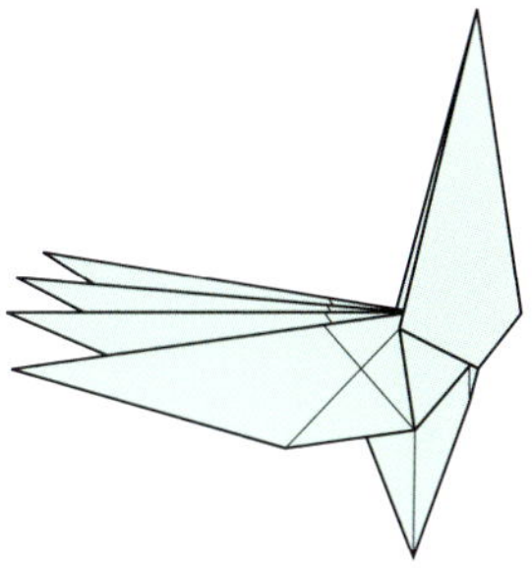

16

左回りにかぶせ折りしていく。

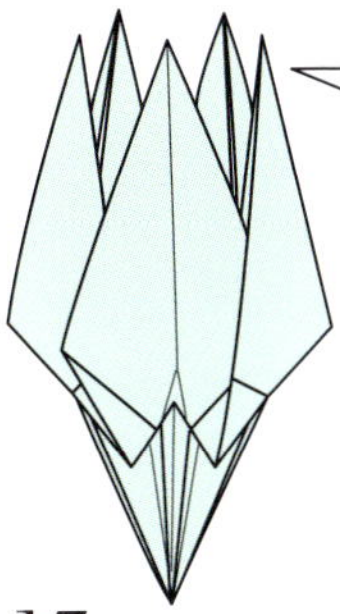

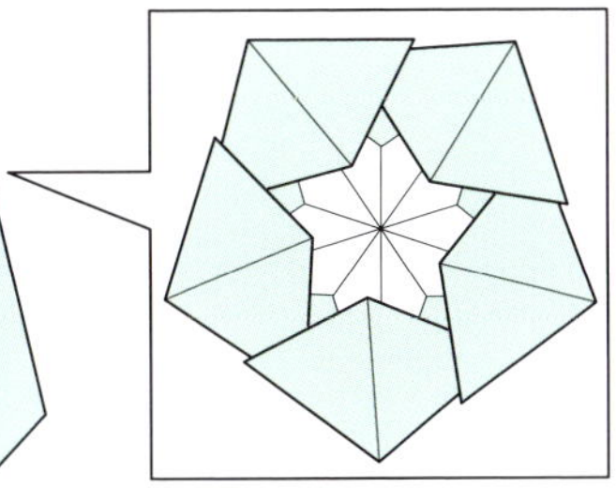

真上から見たところ。

17

最後の1枚を折ったら、最初の1枚めを左にかぶせて、常に右隣のひだが上になるように組み替える。

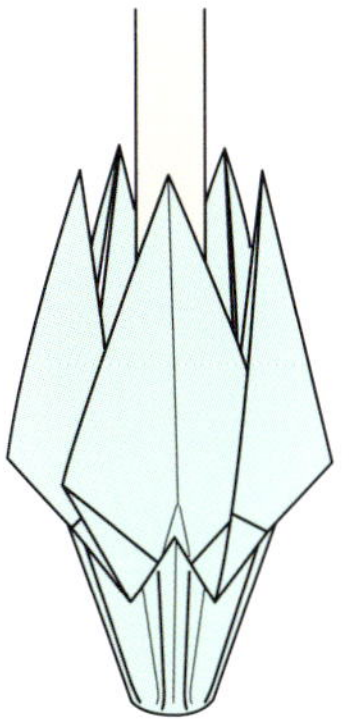

18

底の部分に丸箸の太い方を挿し入れてふくらませる。ワイヤーをつける際に大きめのビーズを入れてふくらませてもOK。

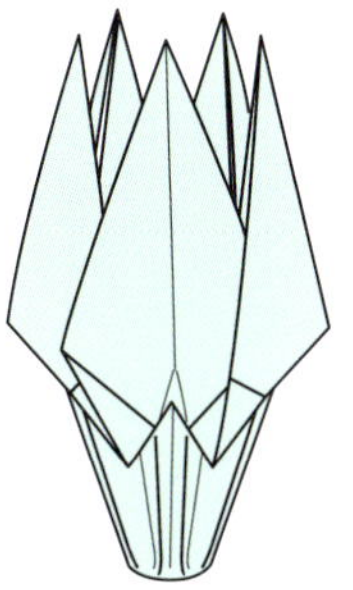

19

できあがり。
先を外側にカールさせたりつまんでニュアンスを出してもOK。
※P.51を参照して組み立てる。

ニューモダンローズ *New modern rose / Nouvelle rose moderne*

「求心中割り折り」のバラは成形が難しいという難点があり、あまりおすすめではなかったのですが、
このバラでそれを克服し「求心」の魅力を十二分に発揮できることができたと思います。写実性が最も高い作品です。
(ニューモダンローズ★★★★★、バラのガク★★★、バラの葉★★)

ニューモダンローズ　P.56の作品

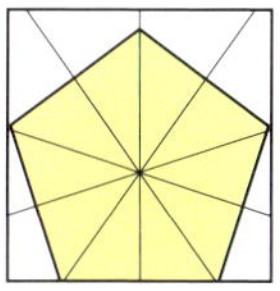

・紙のサイズ：25cm×25cmから切り出した正五角形（切り出し方はP.12）
・使用した紙：和紙

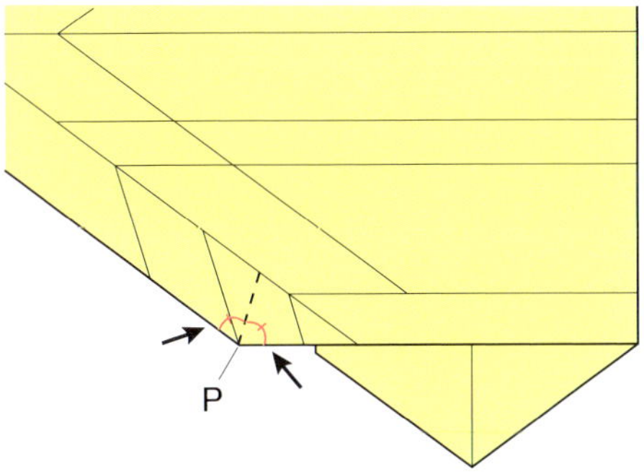

1
ハイブリッドティーローズ（P.41）の 1～8までと同様に折り、たてに裏返す。
図のようにつまんで谷折りする。

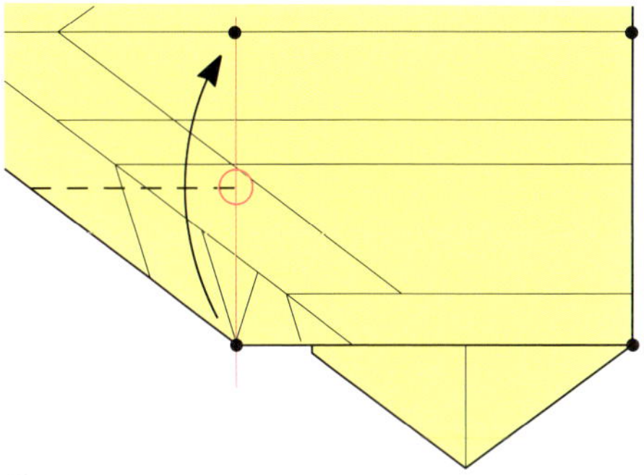

2
図のように合わせて、
左側だけを折る。

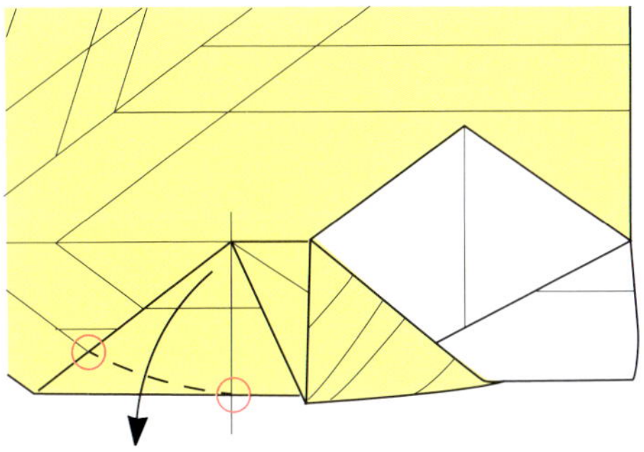

3
2の右端から左の折り線に
つながるようにカーブに折る。

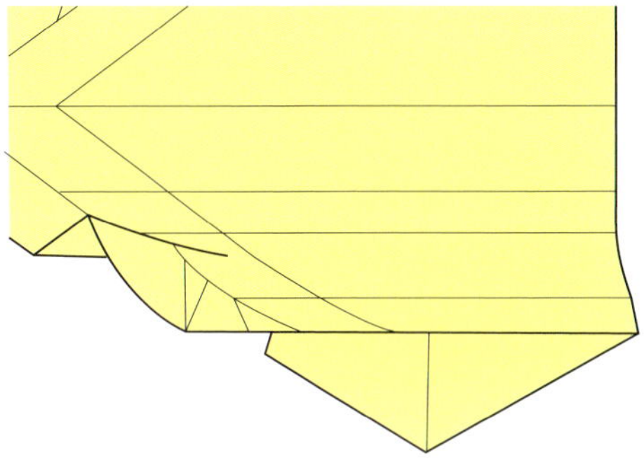

4
折ったところ（これをたてに裏返して見た状態が下の写真②）。

表から見たところ

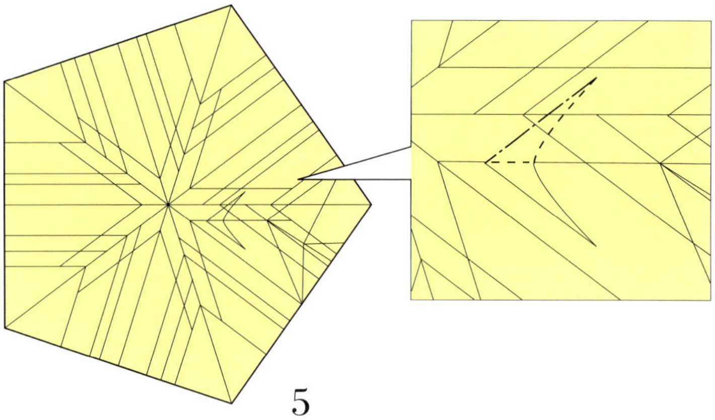

5
表を上にして全体を広げる。3～4でできた折り線の上側部分は図のように山折りと谷折りを逆につけ直す。

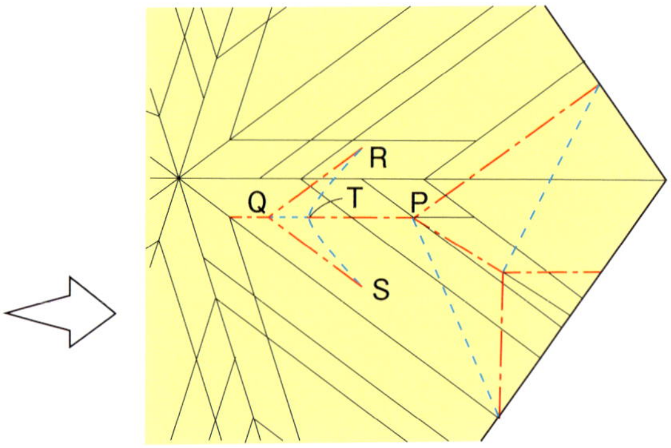

6
3～5で折った部分（図の左部分）を中割り折りし、図の右部分ももう一度折り線通り（ハイブリッドティーローズの8の状態）に折る。

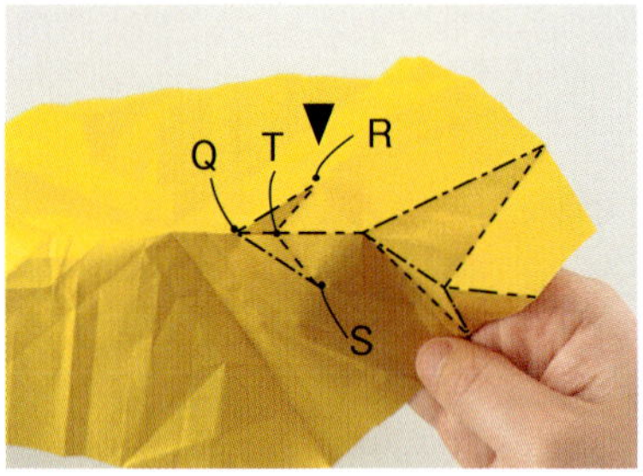

7
6の折り線で折ると自然とTがへこむ。TをQのほうへ押すようにしながらRとSをぴったり重ねる（求心中割り折り）。

8
重ねた状態で改めて折りぐせをつけておく。裏から右手の人さし指の腹で支えると折りやすい。

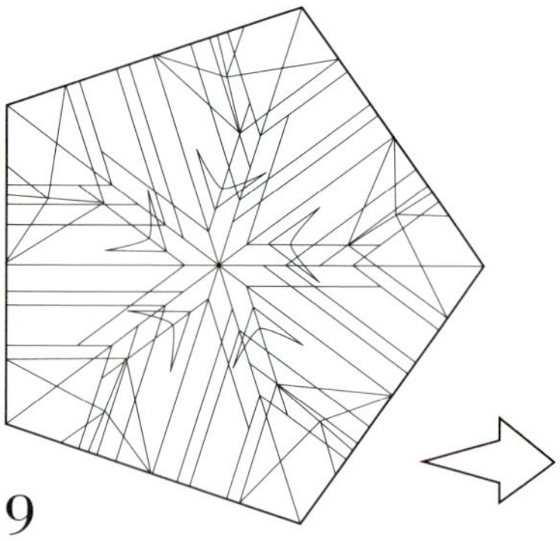

9
全体を一度開き、他の4か所も1～8と同様に折り、折ったらもう一度裏を上にして全体を広げる。

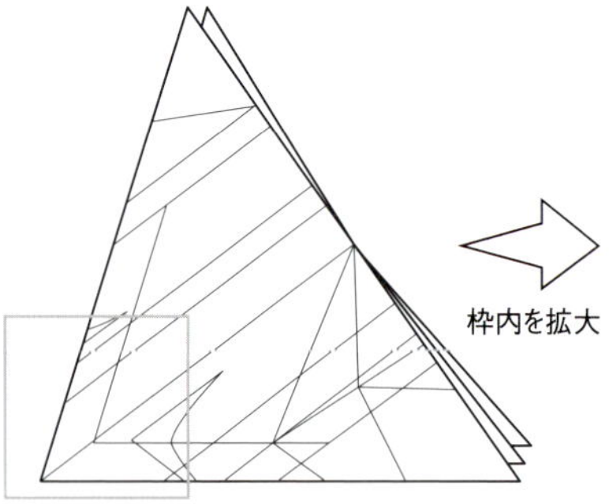

10
裏を外側にして風船の基本形（P.6）に折り、図の向きに置く。

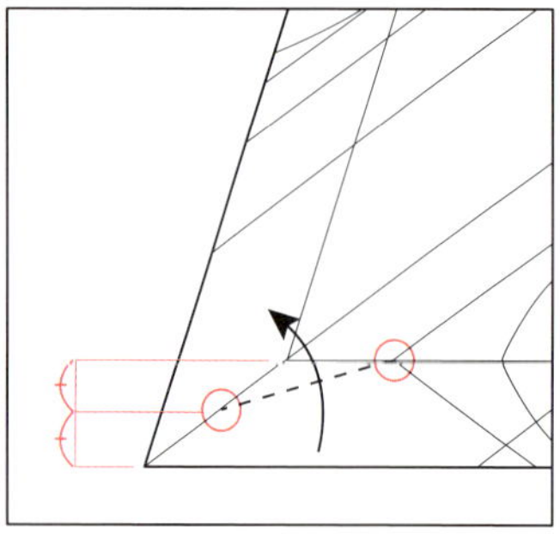

11
10の図の左下部分（折り紙の中心部分）を、すべてのひだをまとめて図のように折る。

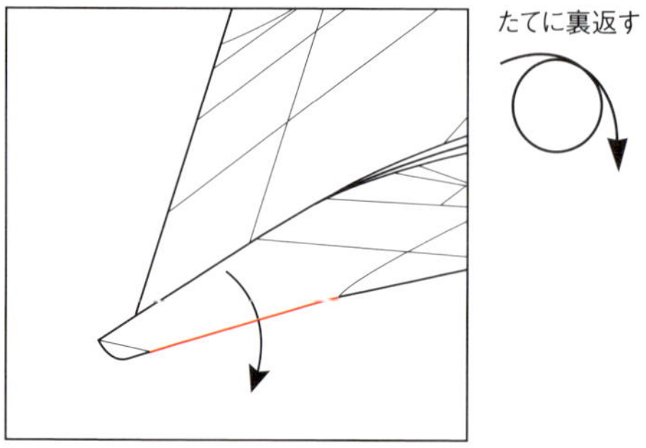

12
折り線をつけて戻す。

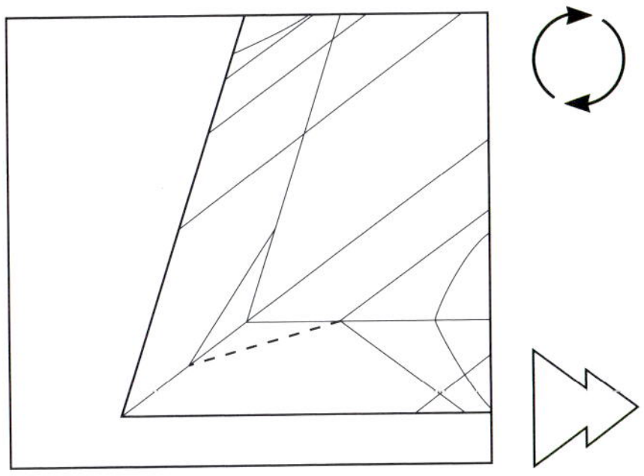

13
たてに裏返し、反対側も同様に折る。

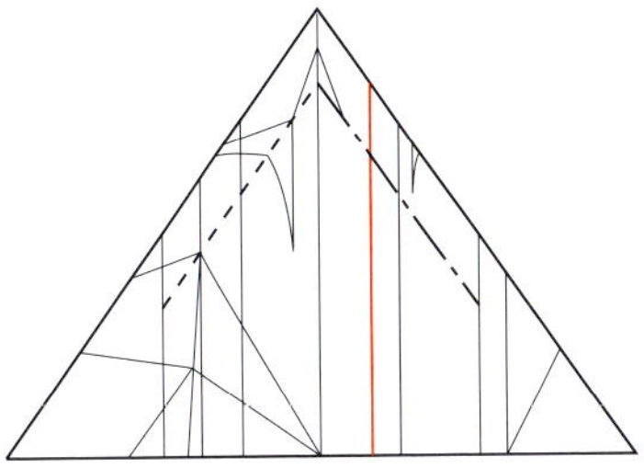

14
図の向きに置く。ここで、もう一度
山折り、谷折りで折る。
※上図の赤線は20〜21を折る際
に参照する。

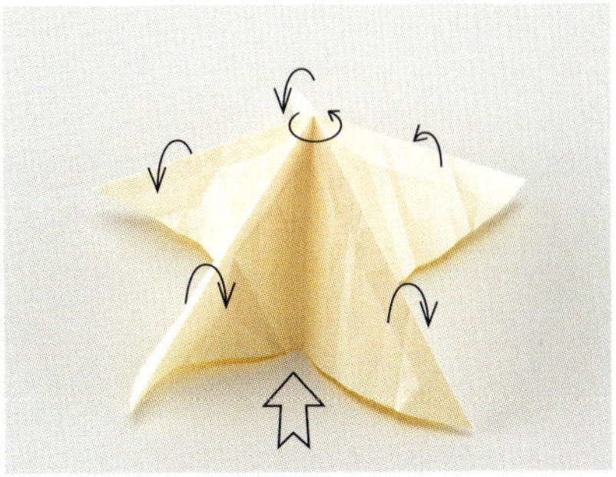

15
ピラミッド状に立て、それぞれのひだを 14 の折り線で折りながら左回りに中心をひねるようにして全体を広げる。

16
全体が平らになるまで開く。ただし、端まで折らないように注意。中心部分は 11 〜 13 でつけた折り線で左回りにねじれている。

17
表に返し、紙が重なった部分を開くように左右に引く。

18
左側の人さし指を伸ばすようにして添えると、自然とハイブリッドティーローズの 1 〜 5 の③の線で折れる。

19
角をハイブリッドティーローズの 8 の状態に折る。

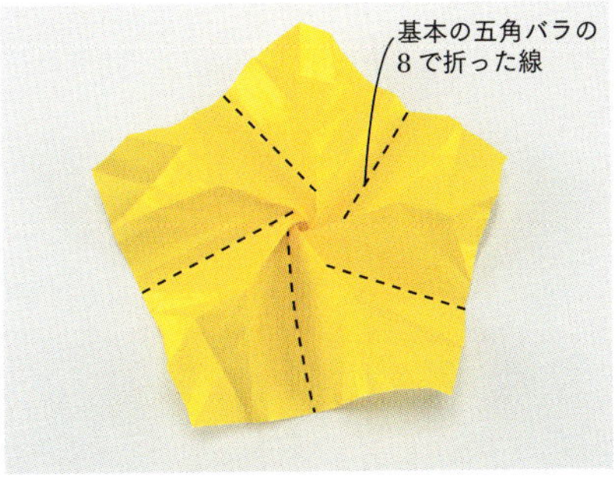

20
他の角 4 か所も 17 〜 19 と同様に折る。基本の五角バラ（P.36）の 8 で折った線（14 の赤線）で裏から見て山折りに折る。

21
20 の線（基本の五角バラの 8 で折った線＝14 の赤線）で中心までずれないように注意して折りながら、左回りにタービンのように筒状にまとめる。

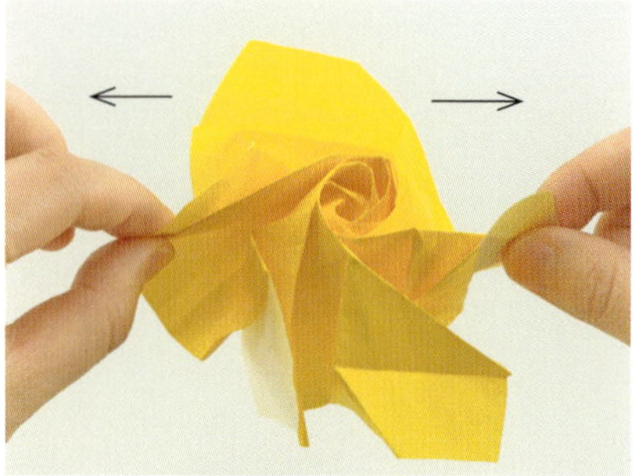

22
左右に引くようにして、中心の閉じた折り山を途中まで開き、中割り折りに折り直す。

23
6～8でつけた折りぐせに沿って中割り折りをする。

24
5か所すべて中割り折りをし、そのまま再び21のように筒状にまとめる。

25
中割折りした花びらの内側に丸箸を入れ、花びらの折り山に沿わせて右回りに回しながら少しずつ中心を広げる。箸の太いほうも使って整える。

26
巻いた花びらの角の部分（1のPの部分）を指でつまむ。

27
5か所ともつまんだところ。

28
下部を上に折り上げる。最初の1枚は少ししか上がらない。

29
2枚めからは右端を揃えて、左の角は前の花びらに合わせるように折る。左回りに5枚折る。

30
5枚全部折り上げたところ。

31
底を上にして持ち、山型になっている５か所を左回りに内側に折り込む。

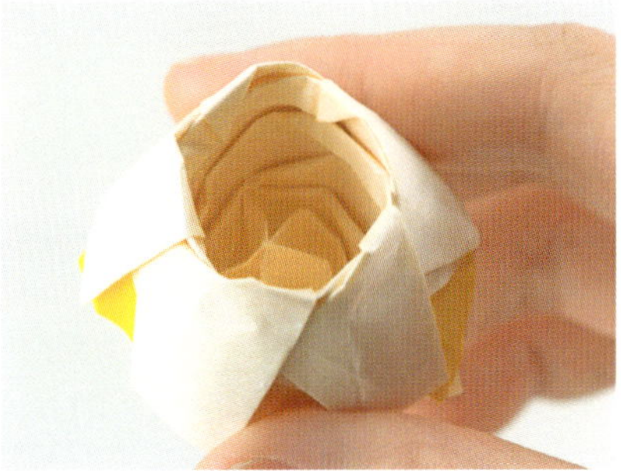

32
折ったところ。

33
一番外側の花びらに親指をぐっと差し込み、ざっくりと広げる。

34
５枚の花びら全部を広げたところ。

35
33 〜 34 で広げた花びらの折り山の部分を開くようにして折る（中割り折り）。このとき外側の花びらに角を作るように折る。

36
35 で開いてできた内側の花びらの角を少しつまんでとがらせる。

37
次に、そのさらに１枚内側の花びらの角（紙の角）をつまんでとがらせる。

38
最後に、35 でできた一番外側の花びらの角をつまんでとがらせる。

39
35 〜 38 を５か所同様にして全体の形を整え、できあがり。

バラのガク

P.40,56の作品

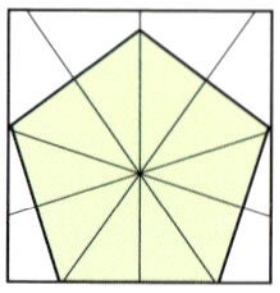

・紙のサイズ：15cm×15cmから切り出した正五角形（切り出し方はP.12）
・使用した紙：タント
※基本の五角バラ、ハイブリッドティーローズ、ニューモダンローズに使える。
　花とガクの紙の大きさの比率は5：3＝25cm：15cm。

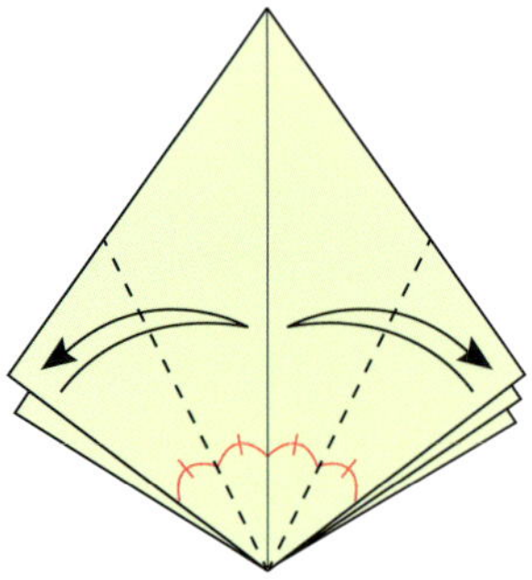

1
花の基本形（P.6）に折り、図のように折り線をつける。

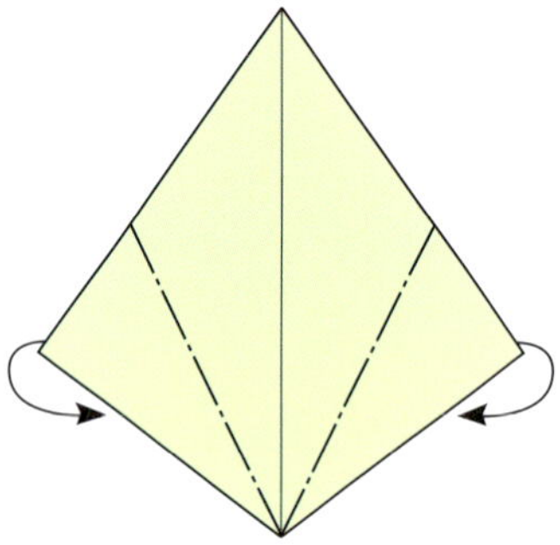

2
1の折り線で中割り折りをする。

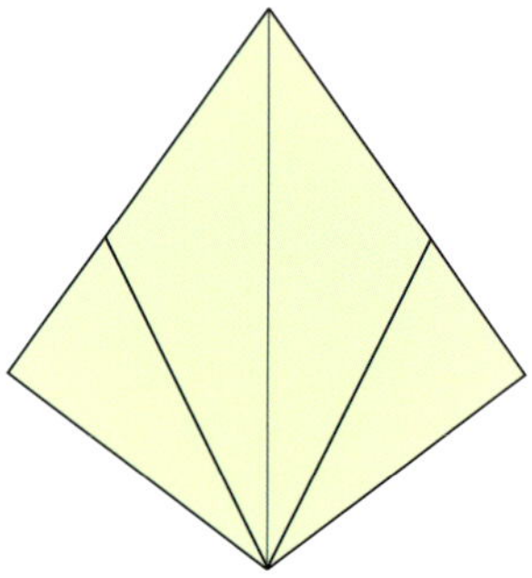

3
他も1〜2と同様に折る。

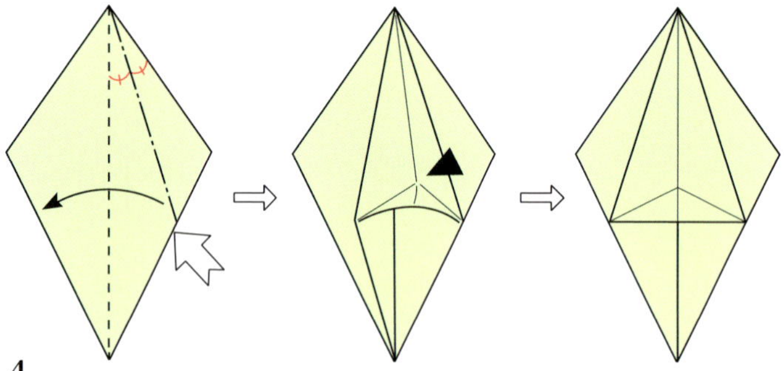

4
図の折り線で開きながら角を平らにつぶす。

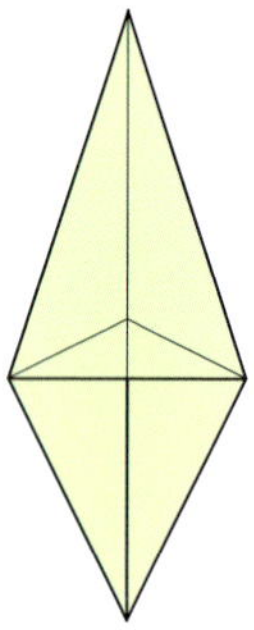

5
他も4と同様に折る。

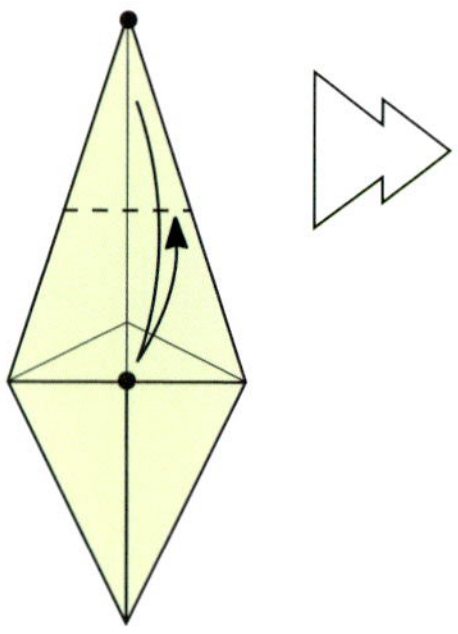

6
紙が重なって厚みがあるのでしっかりと折り目をつける。
※このときの折り位置を調整して、ガクの高さを変えることができる。

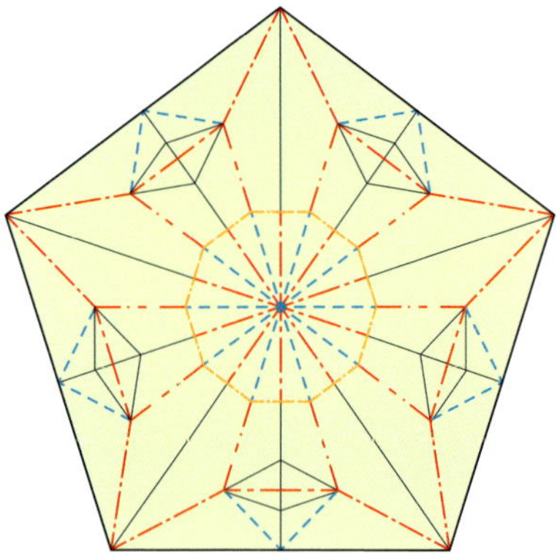

7
全体を一度開き、6でつけた折り線をすべて山折りに折り直す。中心部を図の折り線で折り直し、沈め折りの準備をする。

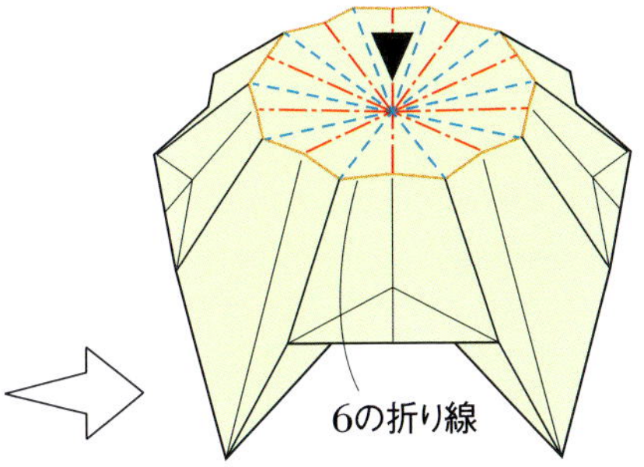

8
7の折り線で折り、
沈め折り（P.5）をする。

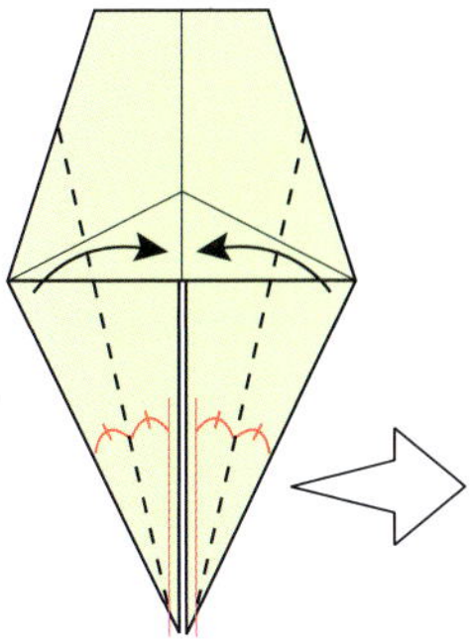

9
下部の左右を中心に向かって折るが、厚み分を考慮して中心を少しあける。

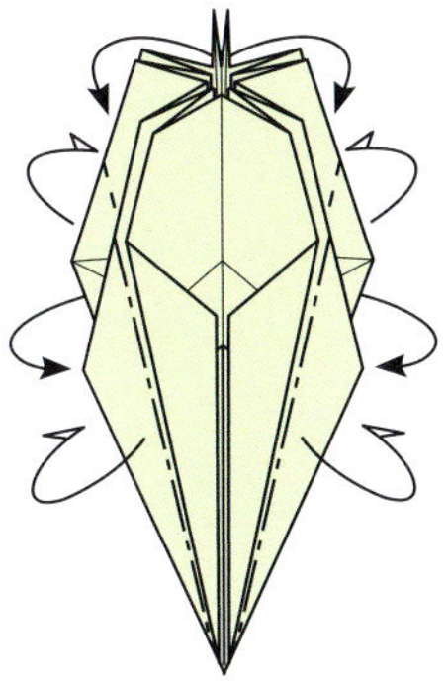

10
他もすべて8と同様に折る。

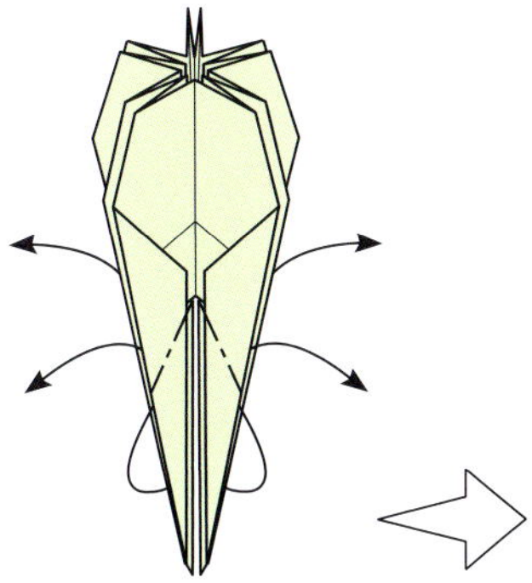

11
下部をそれぞれ中割り折りする。

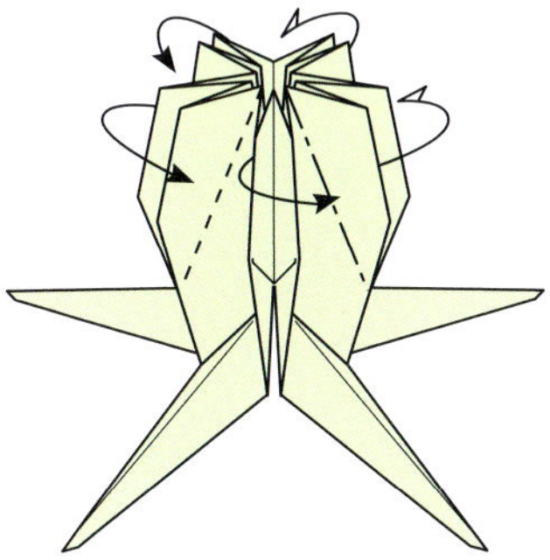

12
それぞれのひだを2枚ずつまとめてねじるように折る。

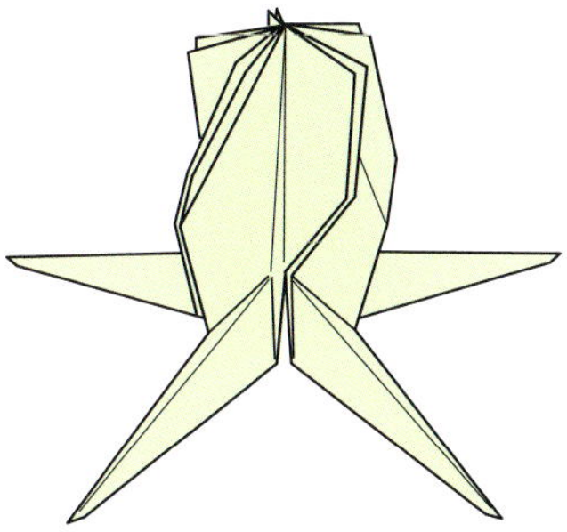

13
できあがり。

バラの葉　P.18,26,40,47,56の作品

・紙のサイズ：15cm×15cmを半分に切った三角形
・使用した紙：タント

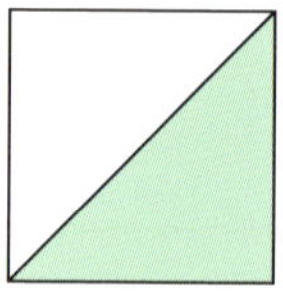

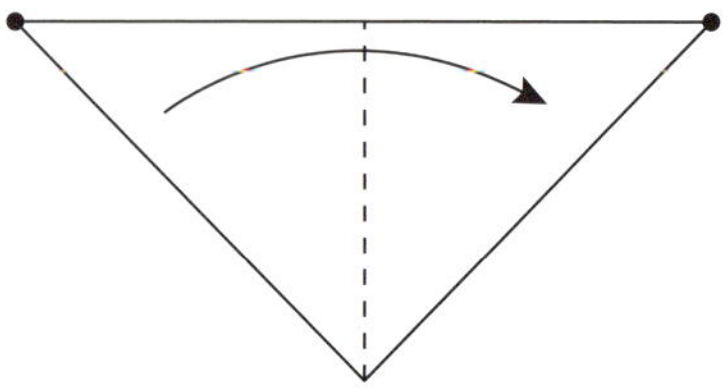

1
裏を上にして置き、たて中心で
半分に折る。

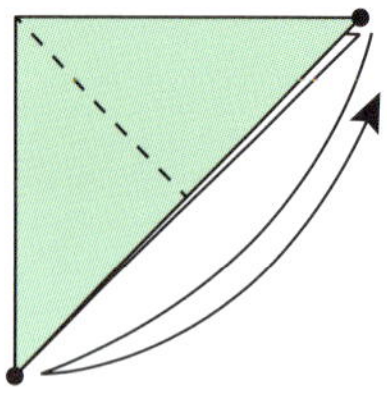

2
上の頂点を下の頂点に
合わせて半分に折り、
折り線をつけて戻す。
反対側も同様にする。

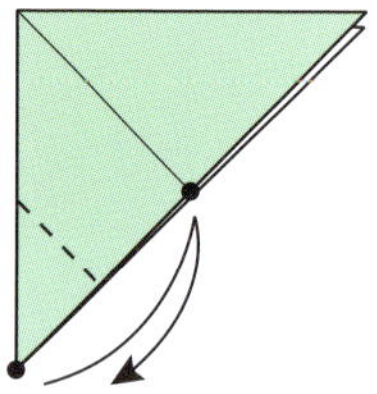

3
下の頂点を2の折り
線に合わせて折り、
折り線をつけて戻す。

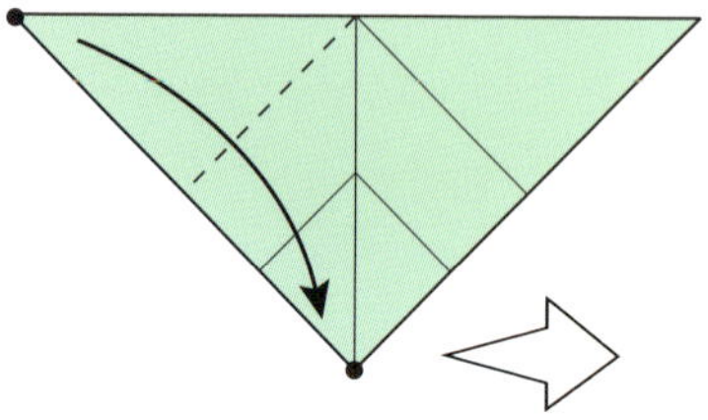

4
表を上にして広げ、左側を
2の線で折る。

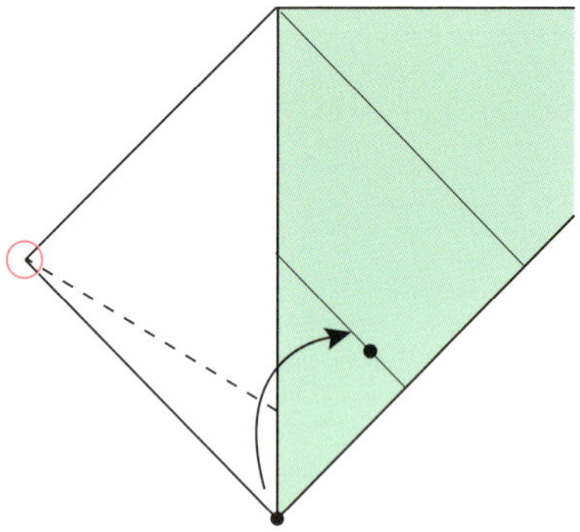

5
左の上1枚を、左の角を支点に
して、下の頂点を3でつけた折
り線に合わせて折り上げる。

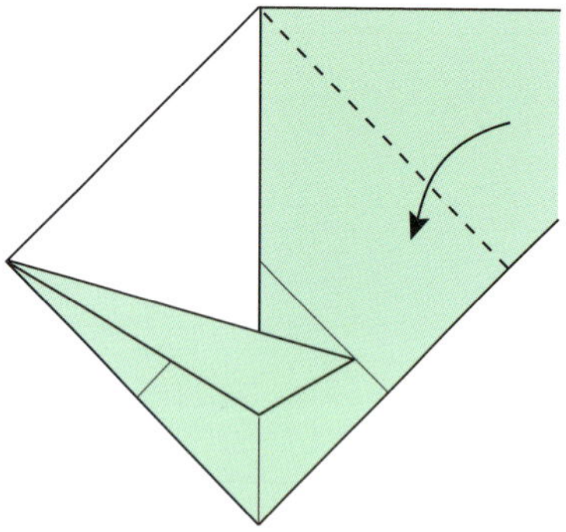

6
右側も2の線で折る。

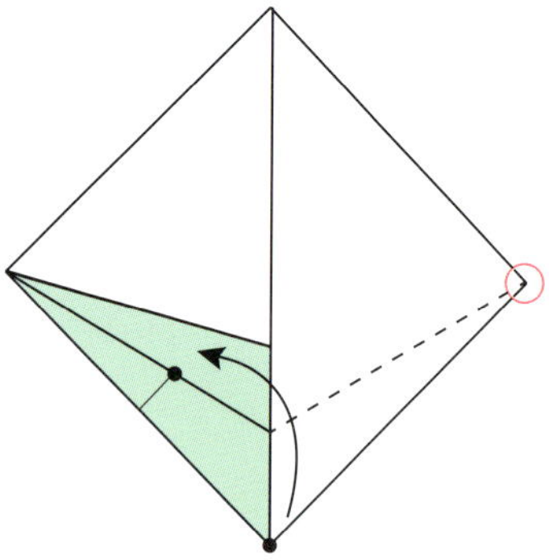

7
右側も左側と同様に折り上げる。

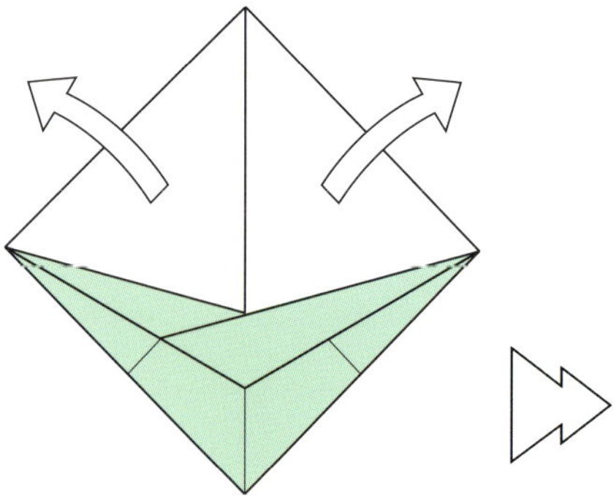

8
左右を開く。

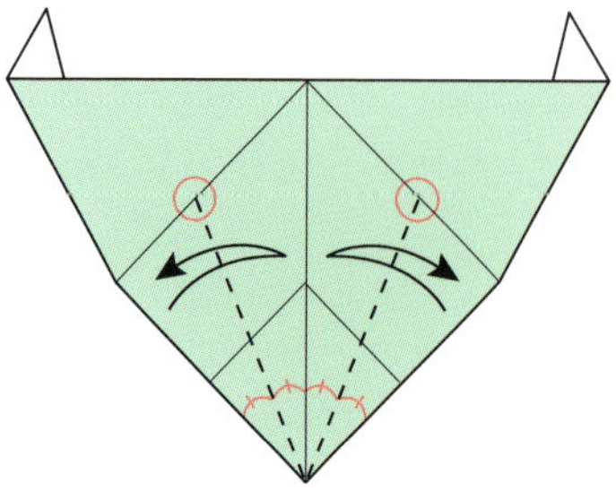

9
左右の端の辺を中心線に合わせ、
2でつけた斜めの線まで折り線を
つけて戻す。上まで折らない。

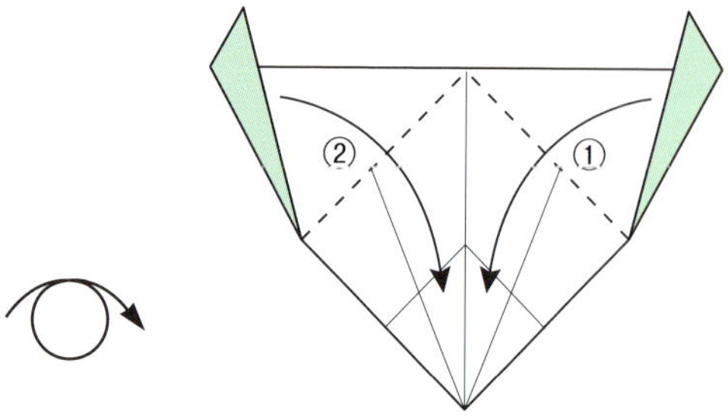

10
裏返し、①、②の順に
2の線で折る。

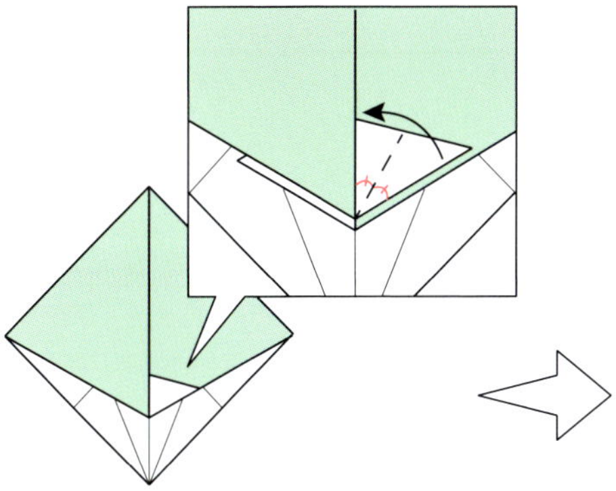

11
中心にできた小さな三角の下
の辺を中心線に向かって折る。

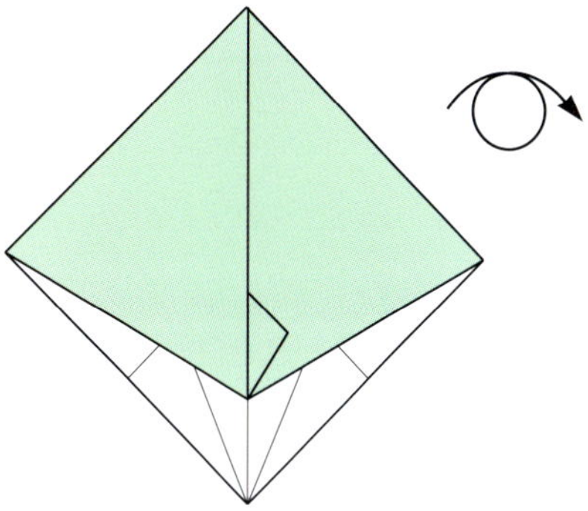

12
折ったところ。

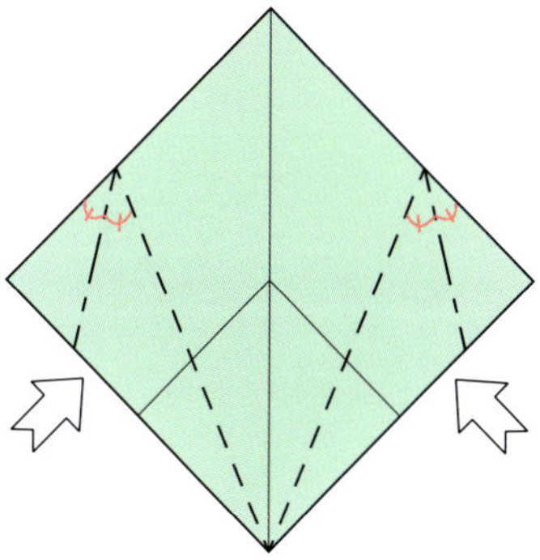

13
裏返し、左右を図のよう
に開いて平らに折る。

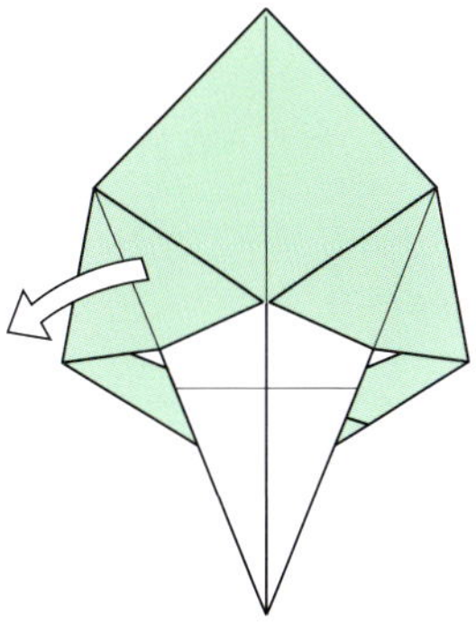

14
左側を引き出して元
に戻す。

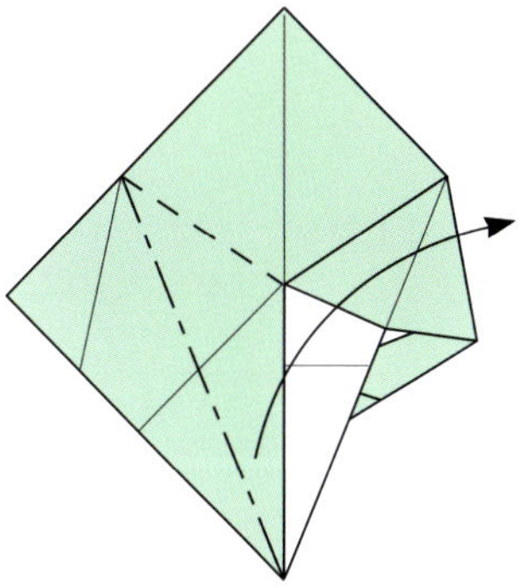

15
左側を図のように折り
上げる。

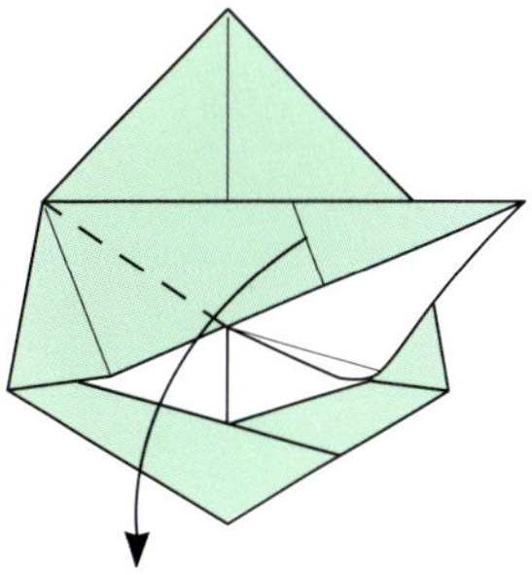

16
続いて図のように折り
下げる。

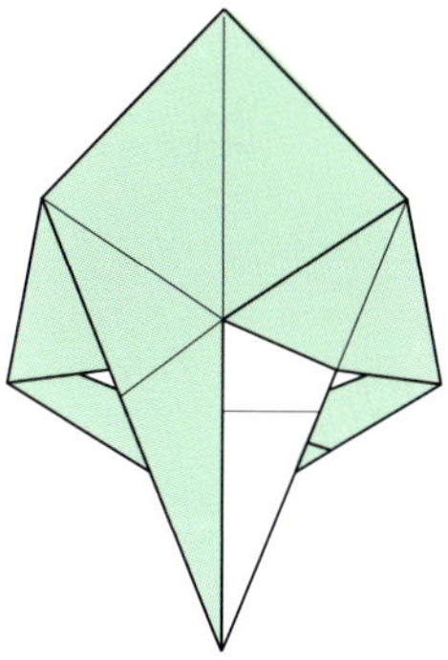

17
折ったところ。右側も
14〜16と同様に折る。

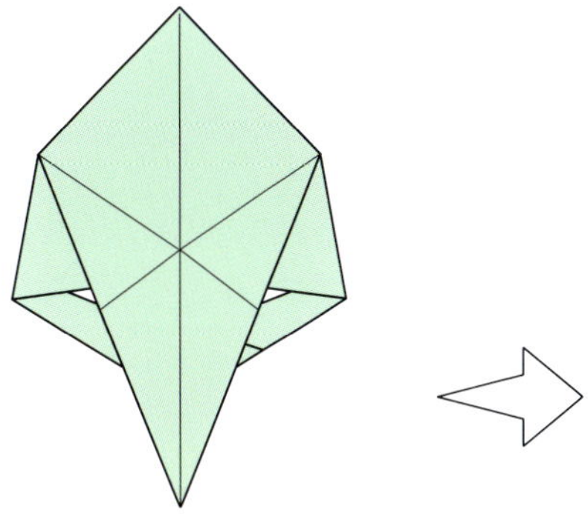

18
折ったところ。

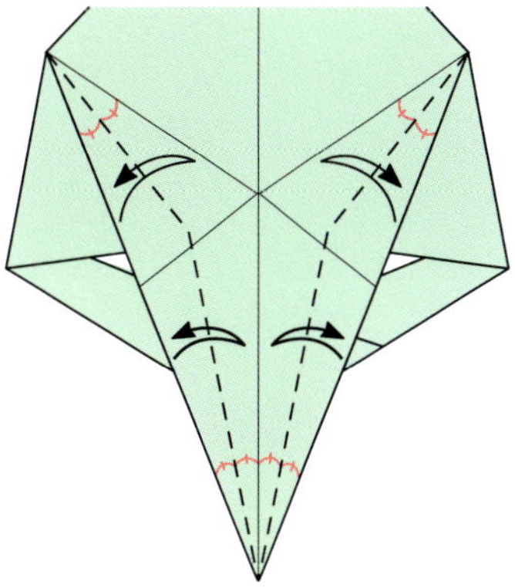

19
図のように上部と下部に二等分
線をつけ、元に戻す。左右とも
同様にする。

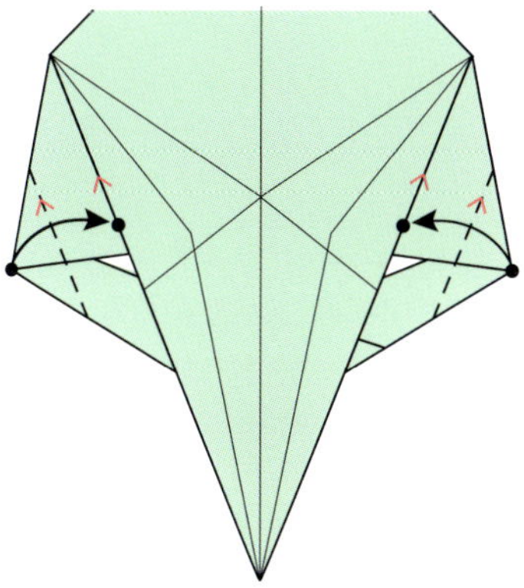

20
内側の辺に平行になるように、
左右の頂点を内側に折る。

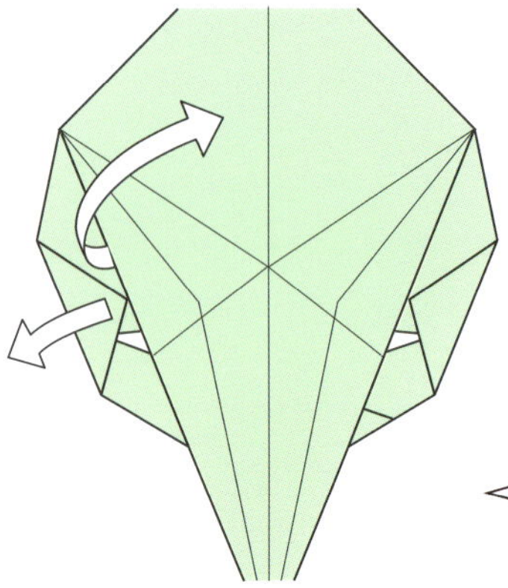

21
16の状態になるよう、
左側を開く。

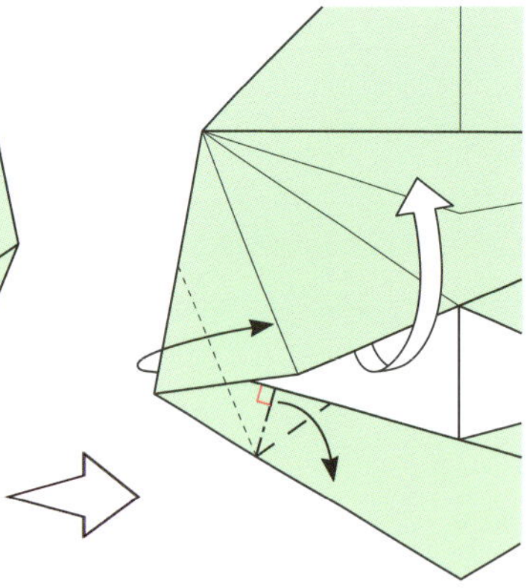

22
上側を開き、下側は直角
を作るように折る。

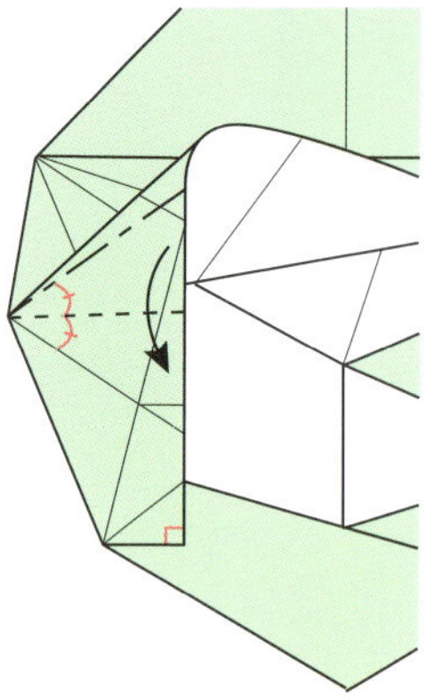

23
さらに図のように折る。

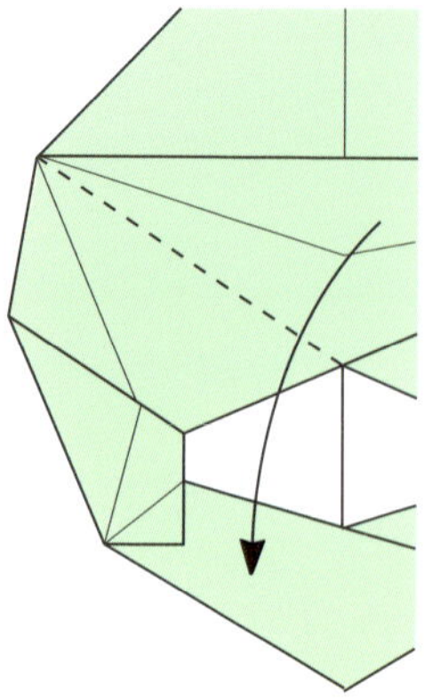

24
続けて図のように折り下げる。

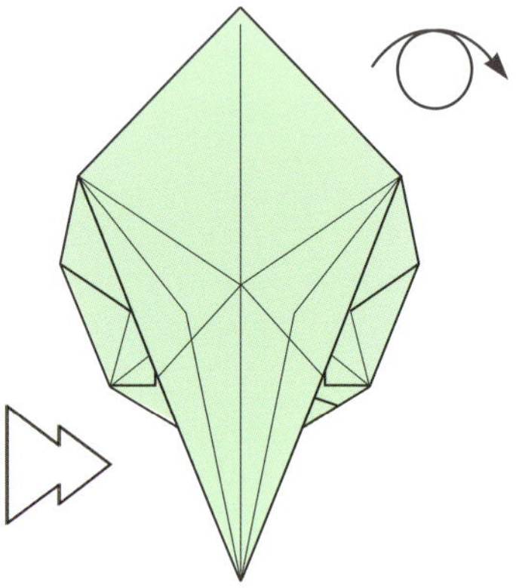

25
右側も21～24と同様に折る。

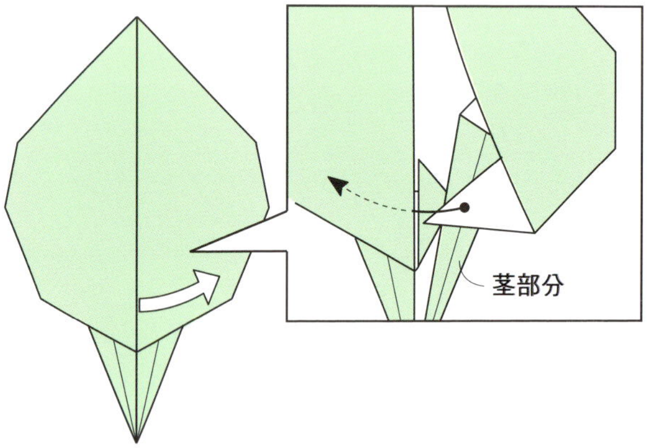

26
裏返し、左側の三角の上に右側の茎部分を重ね、さらに
その上に右側の小さな三角を重ねて左側に差し込む。

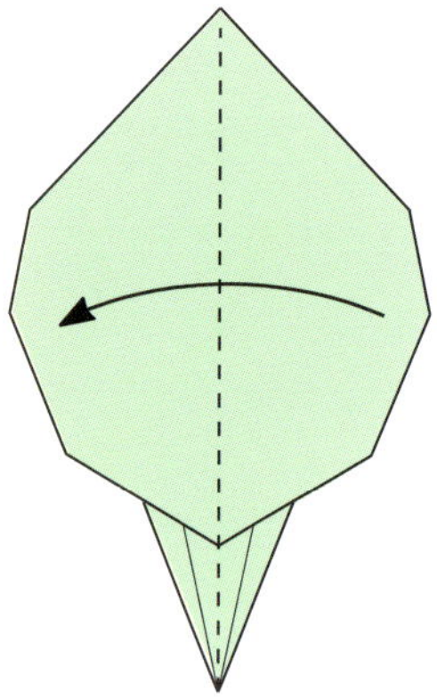

27
中心線で半分に折る。

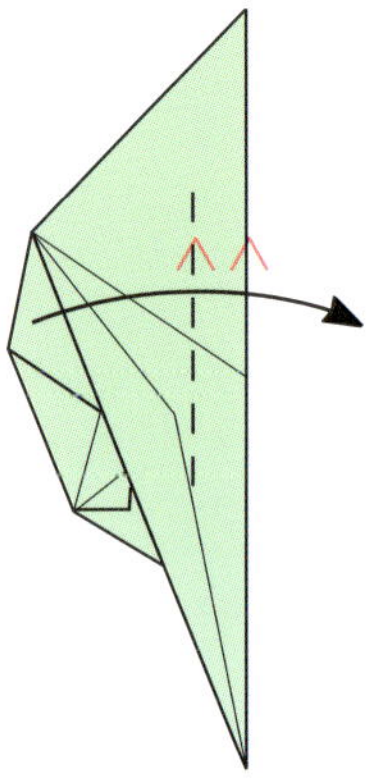

28
中心線に平行に、少し外側を
中央部分のみ折り、開く。

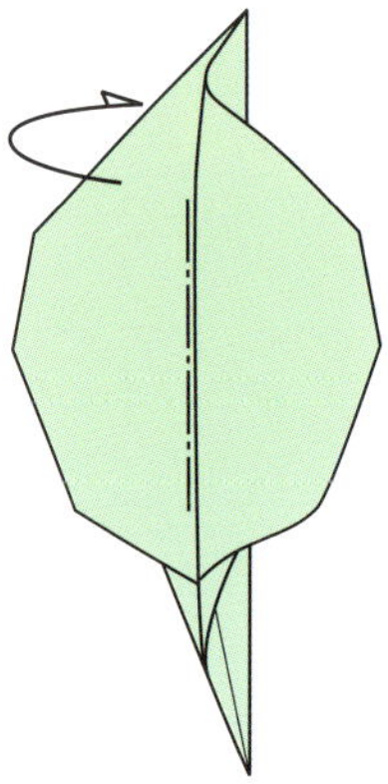

29
左側も同様に折る。

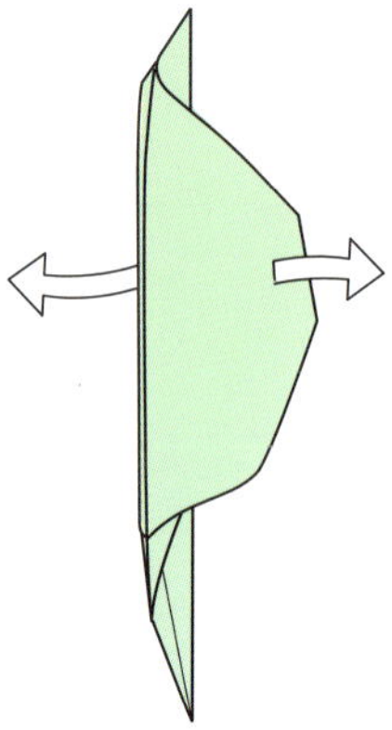

30
左右に開く。

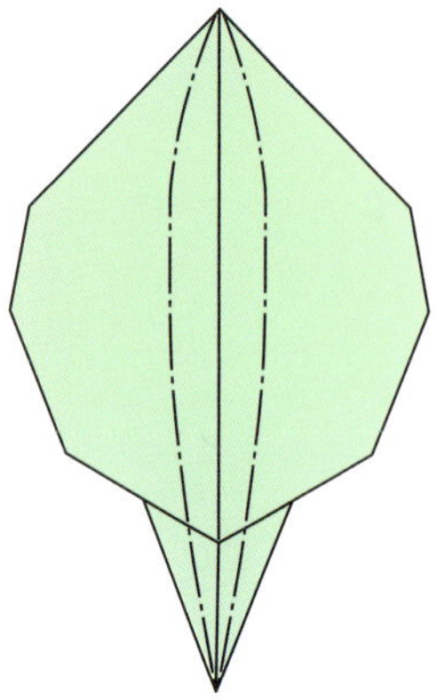

31
28、29でつけた折り線につなげ
て上下の先端に向かってカーブ
に折り線をつける。

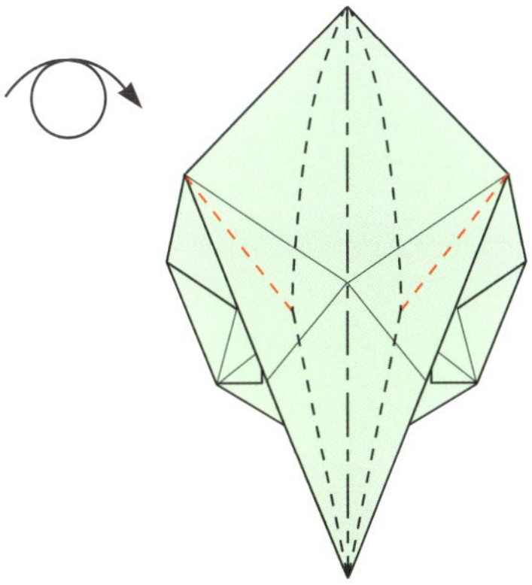

32
裏返す。

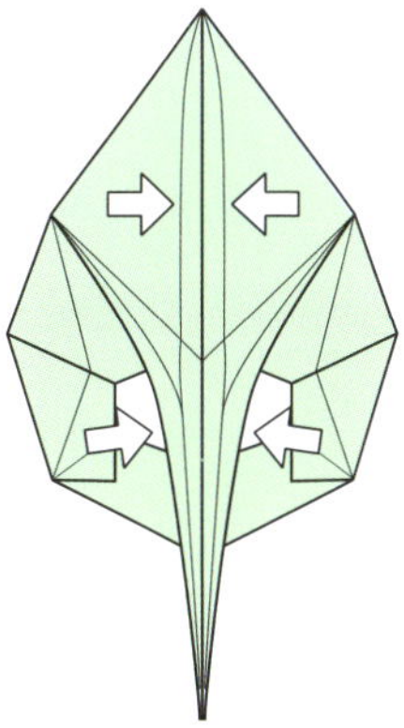

33
32の折り線で中心をつまむようにして折る。赤線部分は裏側の紙だけを折る

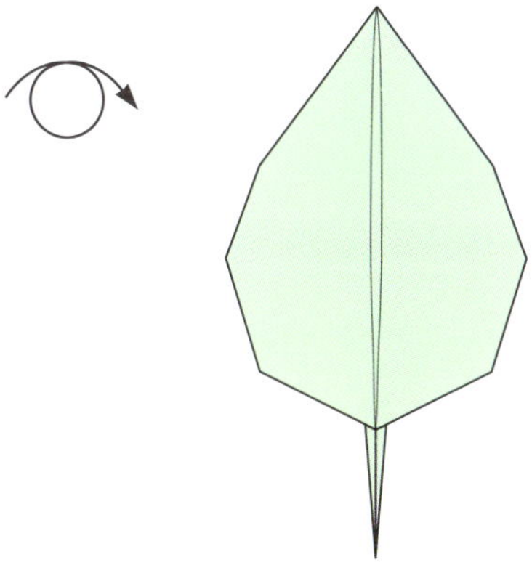

34
表に返し、できあがり。

葉のつけ方

1
写真の位置に目打ちで穴をあける。

2
1の穴にワイヤーを通し、後ろ側を茎より長めに曲げる。

3
茎の部分にワイヤーを５回ほど巻きつけ、茎の下は数回巻いてなじませる。

4
葉の茎の部分からフローラテープを巻き始め、そのままその下のワイヤーにも巻く。
※３枚葉や５枚葉を作る場合は、同様に３枚または５枚作り、束ねてフローラテープを巻く。

5
花とガクをつけたワイヤー（P.49）に葉をつけたワイヤーを沿わせ、フローラテープで巻いて一体化させる。

6
好きな長さでカットする。

五角形と六角形から作るその他の花
FROM PENTAGON & HEXAGON

1

1　ピンク系のチューリップ５本を吸水性スポンジに刺し、白樺ベースでまわりを囲んで、ひもでまとめたナチュラルなアレンジ。紙パッキンでスポンジを隠せばできあがり。

2　パール調の紙でユリの花と葉を６個ずつ作り、それぞれをワイヤーに通してラウンド状に束ねた。ガラスのびんに挿して涼しげに。

3　花の内側と外側で色がきれいに分かれる特徴を生かし、片面が柄、片面が黄色の千代紙で折ったユリ。そのまま和風の器に置くだけで風情がある。

4　イタリア製の包装紙から六角形を切り出して折ったチューリップ。葉はオレンジにし、紙ならではの味わいを楽しんで。薄紙を紙ひもで巻けば、紙だけで作る花ギフトに。

5　ユリの花と葉にそれぞれワイヤーを通し、パールピックとともにフローラテープでまとめて、大小のリボンを結んだコサージュ。コサージュピンは裏にフローラテープで巻くか、グルーガンで固定する。

2

3

4

5

ハイビスカス *Hibiscus / Hibiscus*

立体ねじり折りに最初に挑戦するには、ちょうどいい作品だと思います。底の折り方を変えて壁飾りにもできます。
葉はギザギザを立体的に表現しました。ガクはバラのつぼみ用と同じで、つぼみもバラと同じものです。
（ハイビスカスの花★★、ハイビスカスの葉★★、ハイビスカスの芯★、とがったつぼみ★、つぼみ用のガク★★★）

壁飾り用のハイビスカス

裏を平らに折れば、茎をつけずに、壁飾りや置物として楽しむこともできます。

ハイビスカスの花 P.70-71の作品

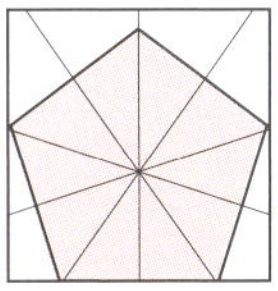

・紙のサイズ：17.5cm×17.5cmから切り出した正五角形（切り出し方はP.12）
・使用した紙：タント
※ガクをつける場合は、7.5cm×7.5cmから切り出した正五角形でつぼみ用のガク（P.54）を折って使う。

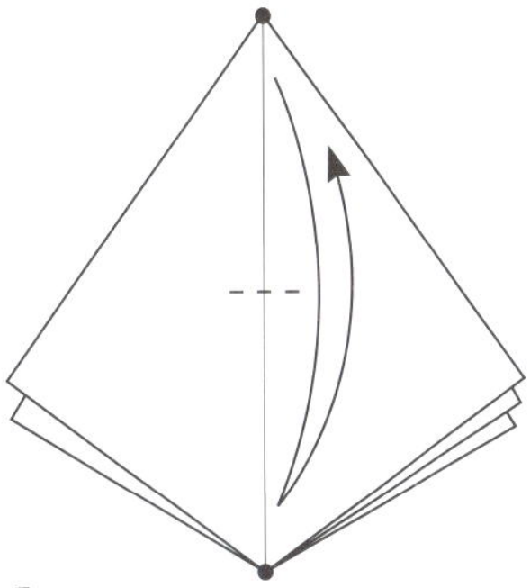

1
裏を外側にして花の基本形(P.6)に折る。中心部のみに二等分の折り線をつける。

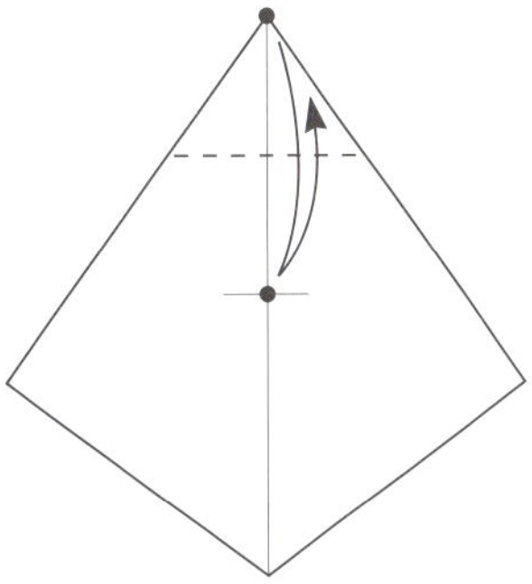

2
さらに上側にそこから二等分の折り線をつける。

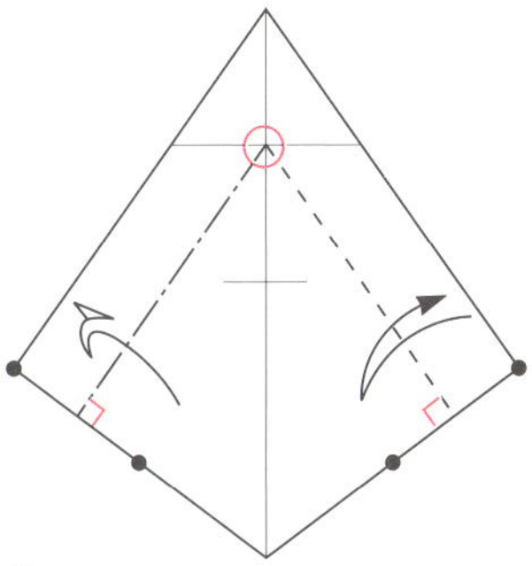

3
図のように、左右とも重なっているひだをまとめて折って折り線をつける。

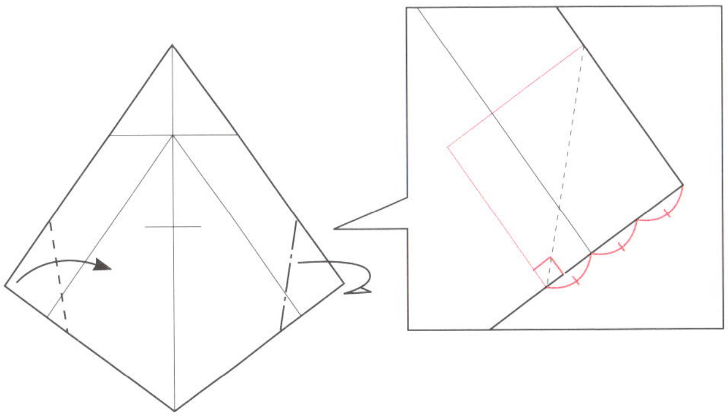

4
左右の角を図のように折る。
重なっているひだはまとめて折る。

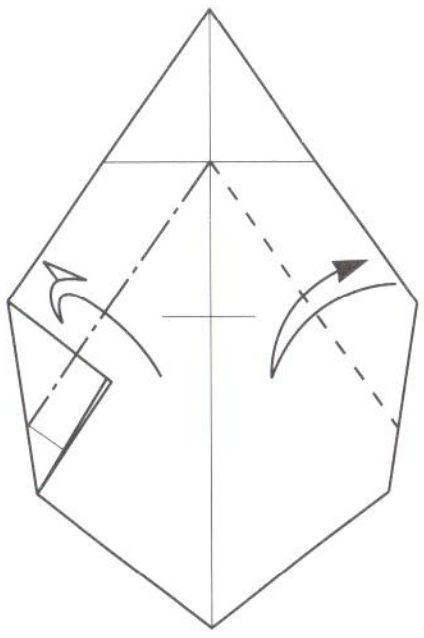

5
3の折り線でもう一度折り目をつける。

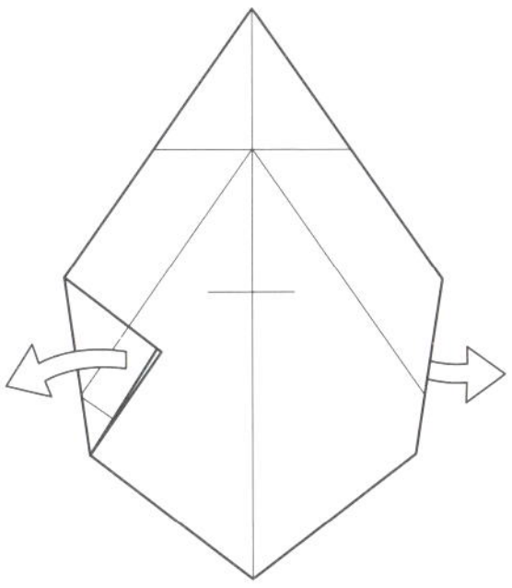

6
角を開いて元に戻す。

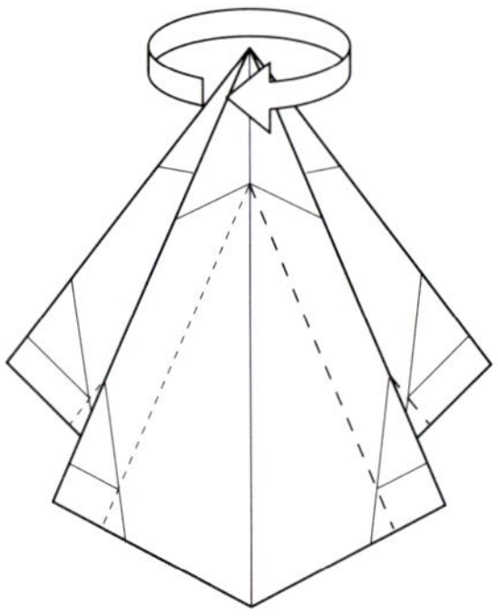

7
それぞれのひだを3の折り線で
折りながら、中心を右回りにひ
ねるようにして全体を広げる。

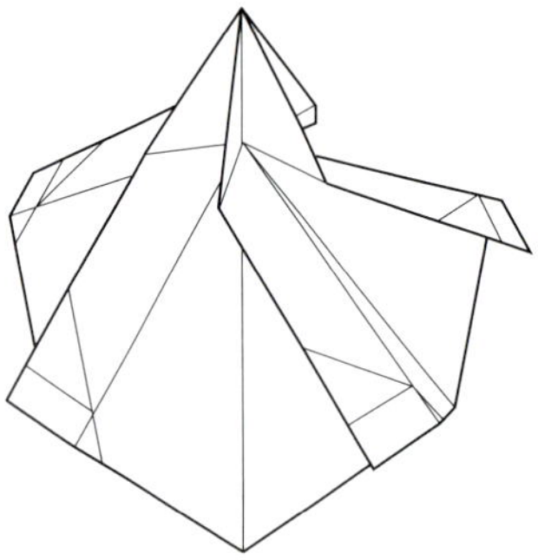

8
平らになるまで開く。

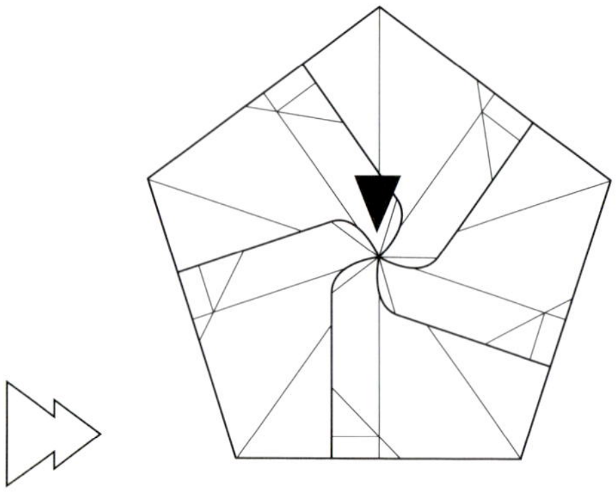

9
真上から見たところ。壁飾り用の
場合はここで中心を平らにつぶす
（つぶし方はP.23参照）。
※茎をつける場合はつぶさない。

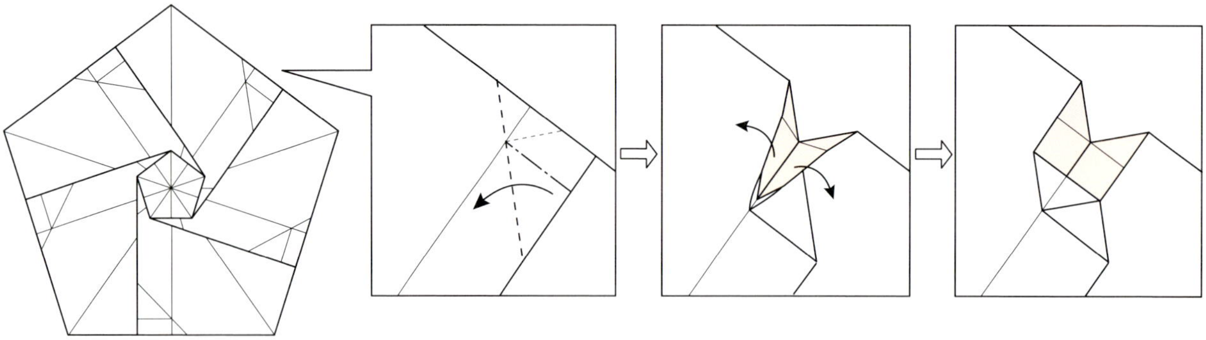

10
紙が折り重なった部分の角を開いて
平らに折る。5か所とも同様に折る。

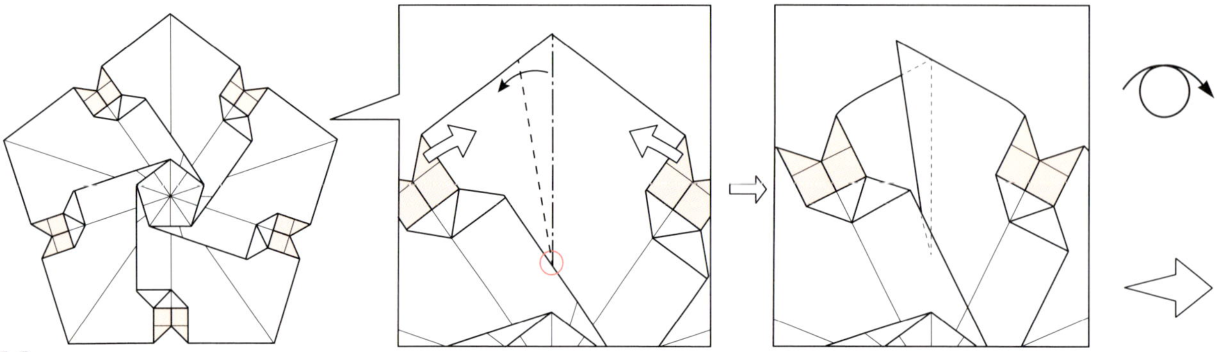

11
中心を少しつめるように折り、
立体的にする。

※このとき、表側がふくらむように折る。

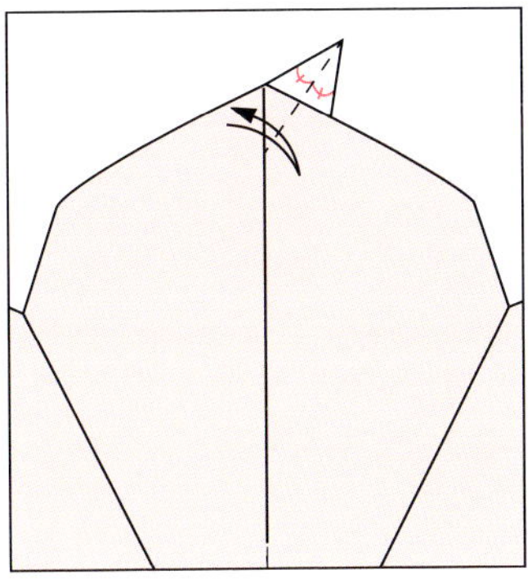

12
表に返し、角の二等分線に折り目をつける。

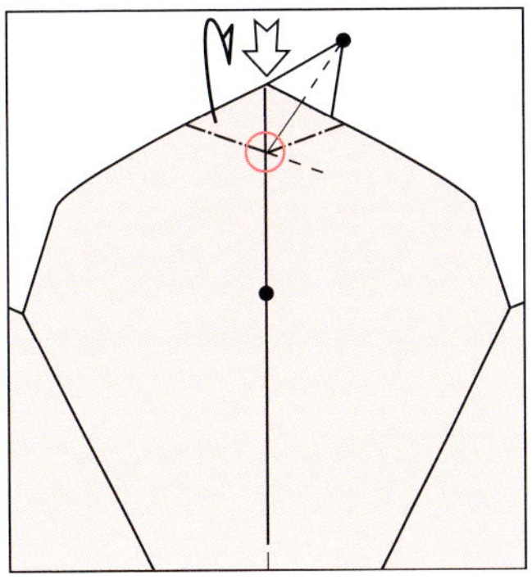

13
角が中心線上にくるように、12でつけた折り線の頂点を支点にして開きながら裏に折る。

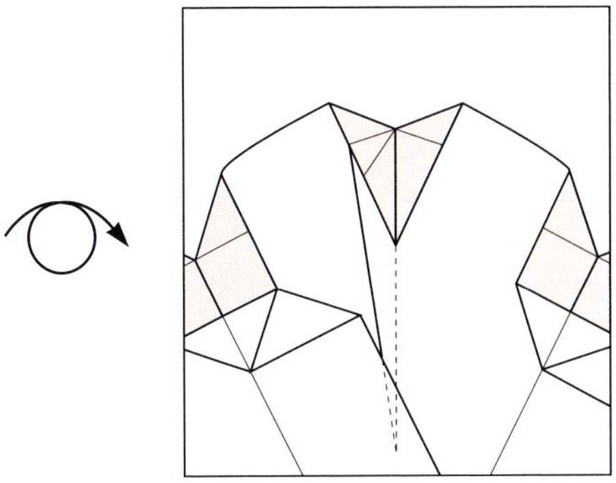

14
他の4か所も 11～13 と同様に折る。

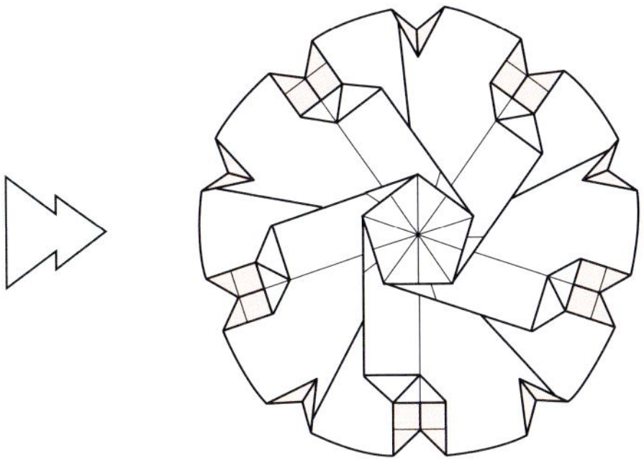

15
すべて折ったところ。できあがり。

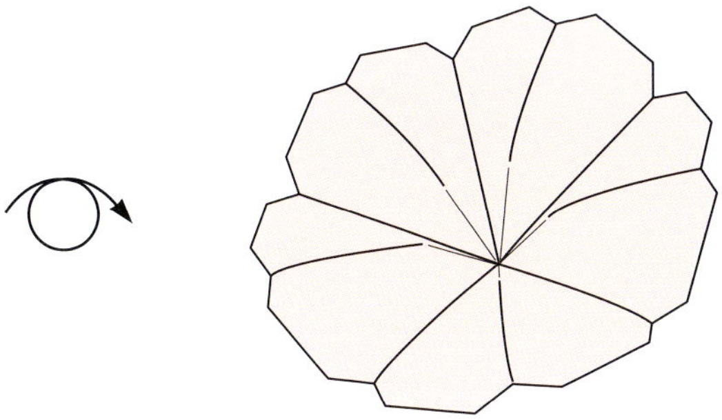

16
表から見たところ。

茎をつける場合

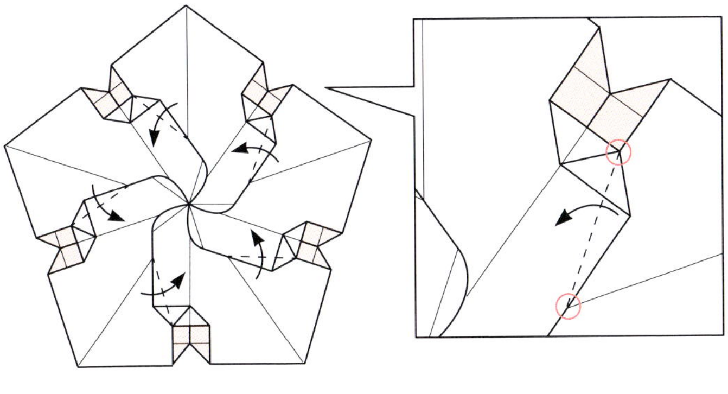

1
9で底をつぶさずに、壁飾り用と同様に10まで折る。
裏の紙の角を図のように折る。

2
壁飾り用の11～14と同様に折って、できあがり。

ハイビスカスの葉

P.70の作品

・紙のサイズ：12.5cm×12.5cmの正方形
・使用した紙：タント

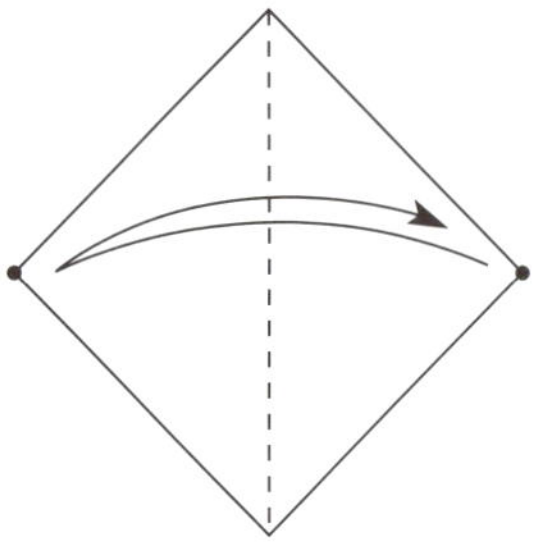

1
裏を上にして置き、
対角線で半分に折り、
折り線をつける。

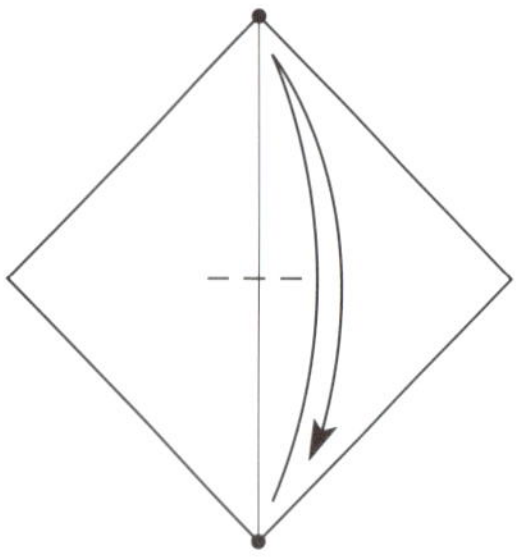

2
もう一方の対角線で半分
に折り、中心部にだけ折
り線をつける。

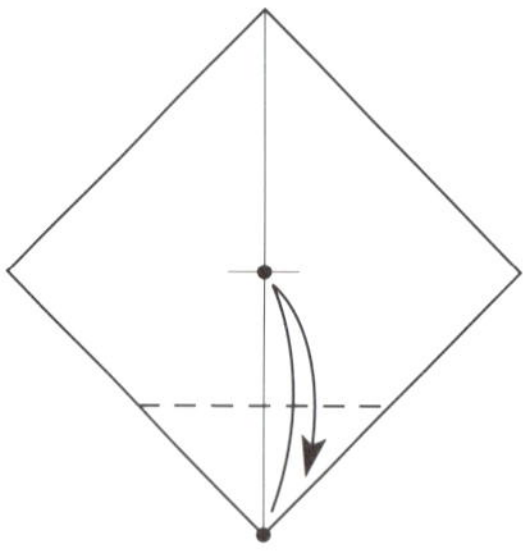

3
2の折り線に向かって
頂点を折り、折り線を
つける。

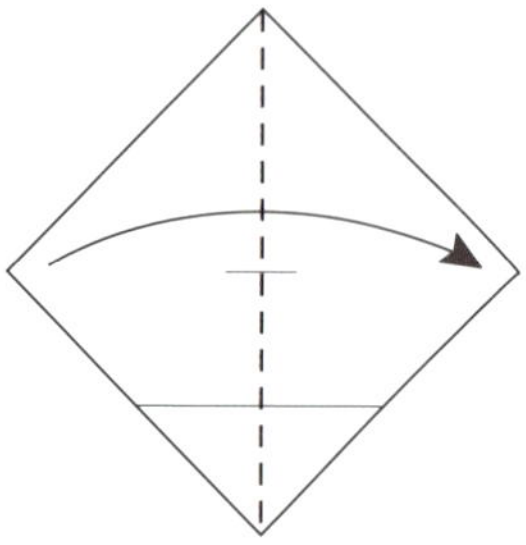

4
1の折り線で半分
に折る。

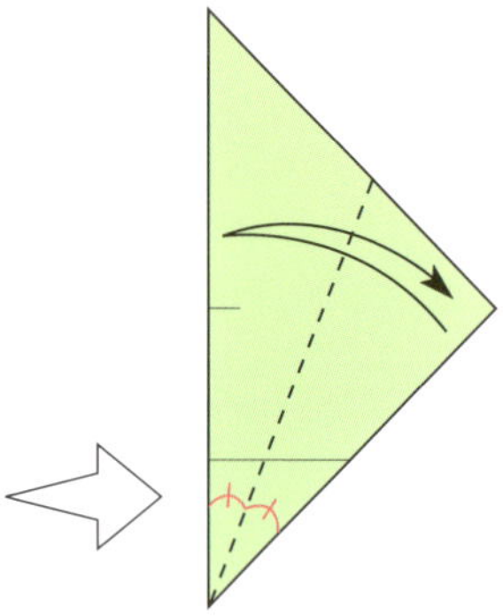

5
下の角の二等分
の折り線をつける。
反対側も同様に
折る。

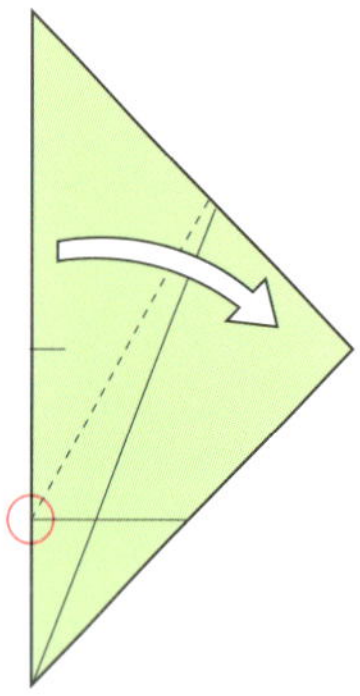

6
3でつけた折り線
を支点にして紙を
めくる。ここでは
まだ折らない。

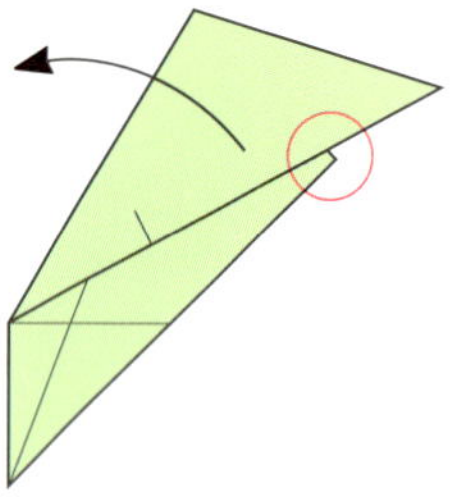

7
右側の角が少し
出るのを目安にして
折り位置を決め、
折ったら戻す。

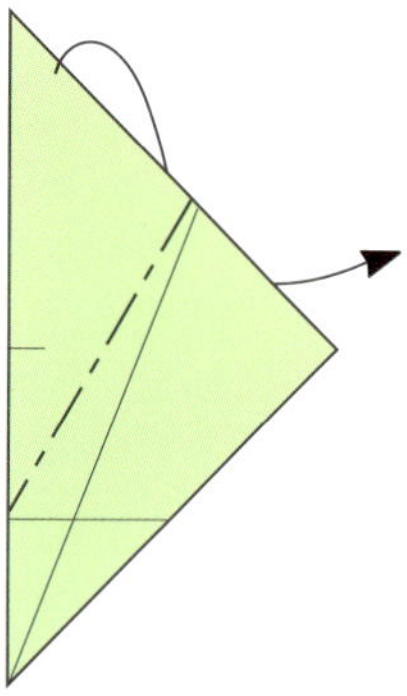

8
6~7でつけた
折り線で中割り
折りする。

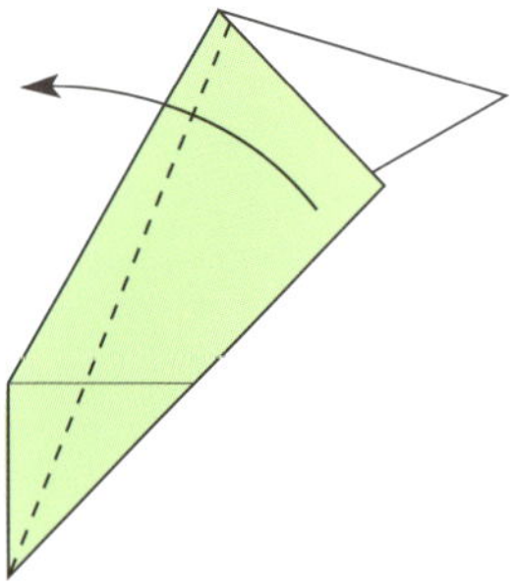

9
5でつけた折り線で折る。
反対側も同様にする。

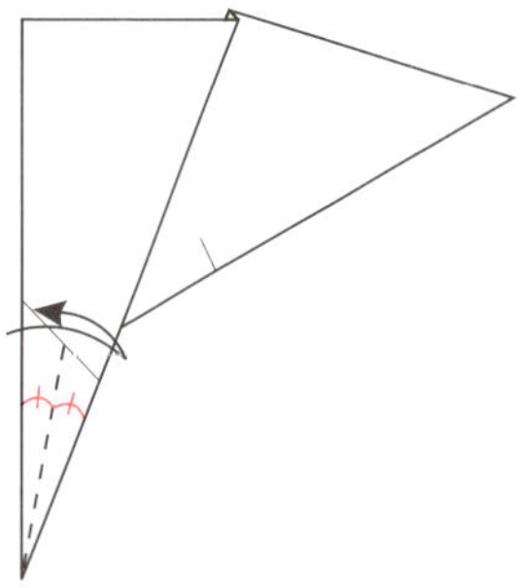

10
下の角の二等分の折り線を
上の1枚だけ、先端の部分だ
け（3の折り線まで）につける。
反対側も同様にする。

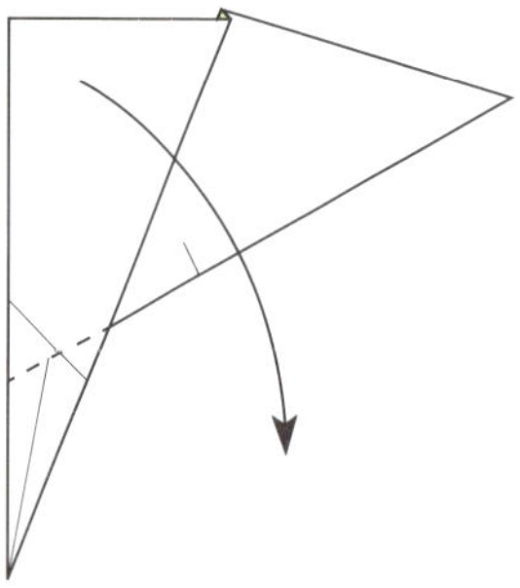

11
図のように開く。

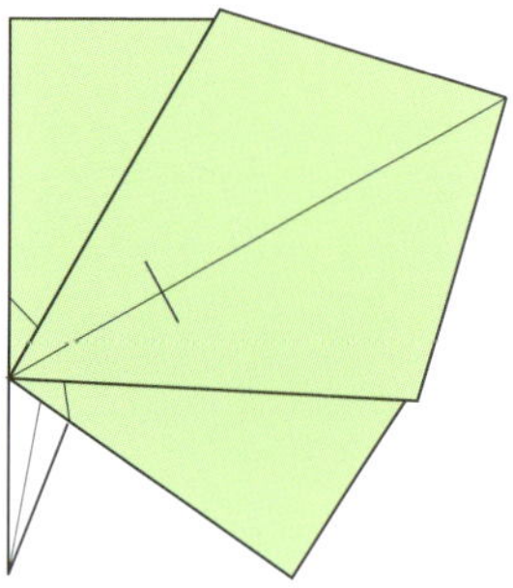

12
開いたところ。

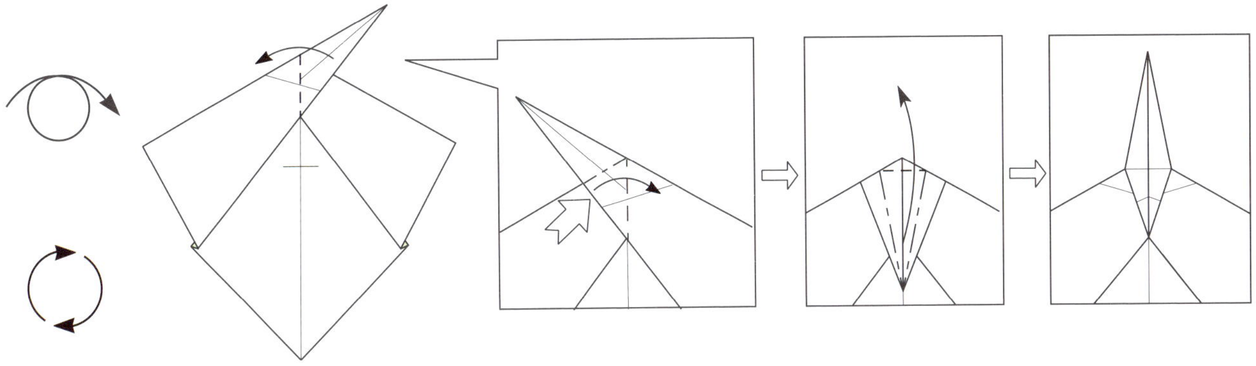

13
上部を左側に倒し、開く。
鶴の基本形（P.7）の要
領で開いてたたむ。

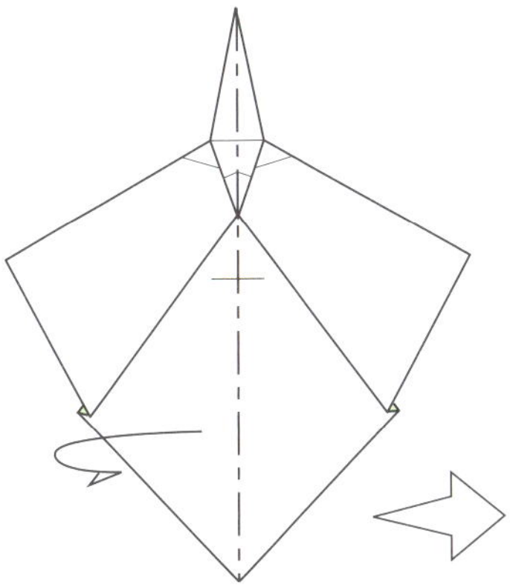

14
全体を中心線で
半分に折る。

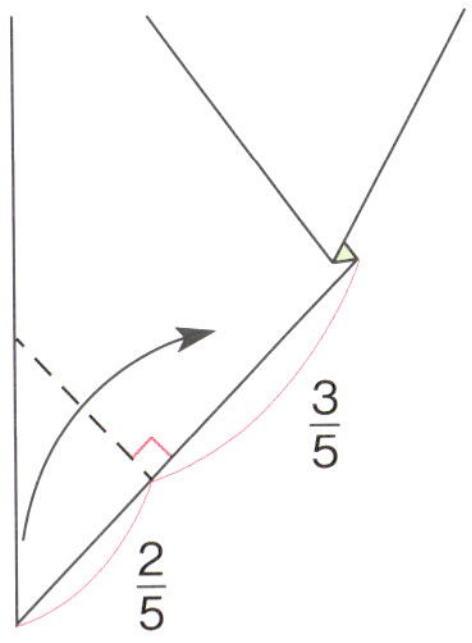

15
辺に対して垂直に折る
（図中の数字は折り位置
の目安。目分量でOK）。

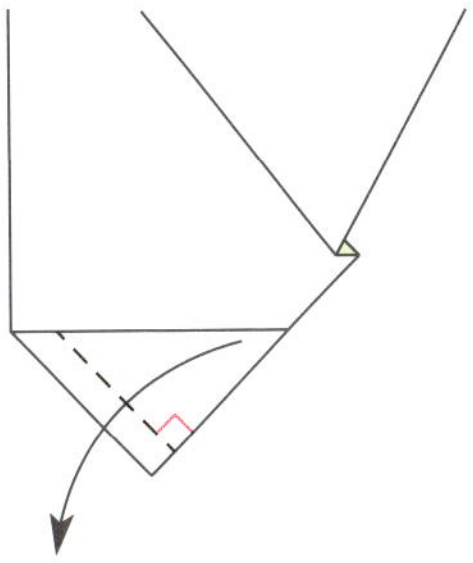

16
垂直に折り返す。

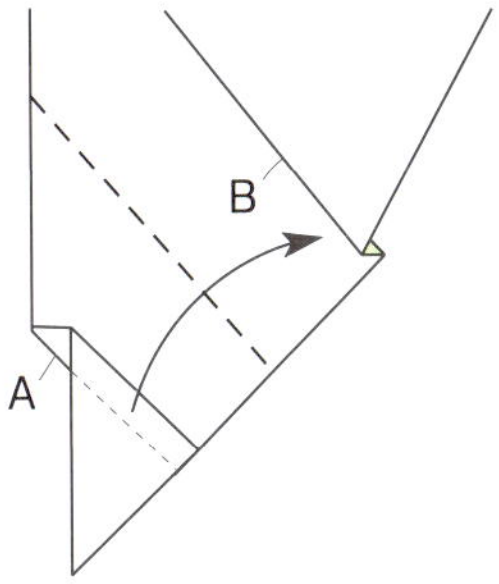

17
Aの辺（15でつけた
折り線）をBの辺に
合わせて折る。

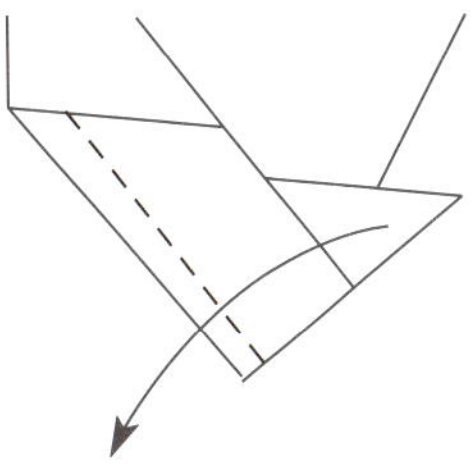

18
段の左が少し幅広に
なるように折り返す。

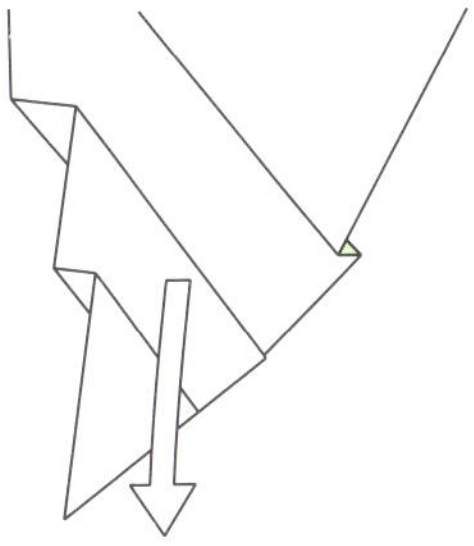

19
一旦折り目を戻す。

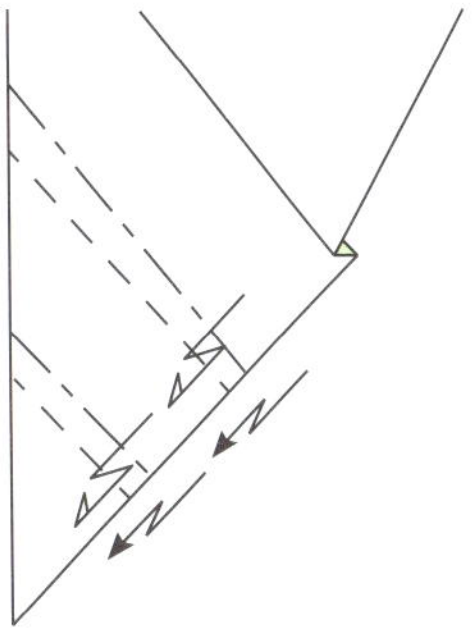

20
段状に中割り折りをする。

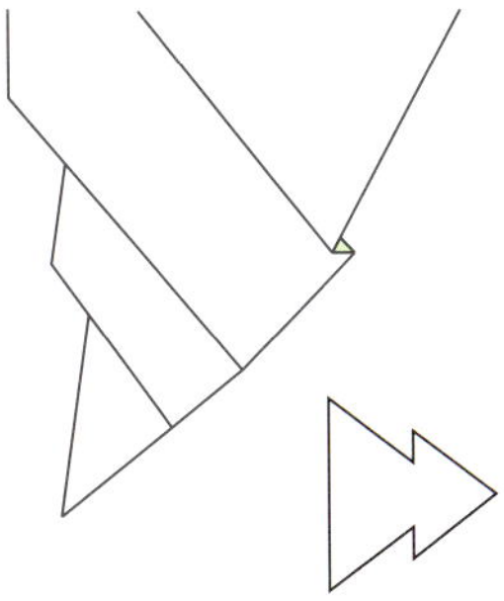

21
中割り折りしたところ。

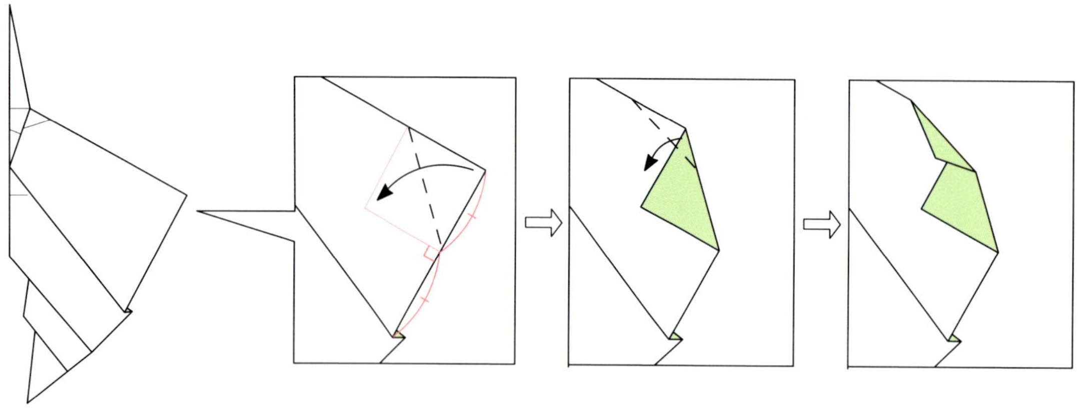

22

角を図のように折り、さらに
少し折って面取りをする。
反対側も同様に折る。

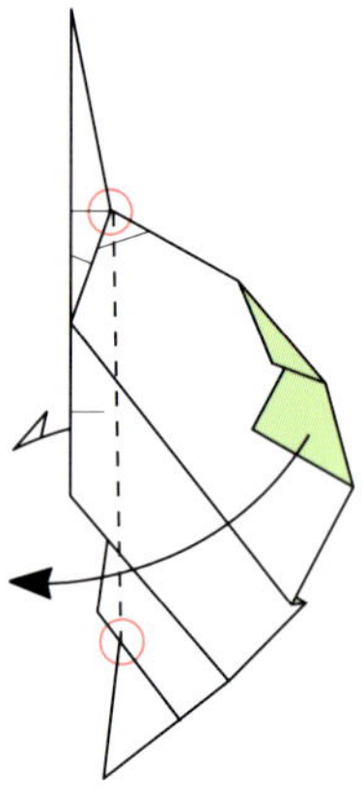

23

図のように折り、葉を広げる。

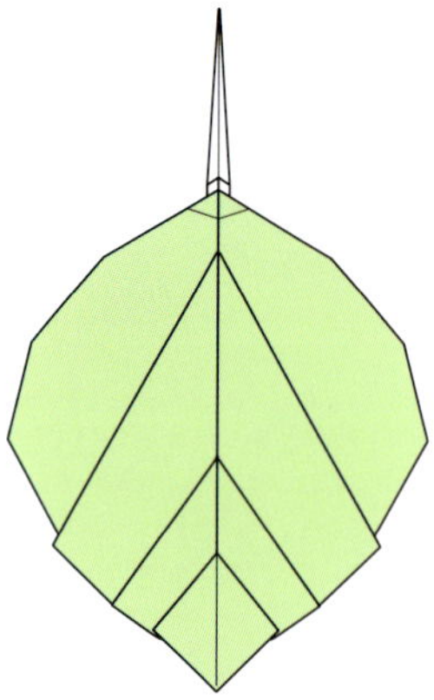

24

できあがり。
※葉のつけ方はバラの葉（P.67）
を参照。

ハイビスカスの芯 P.70 の作品

・紙のサイズ：15cm×3.75cm の長方形（15cm 角を縦長に四等分した長方形）
・使用した紙：タント

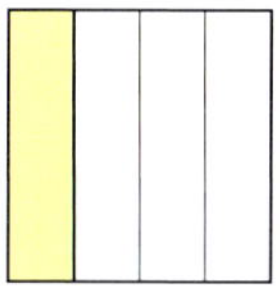

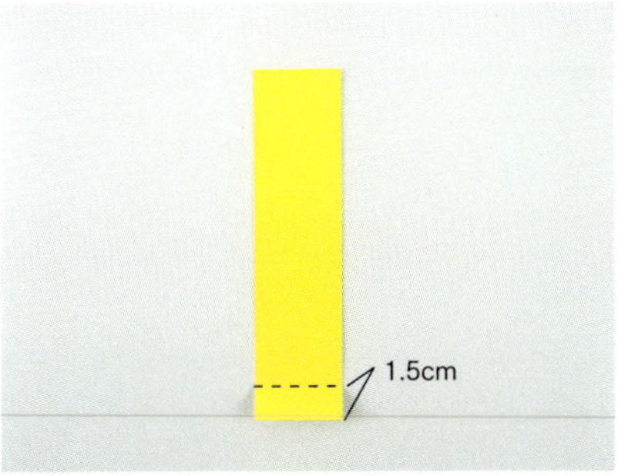

1
表を上にして置き、下から 1.5cm のところで谷折りする。

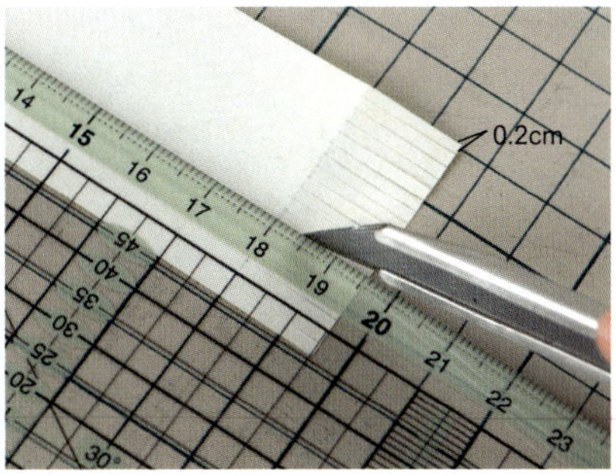

2
紙を裏返し、1 で折った短い部分を 0.2cm 幅で切る。

3
紙を 25 度に傾けて置く。

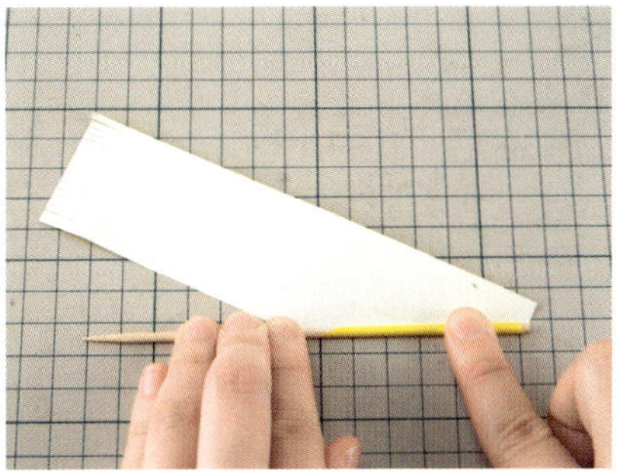

4
竹串に巻きつける。途中で竹串を抜き、そのまま続けて巻く。

5
紙の端まで巻き、のりをつけて固定する。

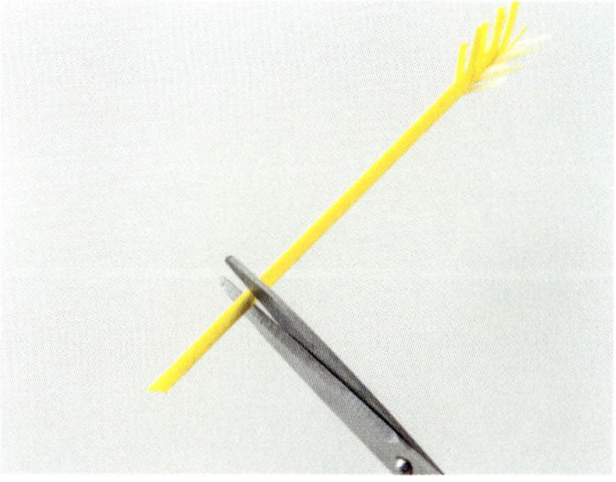

6
好きな長さにカットする。

7
端をつぶす。

8
端の部分を半分に折る。

9
花に挿して固定する。
※茎をつける場合は、7.5cm×7.5cm から切り出した紙でつぼみ用のガク（P.54）を作って使う。

ヒメユリ *Morning star lily / Lilium concolor*

私のユリは花の内側に紙の端が出ず、完全に「すべすべ」になるのが特徴です。目分量ではなくすべて基準になる折り線を使うことで、花全体のバランスを簡単に取れるようにしました。この作品は、花弁の細いヒメユリのイメージです。
（ヒメユリ★★、ユリの葉★）

正六角形の切り出し方

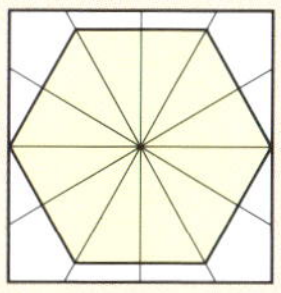

3種類のユリとチューリップは正六角形の紙から作ります。
正方形の紙から正六角形を切り出す方法です。

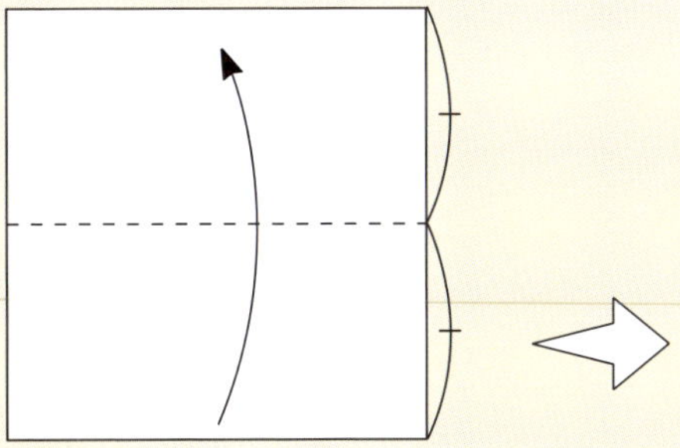

1
たてに半分に折る。

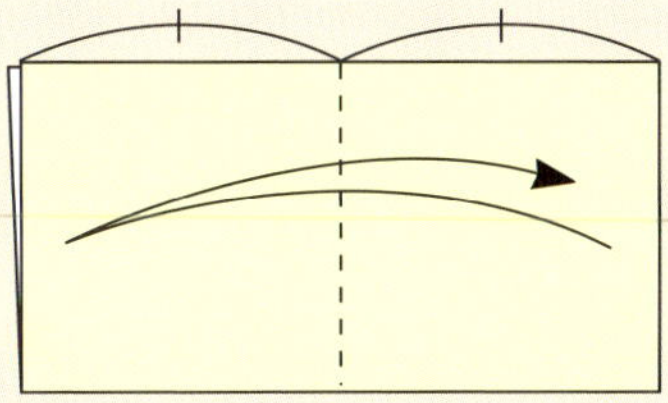

2
左右中心に折り線をつける。

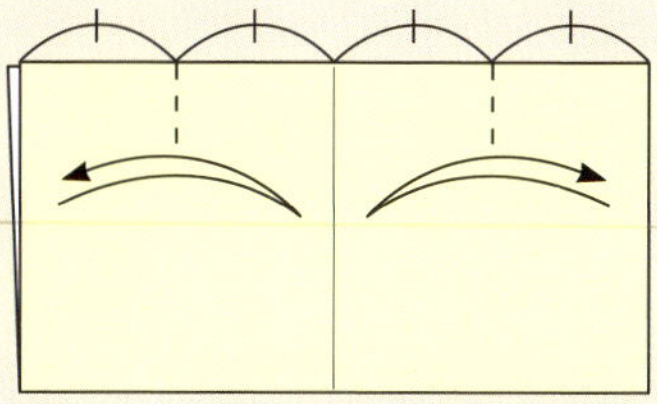

3
左右の辺を中心線に向かって合わせ、上部だけに折り線をつける。

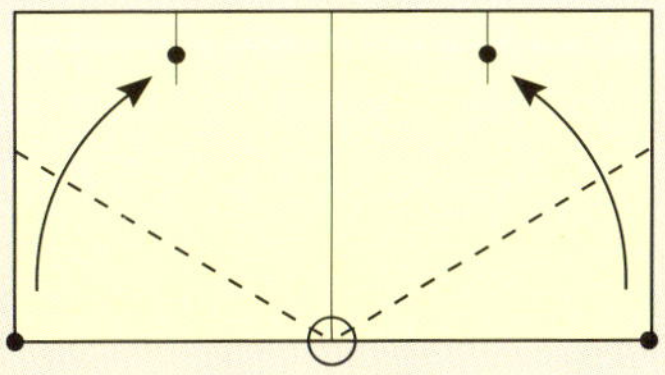

4
左右とも下の頂点を3の折り線に向かって合わせて折る。

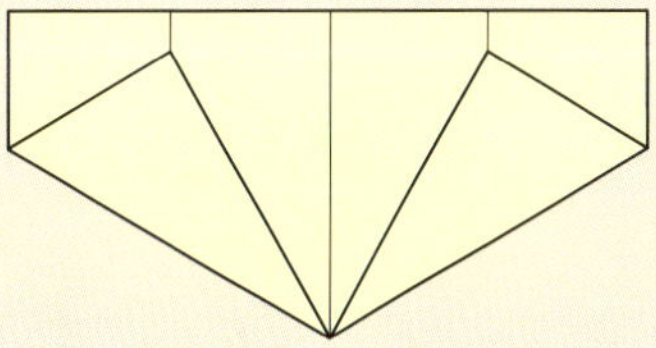

5
折ったところ。

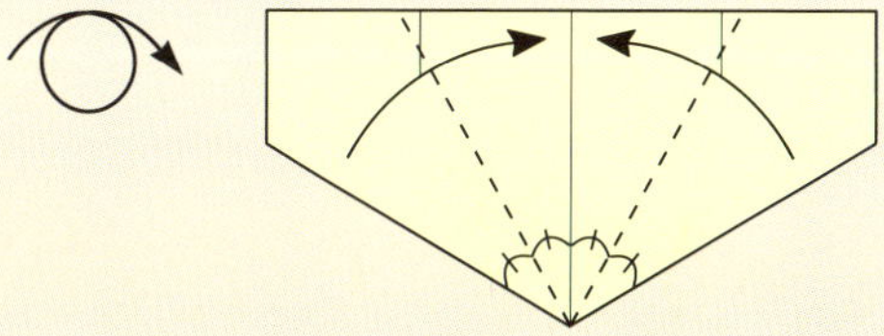

6
裏返し、左右を中心線に向かって折る。

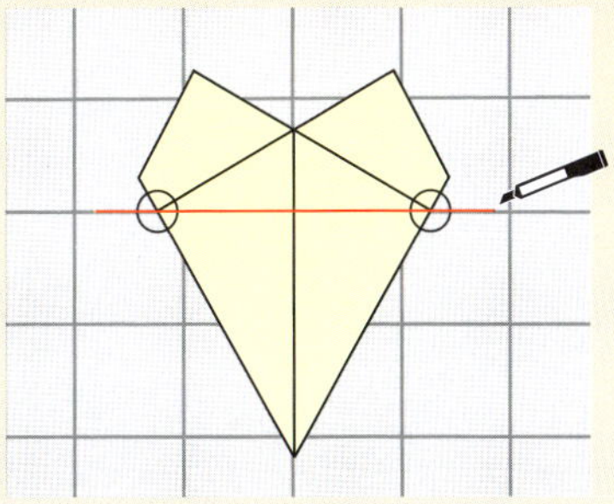

7
図の2点を結ぶ線上をカッターで切る。カッターマットの方眼を利用し、定規をあてて切る。

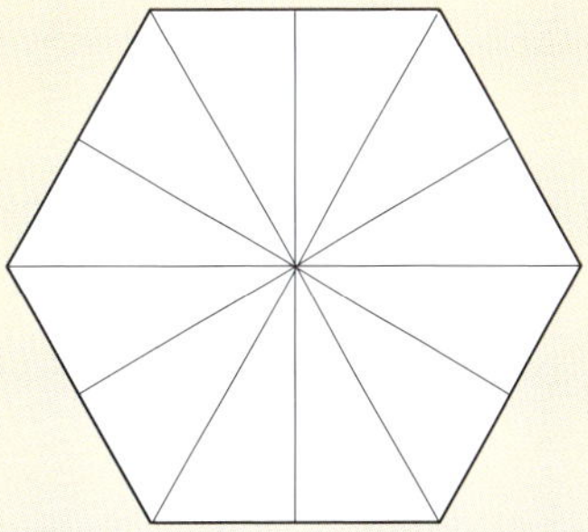

8
広げると正六角形が切れている。

ヒメユリ　P.78の作品

・紙のサイズ：21cm×21cmから切り出した正六角形（切り出し方はP.79）
・使用した紙：クラッポマーブル

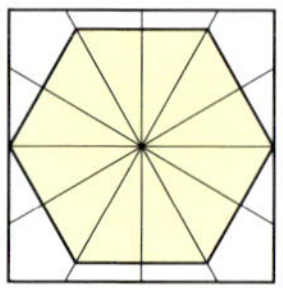

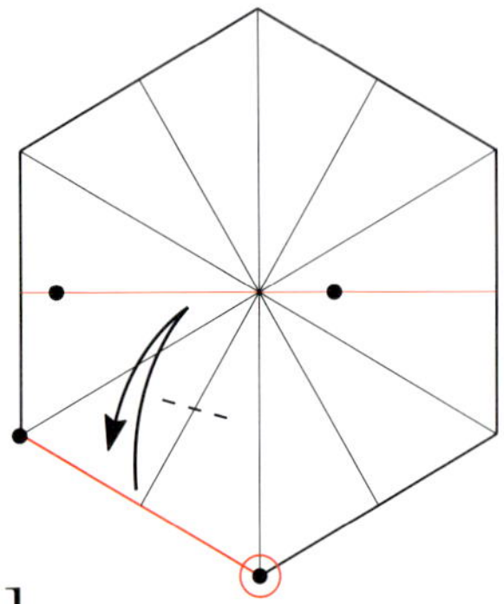

1
図の向きに置き、左下の辺を
中心の水平線に合わせて、
中心部だけに折り線をつける。

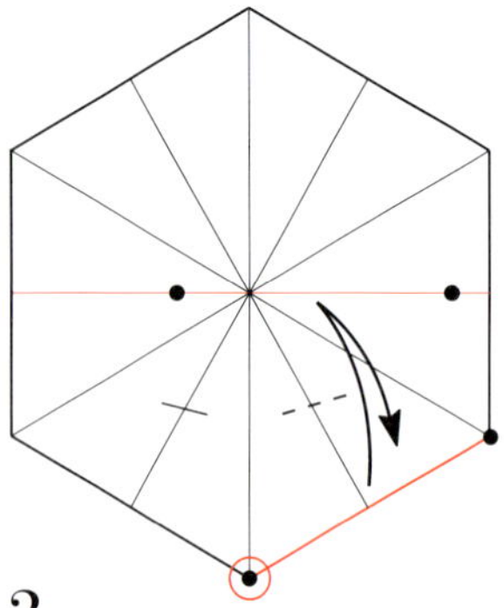

2
右下の辺も同様にする。

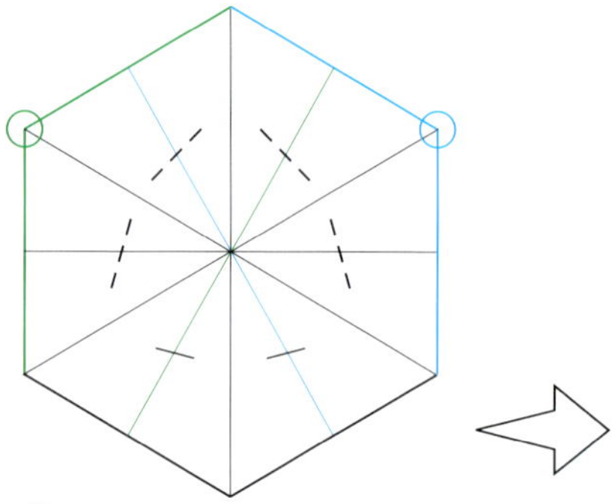

3
他の辺も同様にして
折り線をつける。

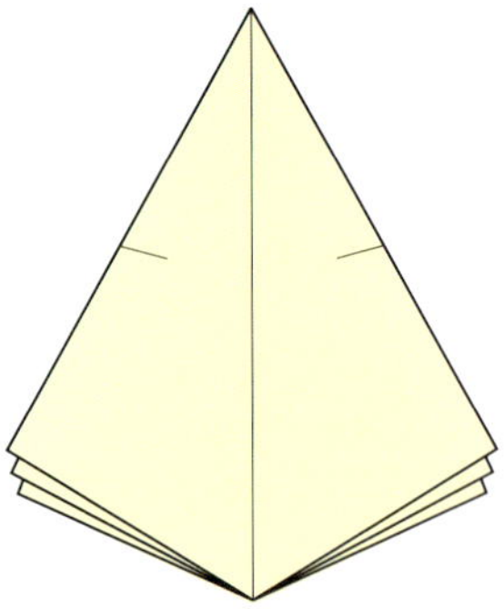

4
表を外側にして花の基本形
（P.6）に折る。

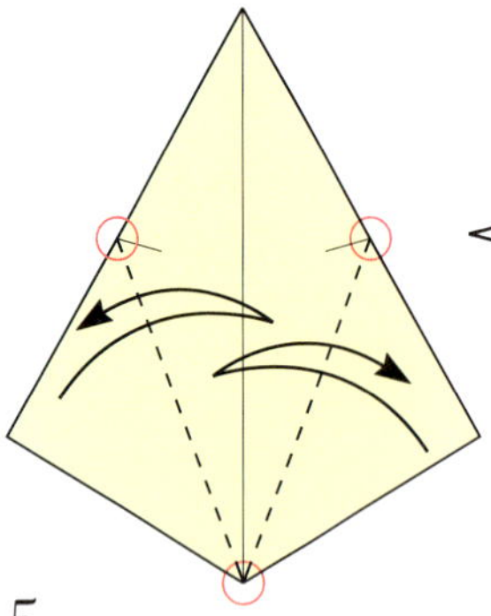

5
1～3でつけた折り線を目安に
して左右のひだを1枚ずつ図の
ように折り、折り線をつける。こ
のとき、角は三等分にはならない。

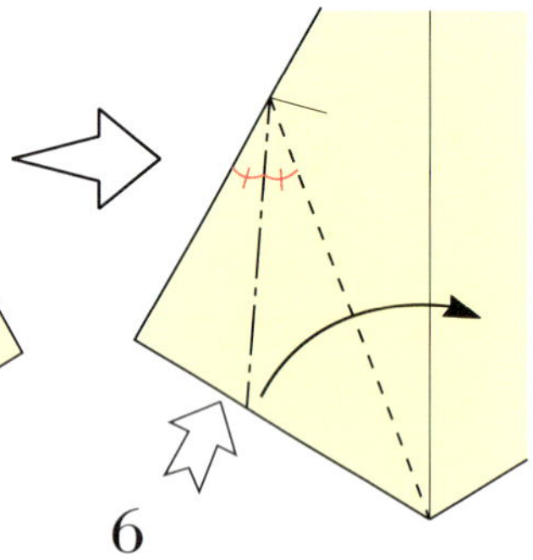

6
5でできた角の二等分線で、
開いて平らに折る。

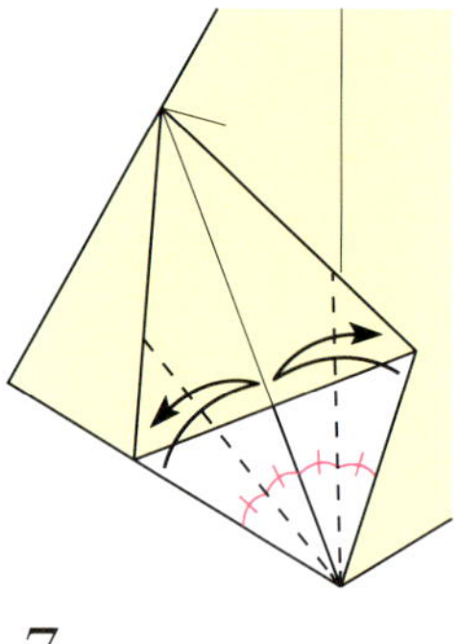

7
開いて平らに折った部分の
左右を二等分して折り線を
つける。

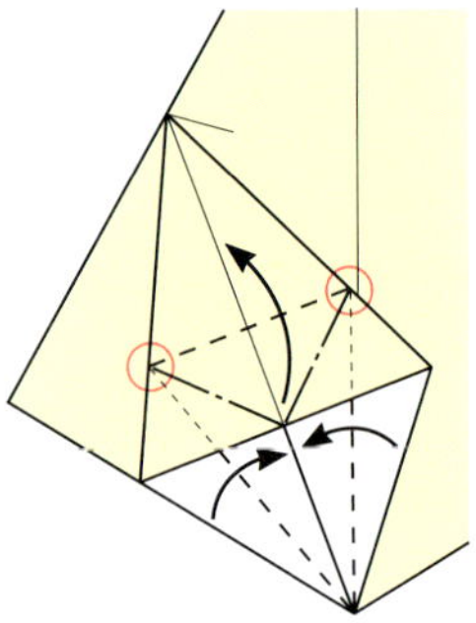

8
かえるの基本形（P.7）
のように折る。

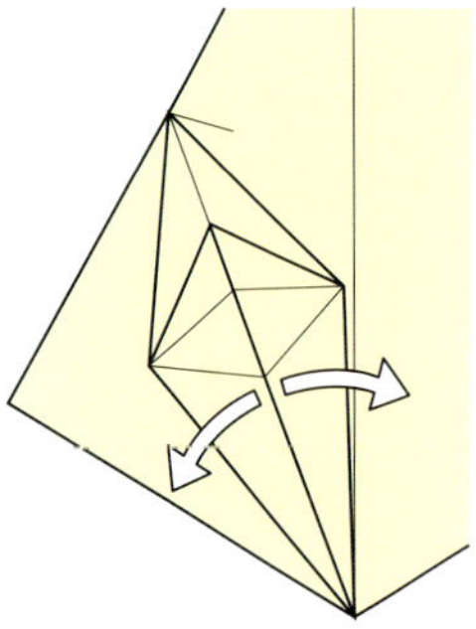

9
折り線をつけたら、開いて
もう一度8の折る前の状態
に戻す。

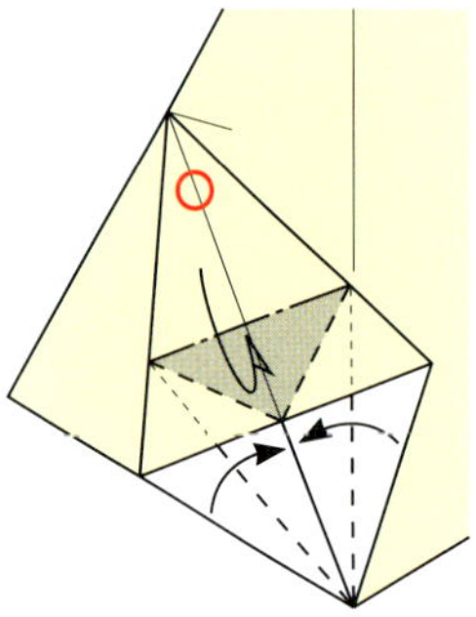

10
一度左右を開き、8 の折り目を逆に
折って三角部分を内側に折り込むよ
うに折る。（P.87参照）
※図中の○はP.87と同じ部分を示す。

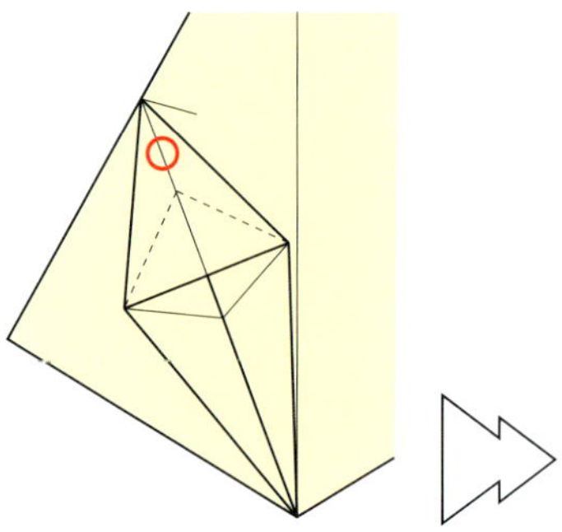

11
折ったところ。6～10と
同様に右のひだも折る。

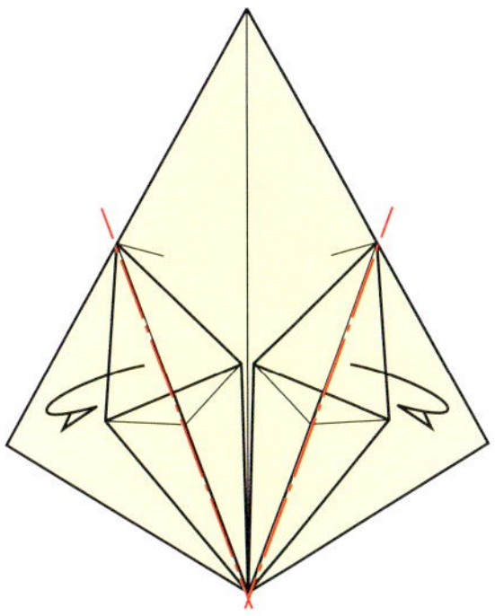

12
ひし形部分を中心で
山折りする。

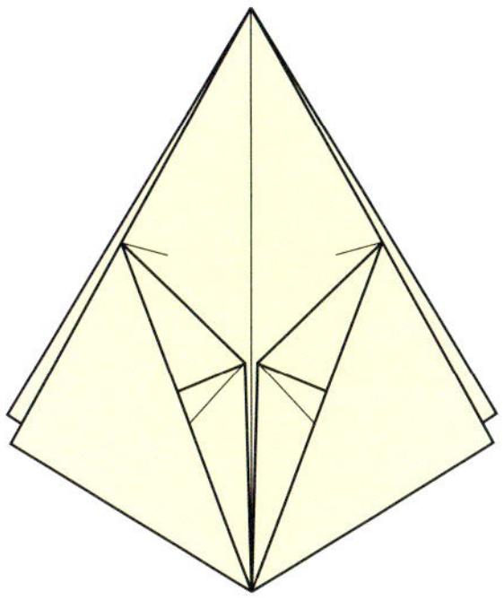

13
残りの4つのひだも5〜12
と同様に折る。

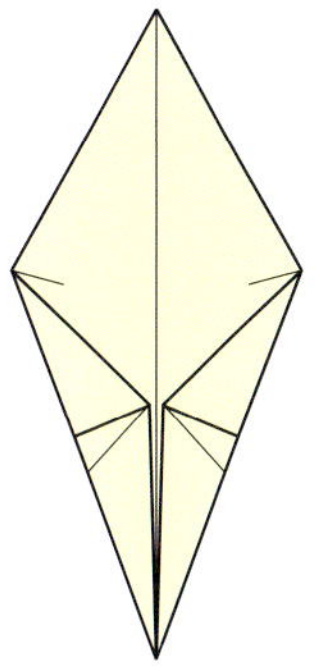

14
すべてのひだを折ったところ。
左右に3枚ずつひだがある
状態にする。

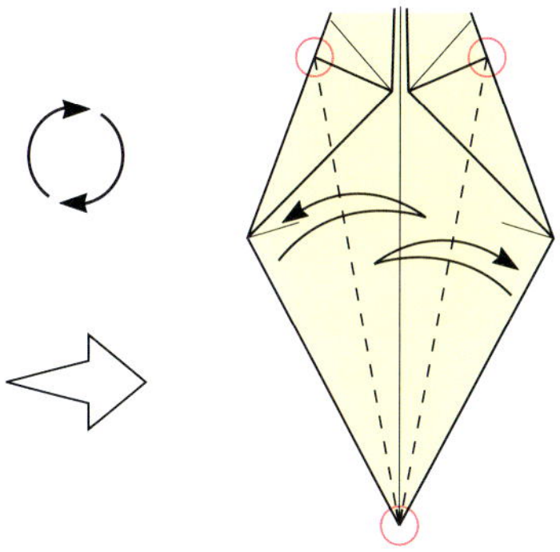

15
上下逆向きに置く。図の
ように折り線をつける。

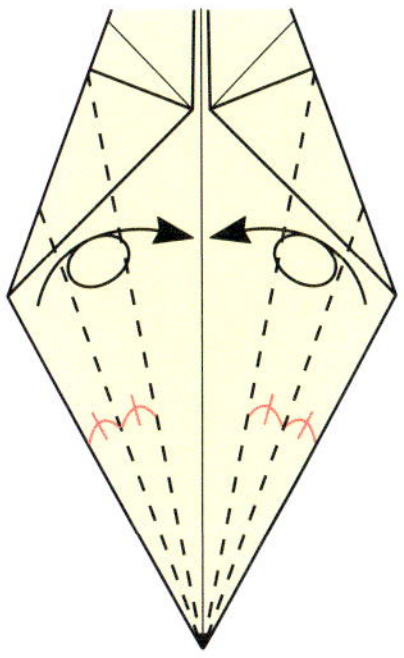

16
15の折り線に向かって二等分線
を折り、さらに15の線で谷折りし、
中心に向かって巻くように折る。

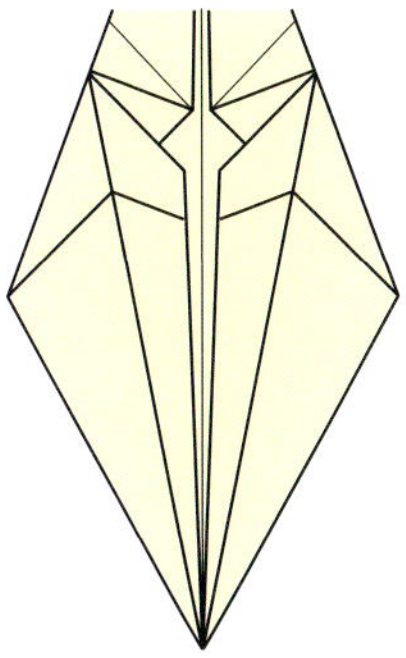

17
折ったところ。

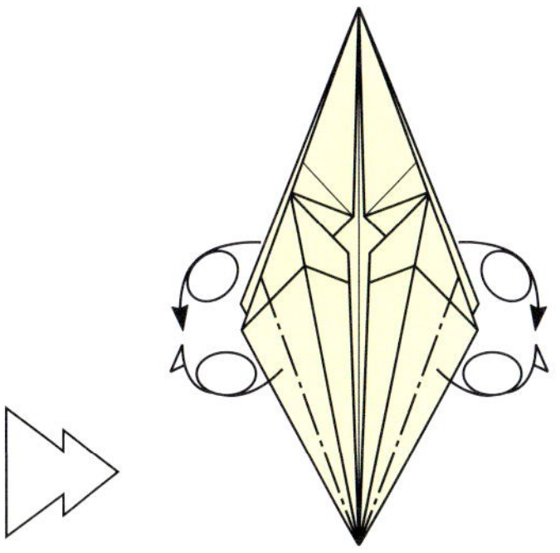

18
ほかのひだも15〜17と同様
に折る。厚みが出るので、毎回
折ったひだを一旦開いてから次
のひだを折ると折りやすい。

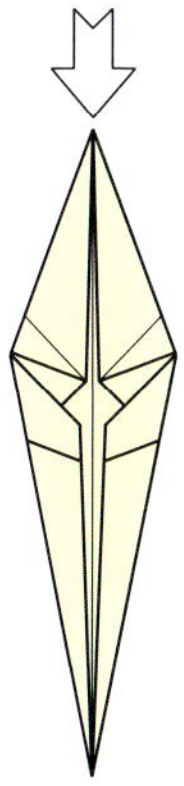

19
すべてのひだを折った
ところ。上から指を入れ
て全体を開く。

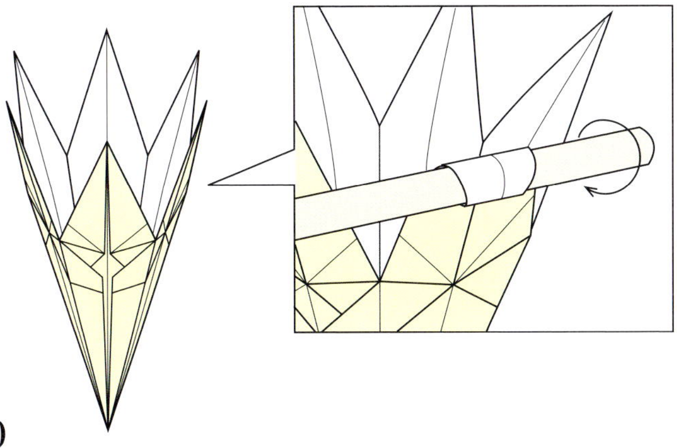

20
丸箸で花びらを1枚1枚カールさせる。

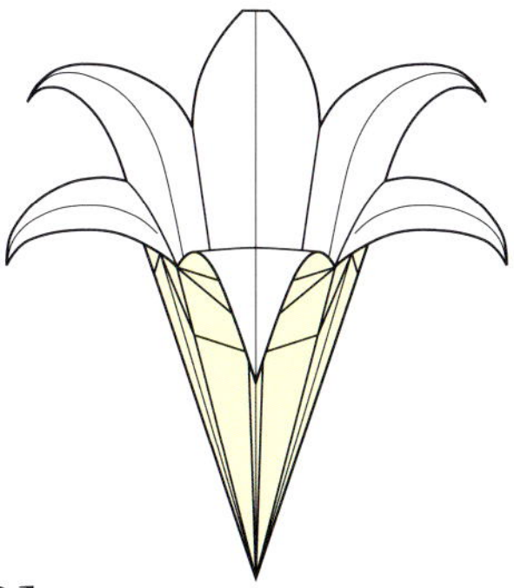

21
できあがり。

テッポウユリ

Easter lily / Lys de Pâques

ユリは基準線のつけ方で花びらの幅が変わります。左のテッポウユリは、
ヒメユリより少しだけ花びらの幅を広げたもので、
チューリップも同じ基準で折ります。
紙の重なりの美しさも楽しんでいただけたらと思います。

オリエンタルハイブリッド

Oriental hybrid lily / Lys hybride oriental

右のオリエンタルハイブリッドは、テッポウユリよりさらに花びらを広げて
中心に寄せ、大輪を表現しました。ユリの葉は、まっすぐなユリの葉を
表現することと、茎に接着しやすいことを主眼にして創作しました。
（テッポウユリ★★、オリエンタルハイブリッド★★★、ユリの葉★）

テッポウユリ P.82の作品

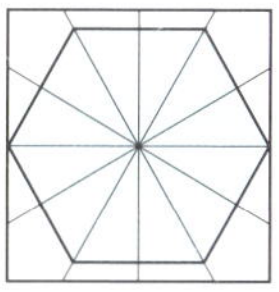

・紙のサイズ：21cm×21cmから切り出した正六角形（切り出し方はP.79）
・使用した紙：クラッポマーブル

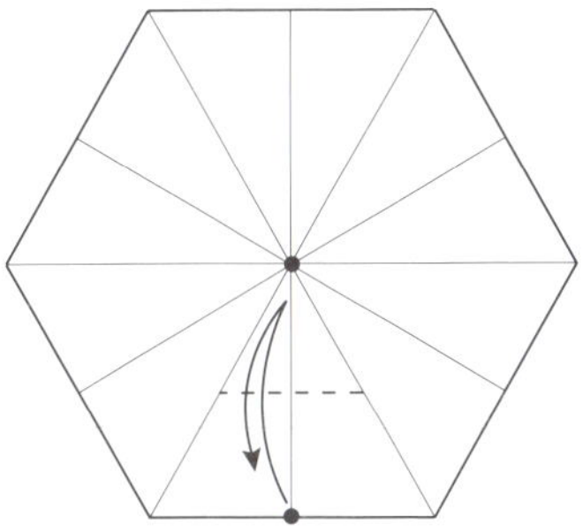

1
各辺を中心に合わせて二等分の折り線をつける。

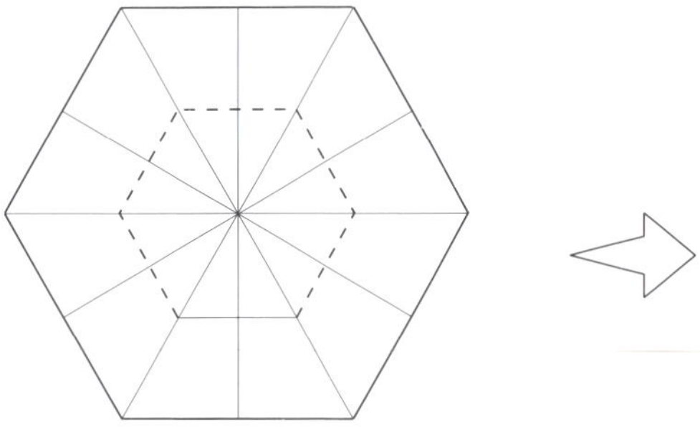

2
すべての辺を同様にする。

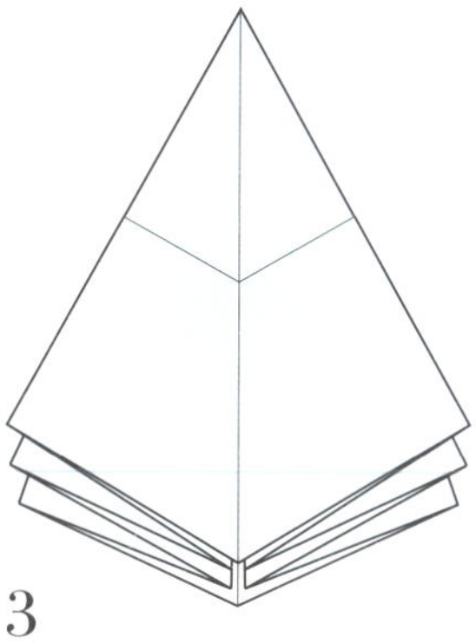

3
表を外側にして花の基本形(P.6)に折る。

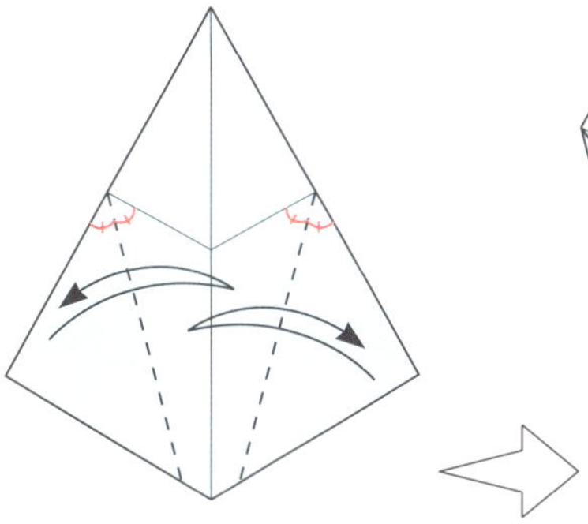

4
1〜2でつけた折り線を目安にして角の二等分線の折り線を左右のひだにつける。

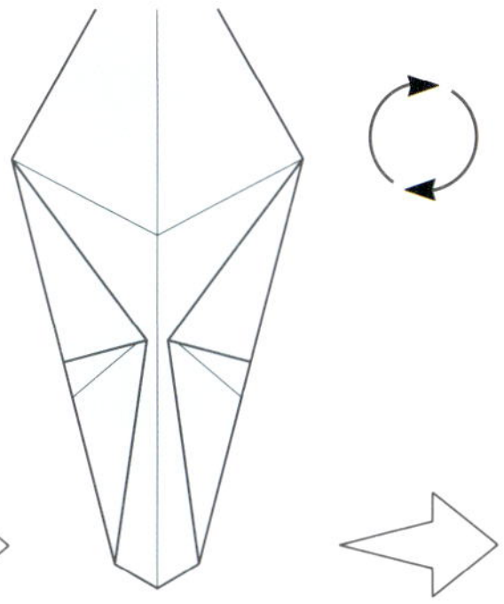

5
ヒメユリ(P.80-81)の6〜14と同じ要領ですべてのひだを折る。

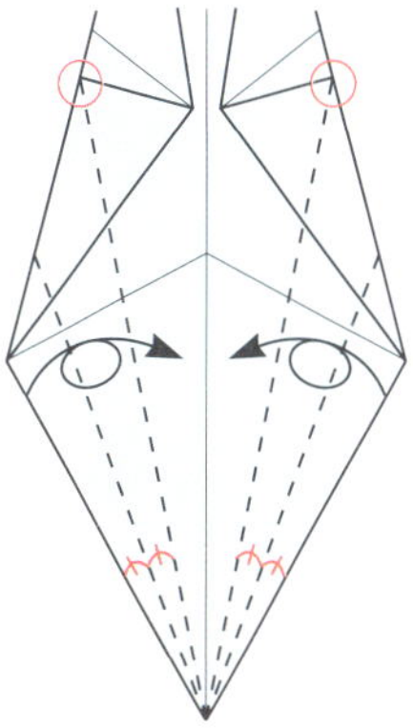

6
上下逆向きに置く。ヒメユリの15〜17と同様に、端を巻くように折る。

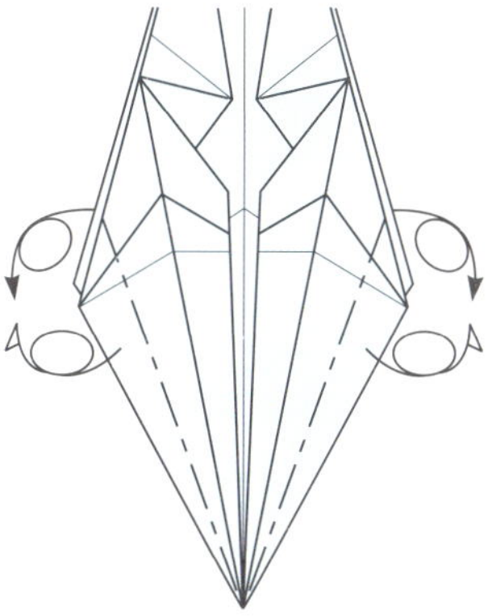

7
すべてのひだを同様に折る。

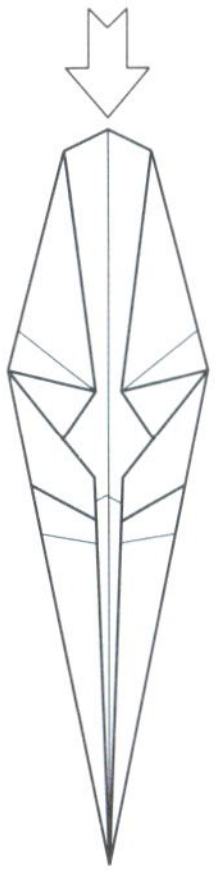

8
すべてのひだを折ったところ。上から指を入れて全体を開く。

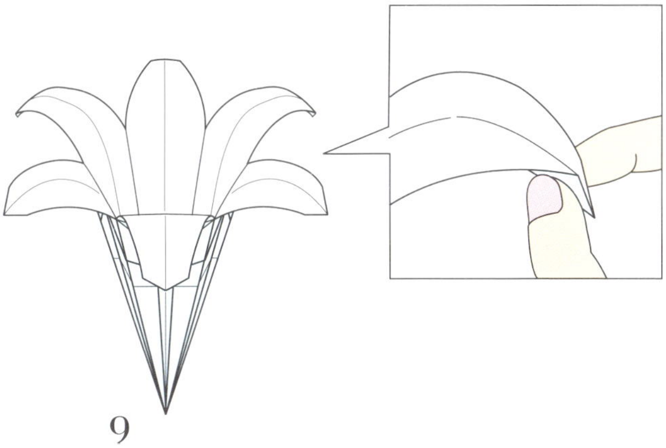

9
ヒメユリの20と同様に花びら部分を丸箸で1枚1枚カールさせ、花びらの先を少しつまむ。

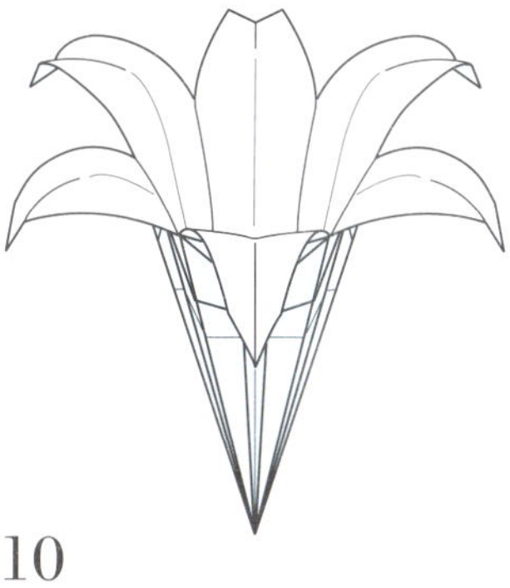

10
できあがり。

オリエンタルハイブリッド

P.82の作品

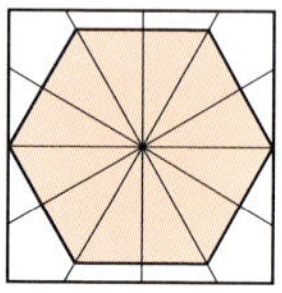

・紙のサイズ：21cm×21cmから切り出した正六角形（切り出し方はP.79）
・使用した紙：クラッポマーブル

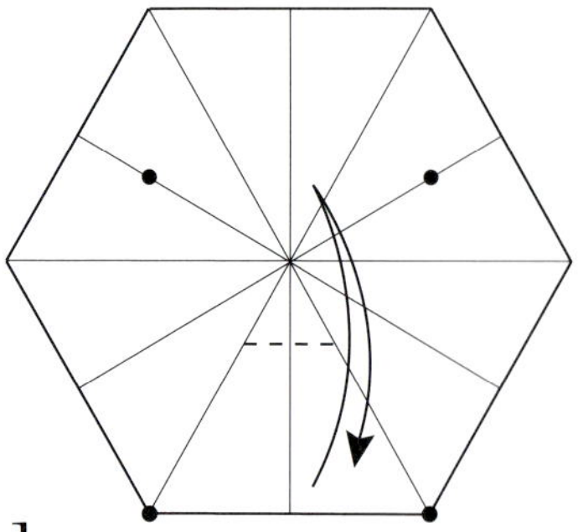

1
図のように置き、下の頂点が上の右側と左側の中心線と重なるところで折り、指定の範囲に折り線をつける。

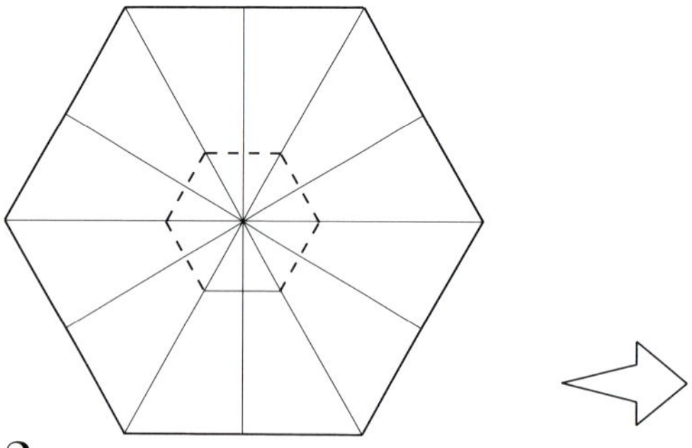

2
他もすべて1と同様に折り、すべて折ったら花の基本形（P.6）にまとめる。

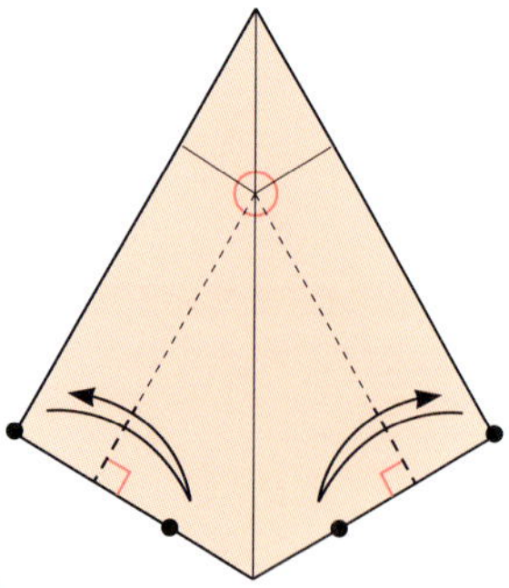

3
図のように、垂線が中心線にぶつかる位置でひだを折り、端にだけ折り目をつける。

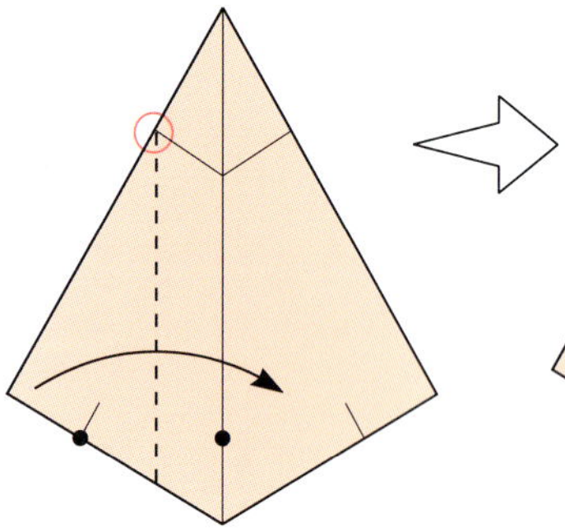

4
1〜2ででつけた印を支点にして、3でつけた印が中心線に重なるところで折る。

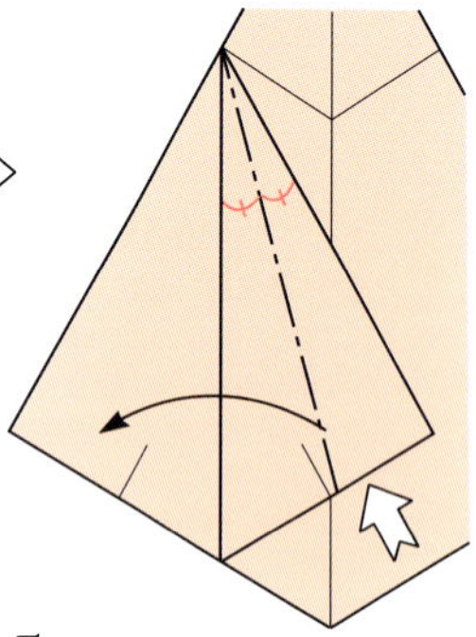

5
4で折った部分を開いて平らに折る。

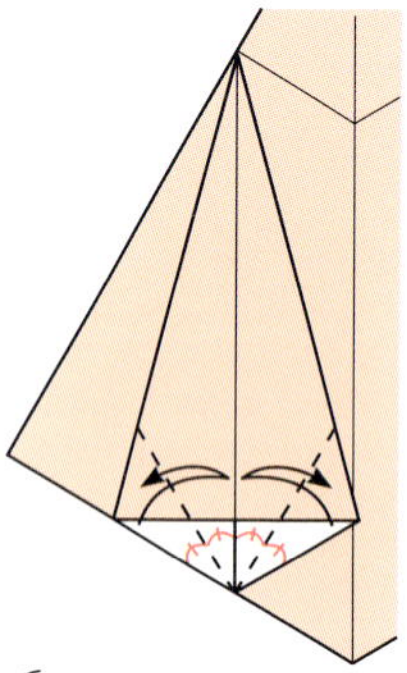

6
5で開いてできた下の部分を左右から中心に向かって折り、折り目をつけて開く。

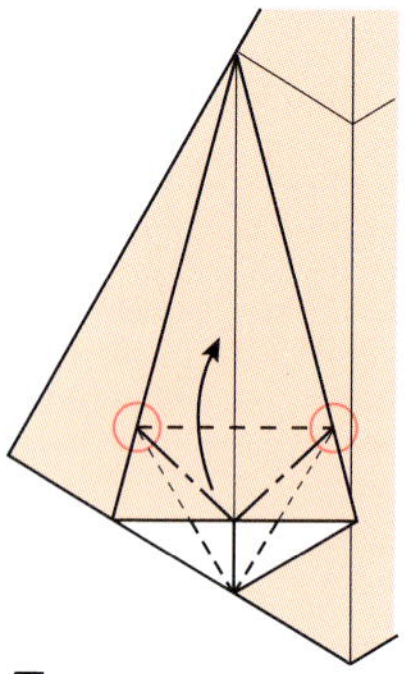

7
かえるの基本形（P.7）のように折る。

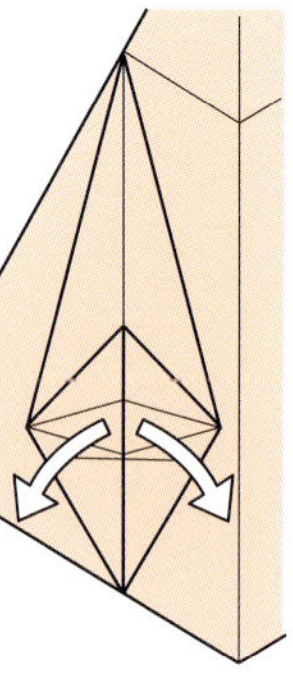

8
7を折る前の状態に戻す。

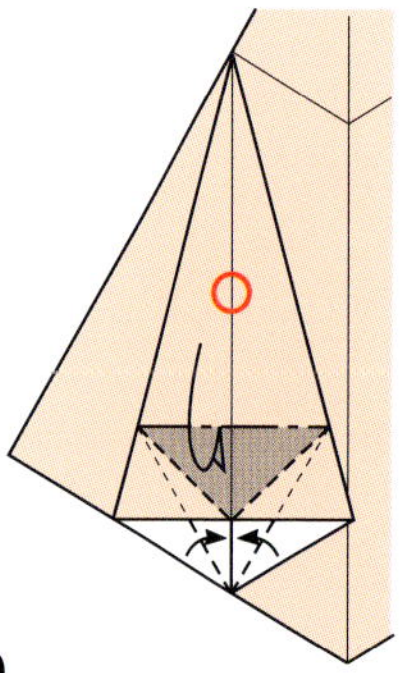

9
一度左右を開き、7の折り目を逆に折って、三角部分を内側に折り込むように折る。（P.87参照）
※図中の○はP.87と同じ部分を示す。

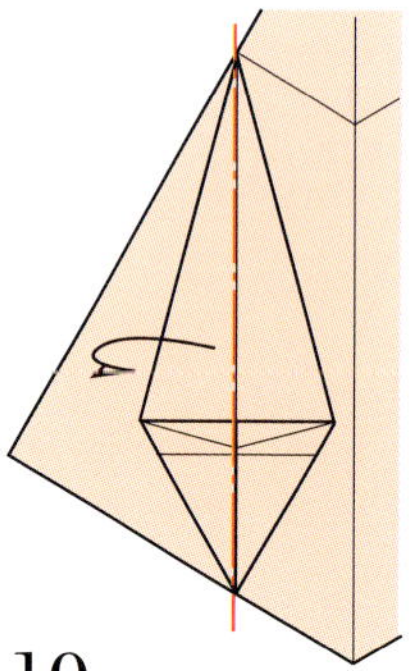

10
ひし形部分を中心で山折りする。

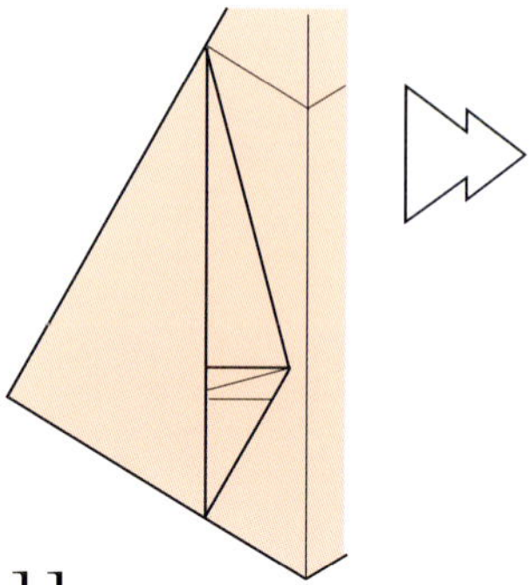

11
右側も3〜10と同様に折る。

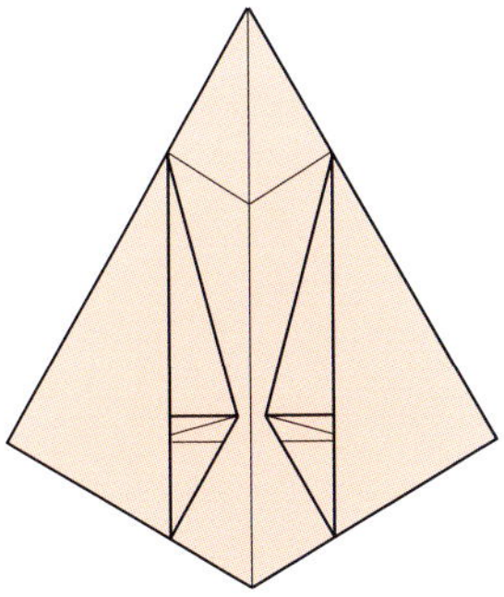

12
残りのひだも3〜11と
同様に折る。

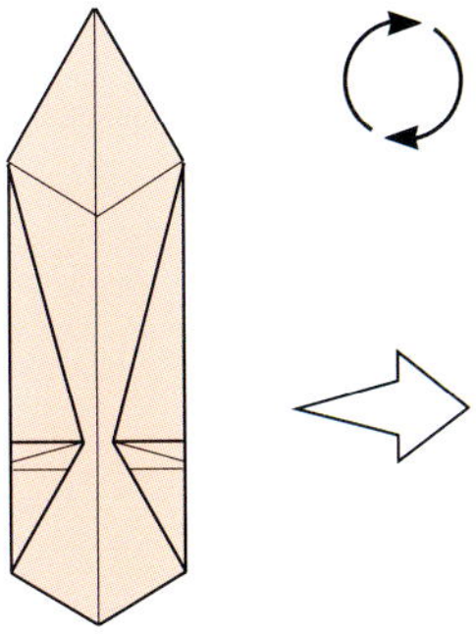

13
すべてのひだを折ったら、
上下を逆向きに置く。

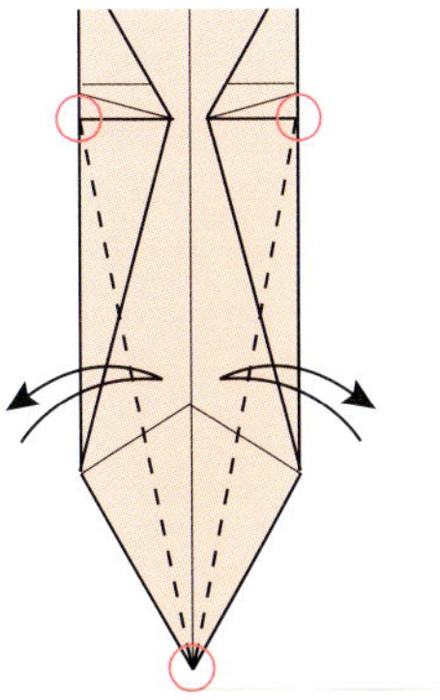

14
図のように折り線
をつける。

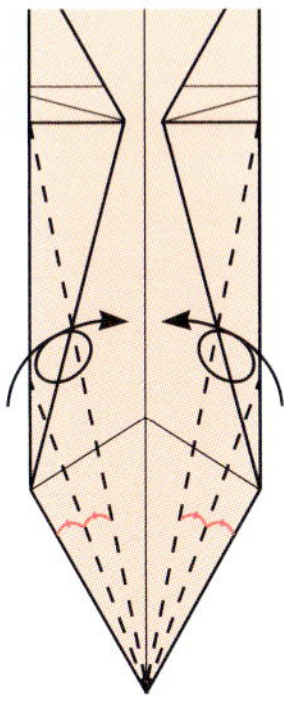

15
14の折り線に向かって
二等分線を折り、さらに
14の折り線で谷折りし
て巻くように折る。

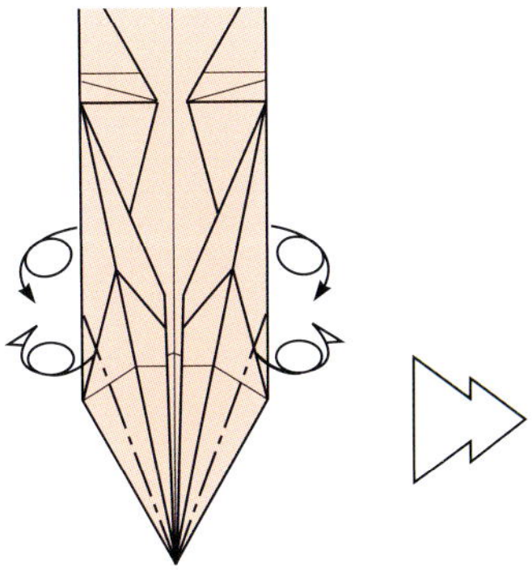

16
他のひだも14〜15と同様に折る。
このとき、折りにくいので、毎回一旦
折り目を戻して次のひだを折るとよい。

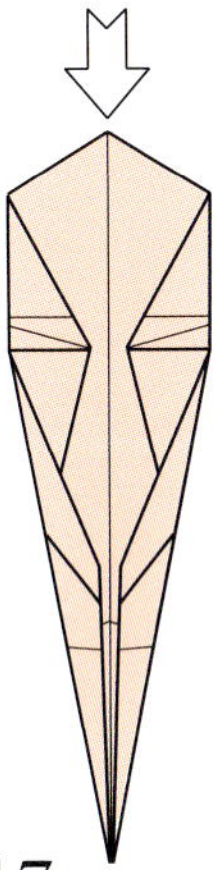

17
すべてのひだを折った
ところ。上から指を入れ
て全体を開く。

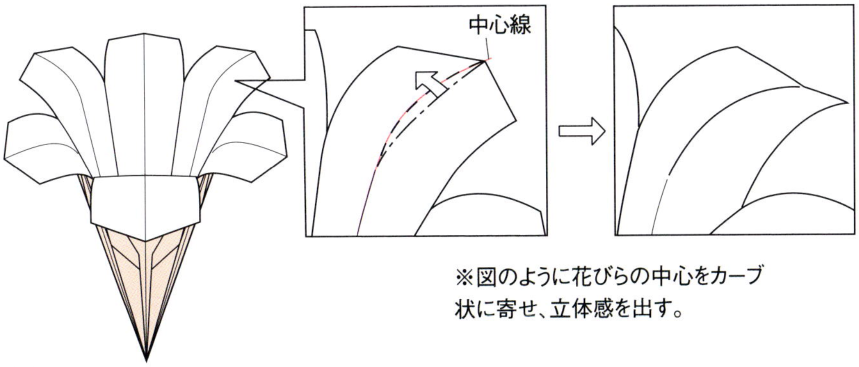

※図のように花びらの中心をカーブ
状に寄せ、立体感を出す。

18
ヒメユリ(P.81)の20を参照して、
花びらを1枚ずつ丸箸でカールさせる。

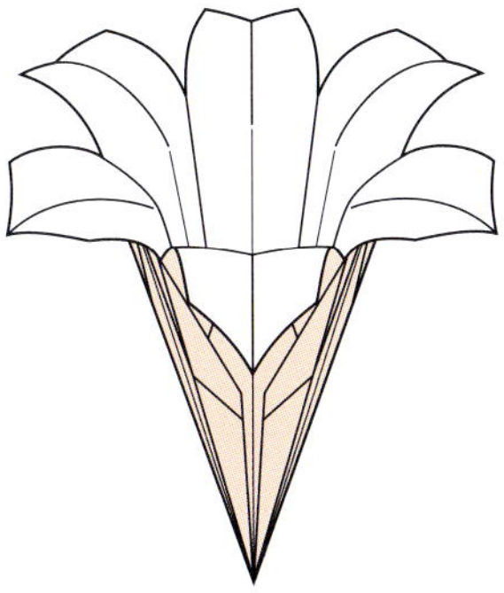

19
できあがり。

ユリの葉

P.78,82の作品

・紙のサイズ：7.5cm×7.5cmの正方形
・使用した紙：タント

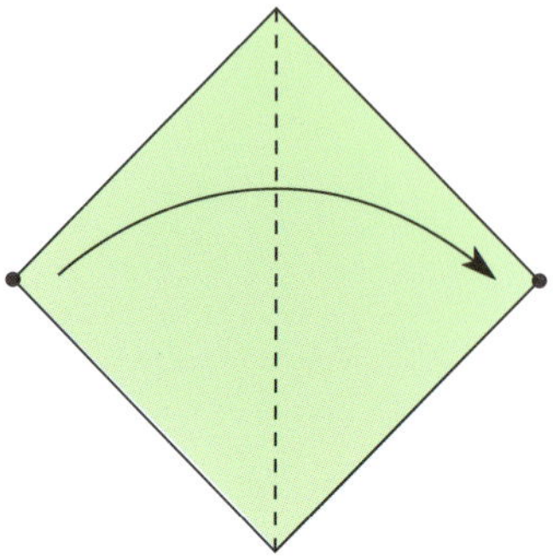

1
対角線で半分に折る。

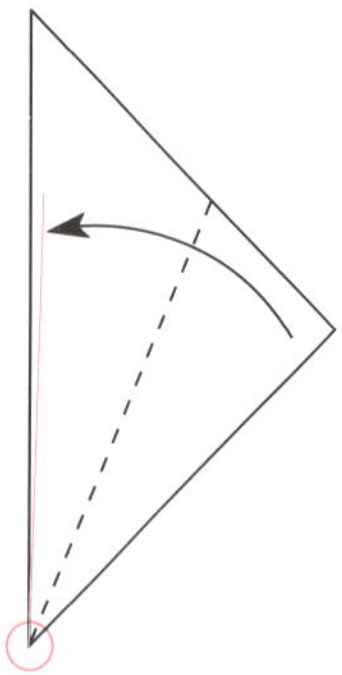

2
下は頂点から、上は
少しだけあけて折る。

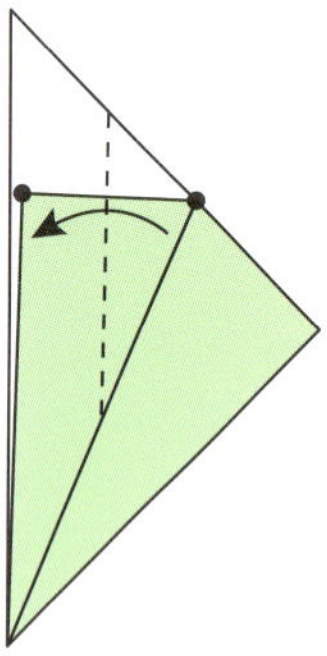

3
2で折った角に頂点を
合わせるようにして折る。

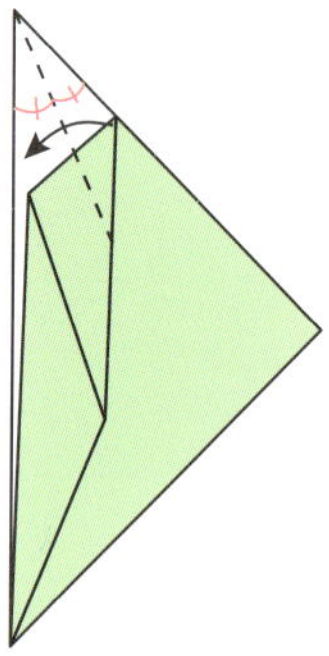

4
上側を二等分線で
折る。

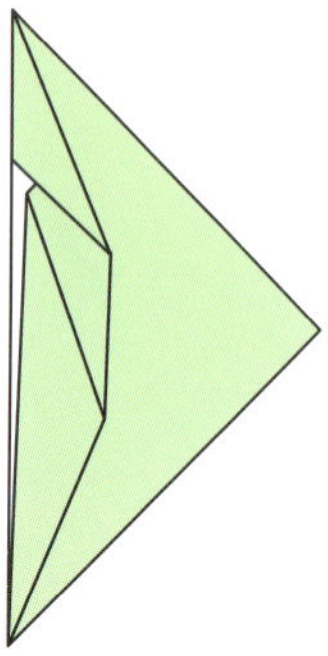

5
反対側も2～4と
同様に折る。

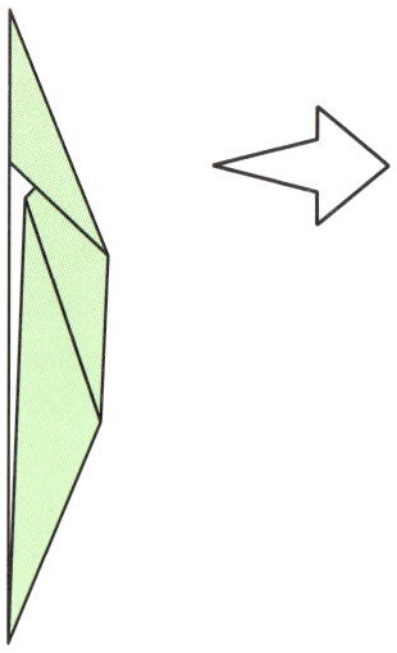

6
折ったところ。

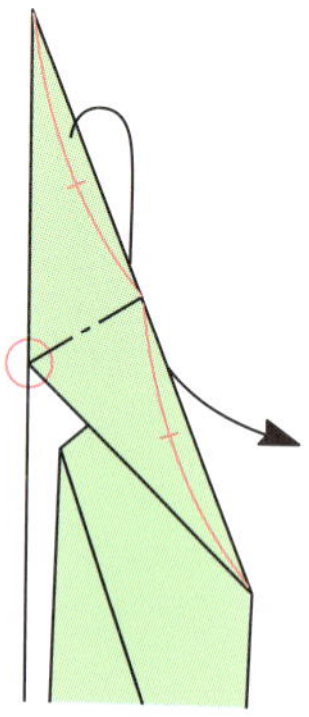

7
上部を中割り折りする。

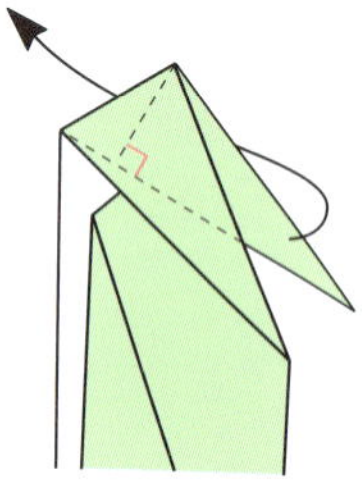

8
もう一度中割り折りする。

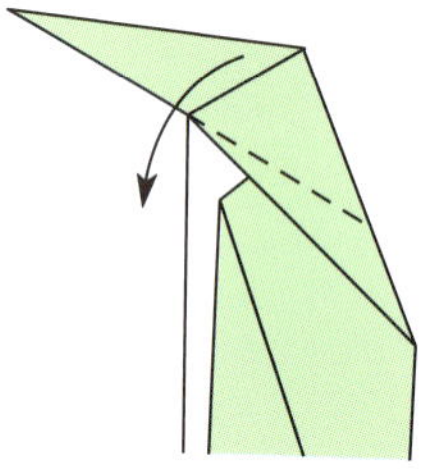

9
上部を開く。

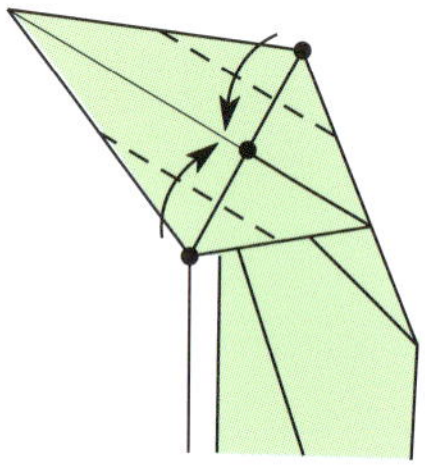

10
中心に向かって
両端を折る。

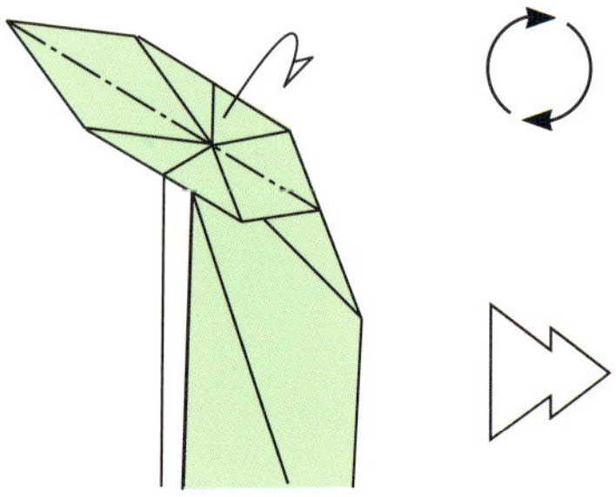

11
中心で山折りする。

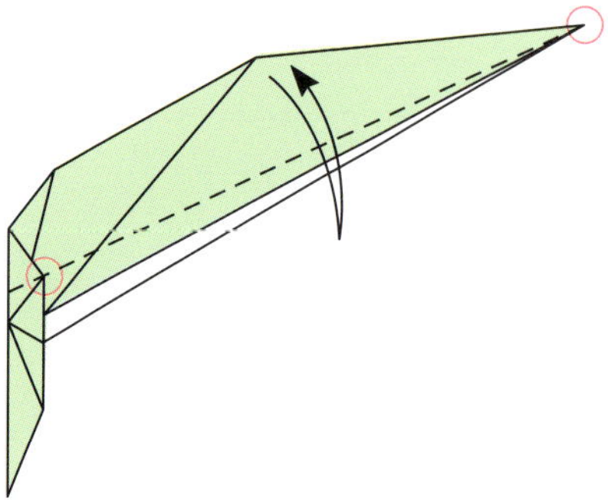

12
図のように折り線をつける。
反対側も同様にする。

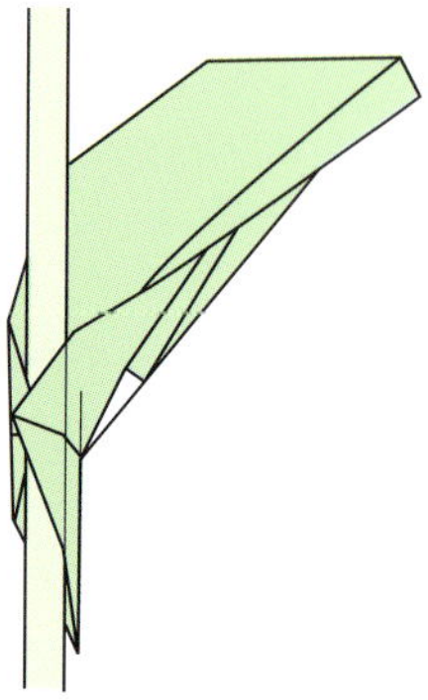

13
開いて茎を包み、
のりづけする。

ユリの作り方ポイント

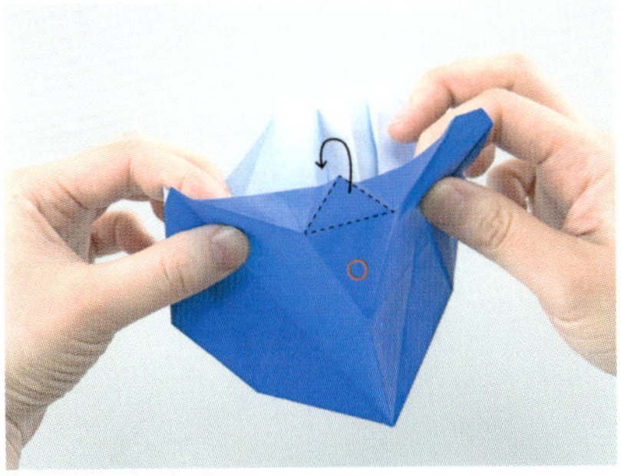

1
かえるの基本形(P.7) のように折ったら、天地を逆に持ち、左右を一度開く。

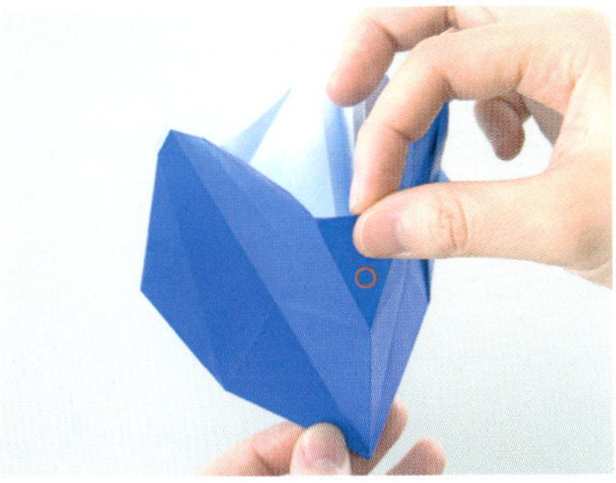

2
三角の部分を内側に折り込むように折る。

3
6 か所同様に折ったところ（写真はテッポウユリ）。

ユリの組み立て方

1
茎用のワイヤーの先を少し曲げる。

2
先から 7cm くらいにフローラテープを巻く。これがユリの芯になる。

3
花の中心に穴をあけ、2 のワイヤーのテープを巻いていない側から入れる。

4
花の根元でワイヤーを曲げる。

5
フローラテープを巻いて固定する。そのまま茎全体にフローラテープを巻く。

6
葉は P.86 のようにのりづけするか、その上からフローラテープで巻いて一体化してもよい。

チューリップ *Tulip / Tulipe*

テッポウユリの基本形を利用したアレンジで折ることができます。写実的なチューリップを、切り込みを入れずに表現し、めしべ・おしべと葉を一緒に考案することで作品として完成しました。かわいらしくふくらませてください。
（チューリップの花★★、チューリップの芯★★、チューリップの葉★、チューリップの茎★）

チューリップの花

P.88の作品

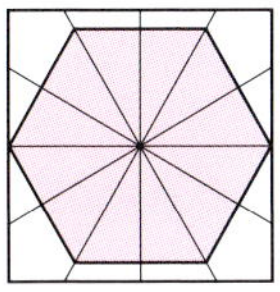

・紙のサイズ：17.5cm×17.5cmから切り出した正六角形（切り出し方はP.79）
・使用した紙：タント

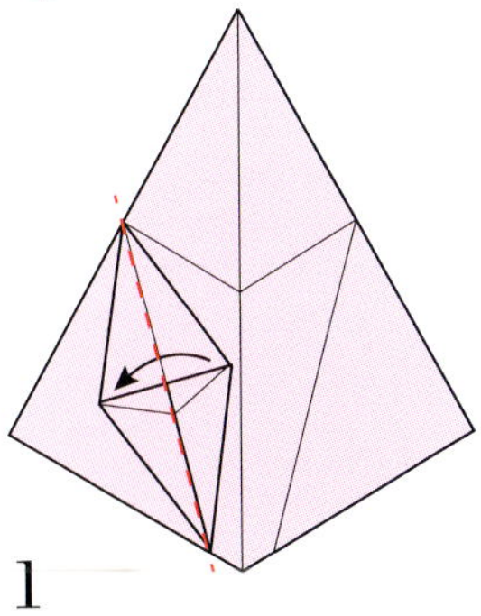

1
テッポウユリ(P.83)の4まで折り、さらにヒメユリ(P.80)の6～11と同じ要領で折る。ひし形部分の内側を外側に向かって谷折りする。

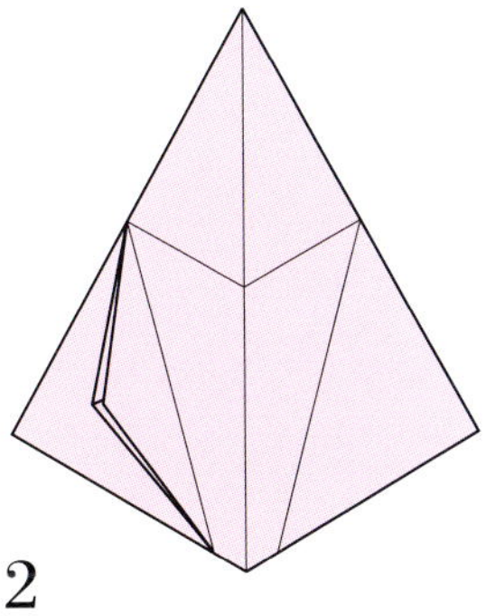

2
他のひだも同じ要領で折る。

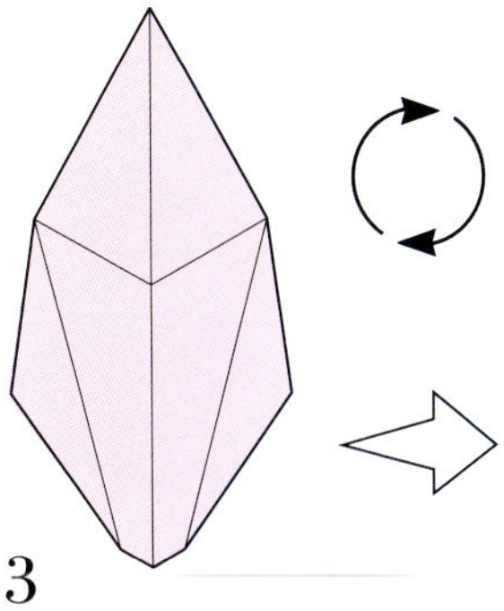

3
すべてのひだを折ったところ。上下逆向きに置く。

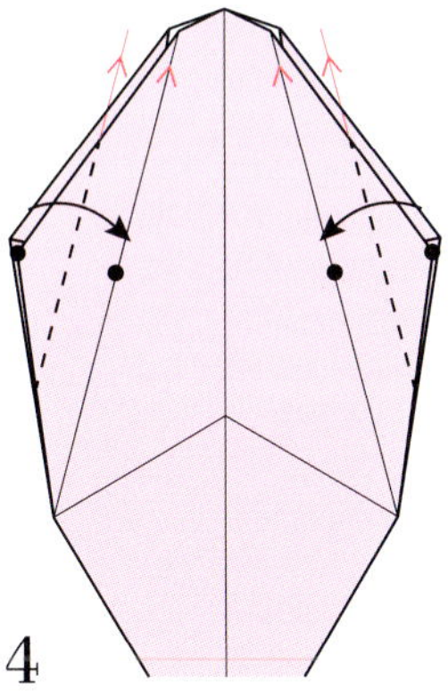

4
2枚まとめて角を図のように折る。左右対称に折る。

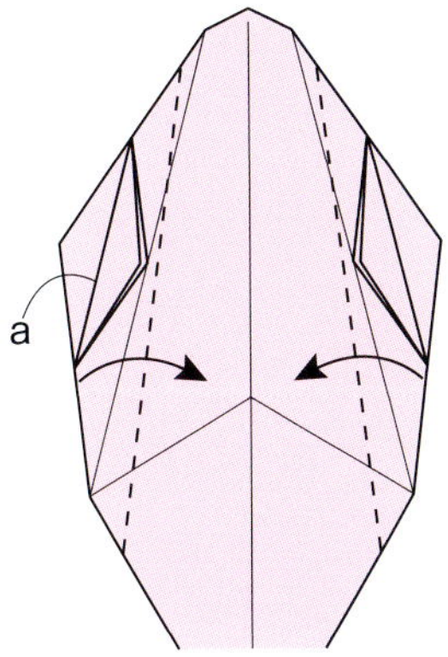

5
2枚まとめて、さらに巻くように折る。このとき、aの辺が中心線と平行になるように折る。左右対称に折る。

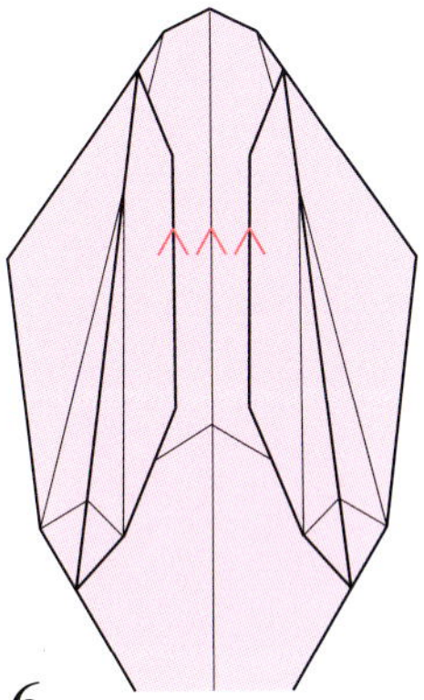

6
他のひだも4～5と同様に折る。

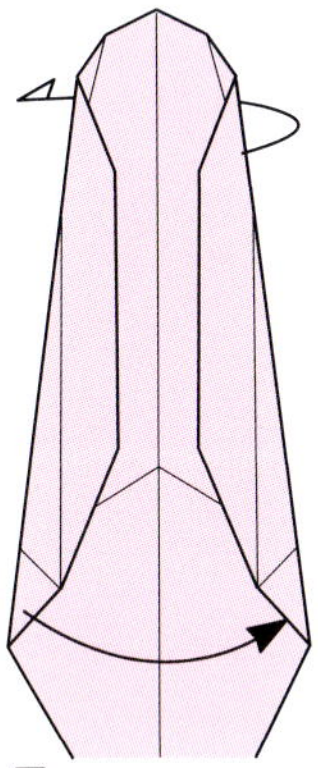

7
左右のひだを1枚ずつ反対側にめくる。

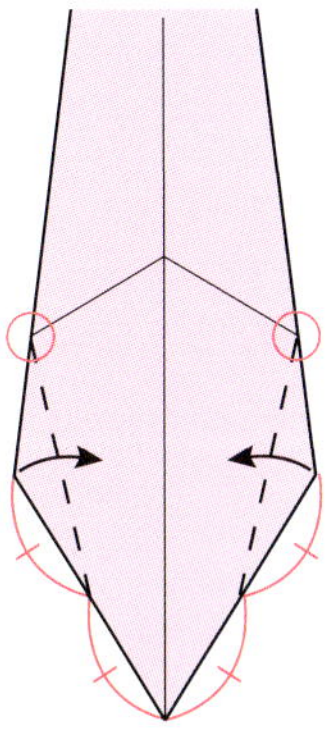

8
図の位置を目安に、左右の角を少し内側に折る。左右対称に折る。

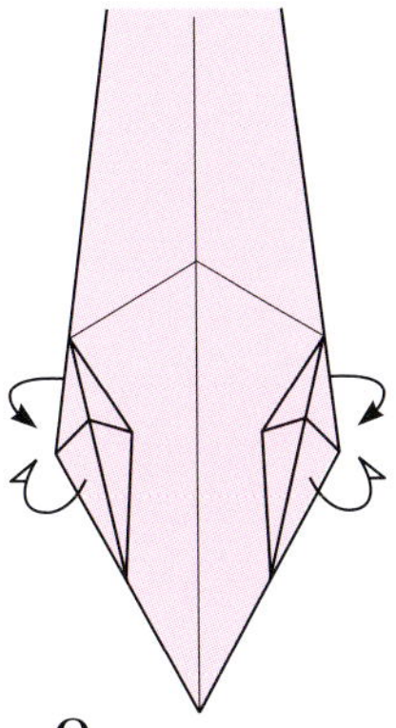

9
他の角も同様に折る。

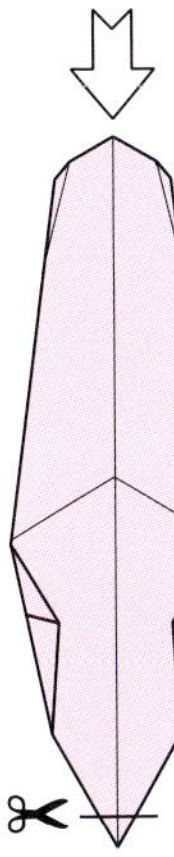

10
茎をつける場合はここで下部を2mmほどはさみでカットして穴をあける。上から指を入れて全体を広げる。

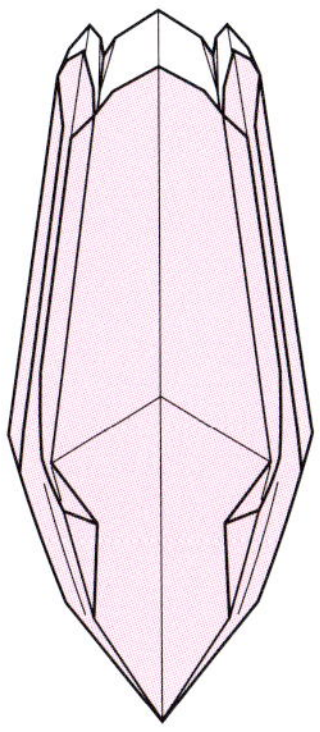

11
底の部分を丸くふくらませる。

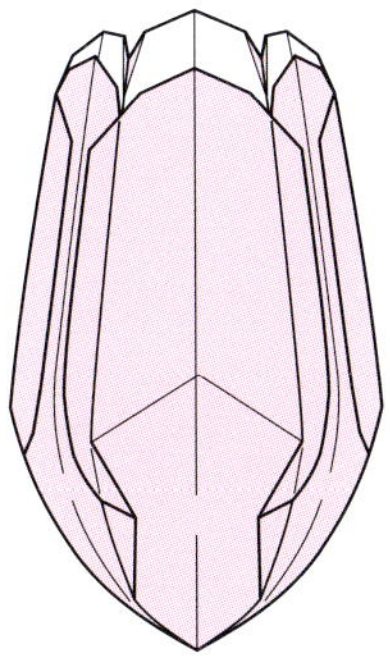

12
できあがり。花びらの広げ方はP.95参照。

チューリップの芯

P.88の作品

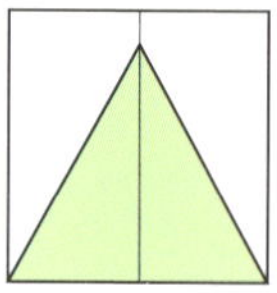

・紙のサイズ：8cm×8cmから切り出した正三角形（切り出し方はP.92）
・使用した紙：折り紙用紙
※17.5cm×17.5cmから切り出した正六角形（花の紙の大きさ）を6等分した正三角形でもOK。

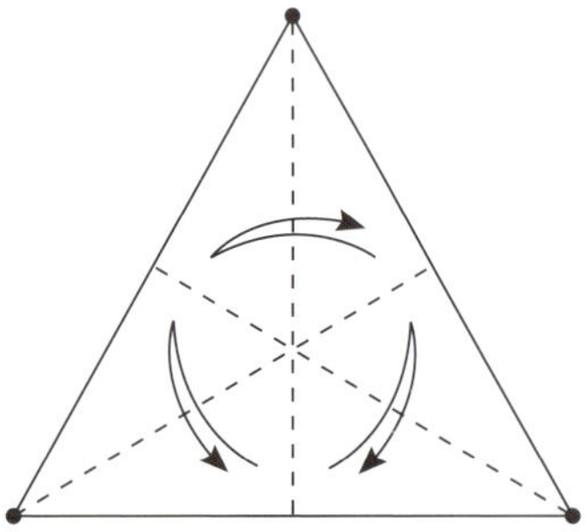

1
3方向に半分に折り、
折り線をつける。

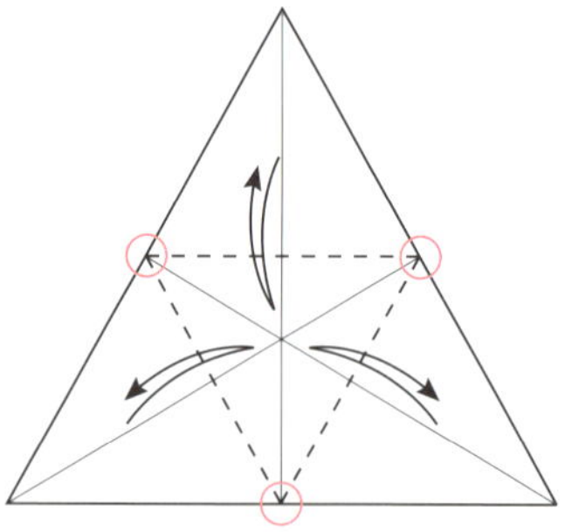

2
1の折り線を二等分する
折り線を3方向につける。

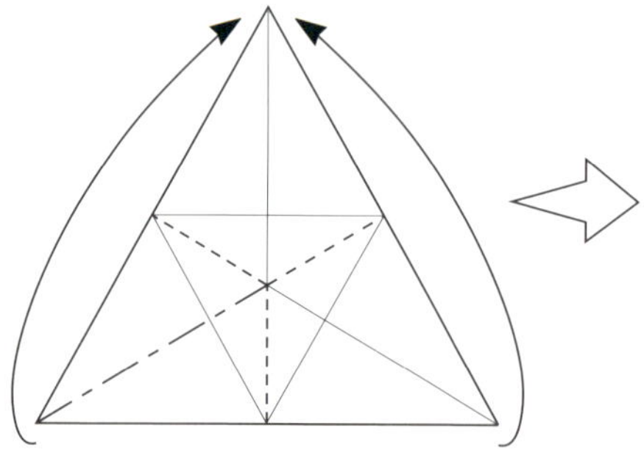

3
頂点を集めるように図のように折る
（正方基本形の三角形バージョン）。

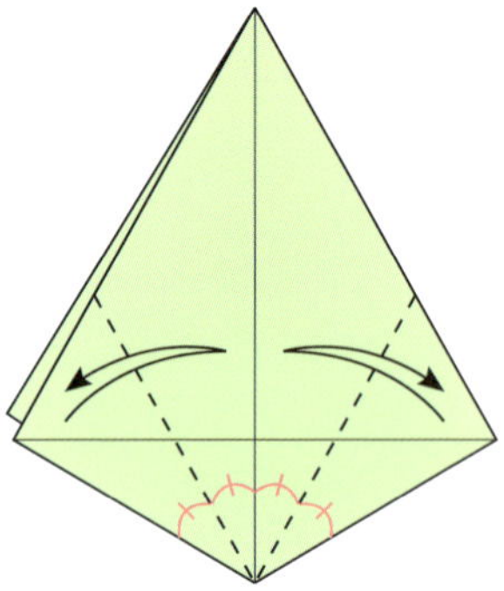

4
図のように二等分の折り線をすべてのひだにつける。

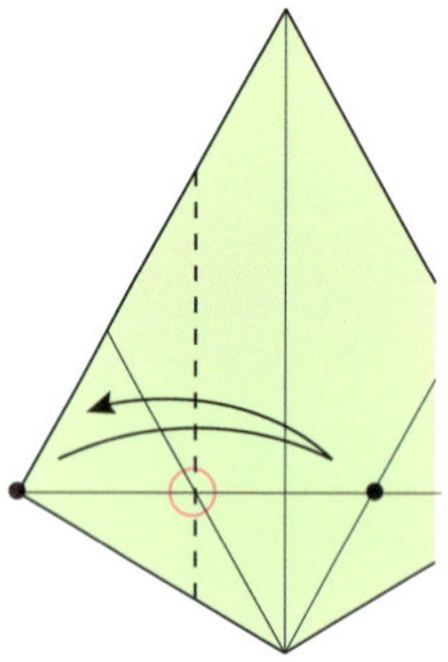

5
図のように折り線をつける。

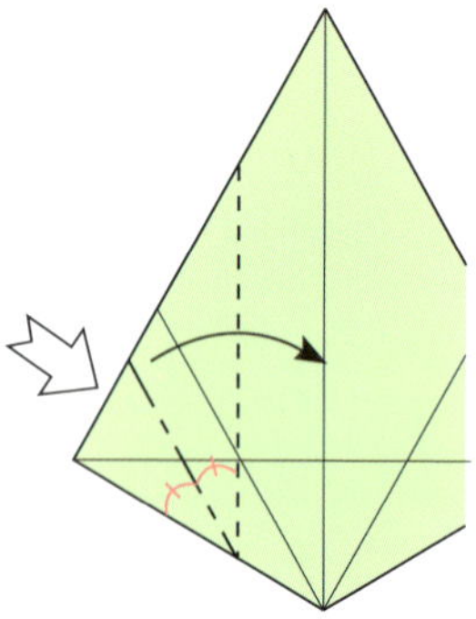

6
図のように開いて平らに折る。

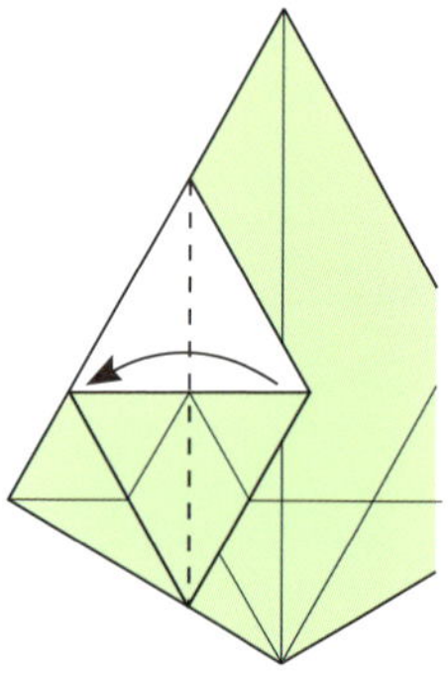

7
6で開いてできたひし形部分を中心で半分に折る。

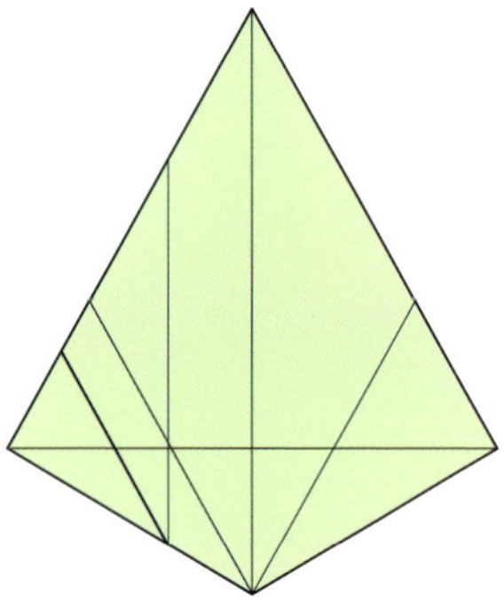

8
他のひだも5〜7と同様に折る。

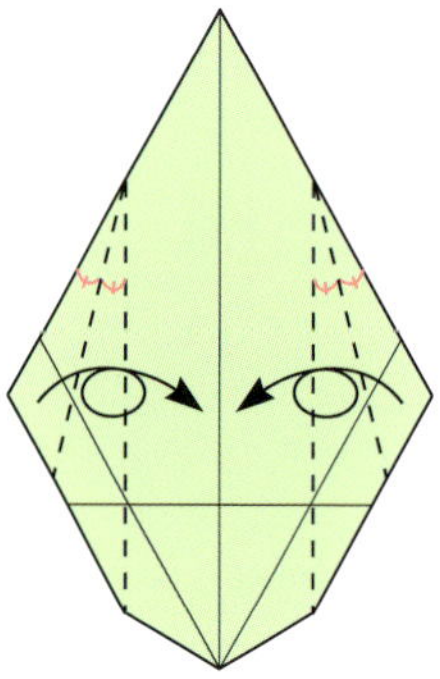

9
図のように角の二等
分線で巻くように折る。

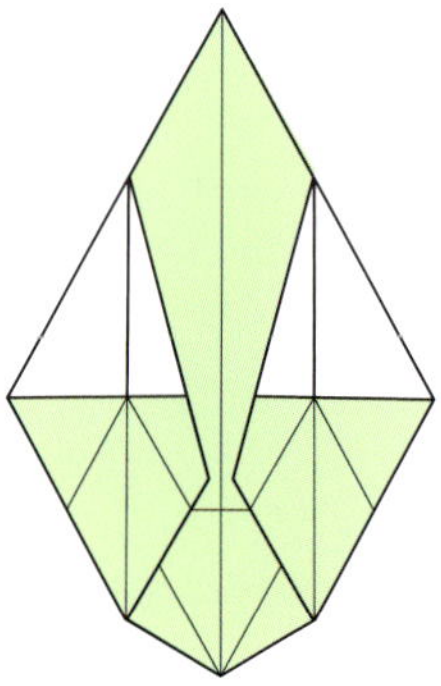

10
他の角も同様に折る。

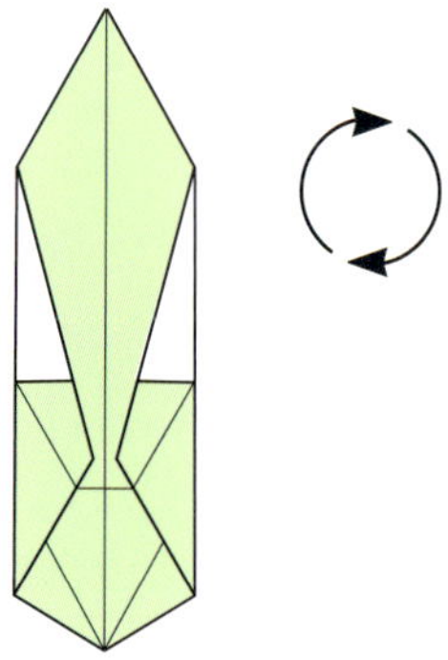

11
折ったところ。
上下逆向きに置く。

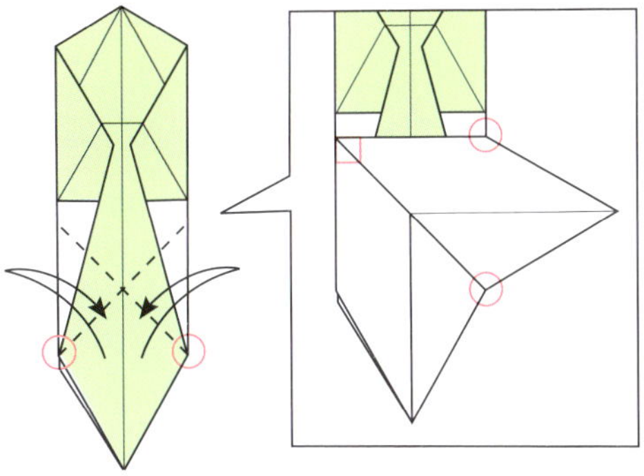

12
左右に直角を作るように折り線をつける。

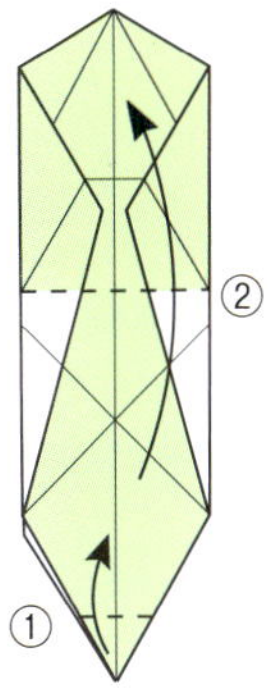

13
先を少し折って平らにし(①)、②の線で上に折り上げる。

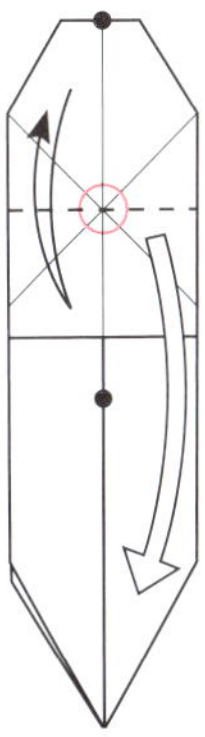

14
12の交点上に折り線をつけ、13の②で折った部分を元に戻す。

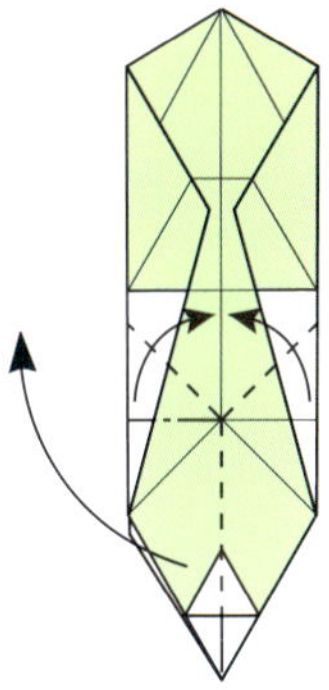

15
図のように折る。

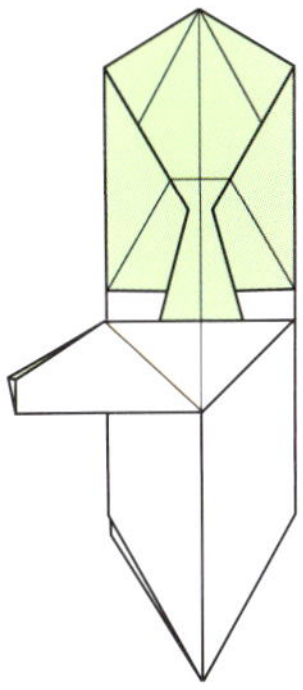

16
他の2か所も12〜15と同様に折る。

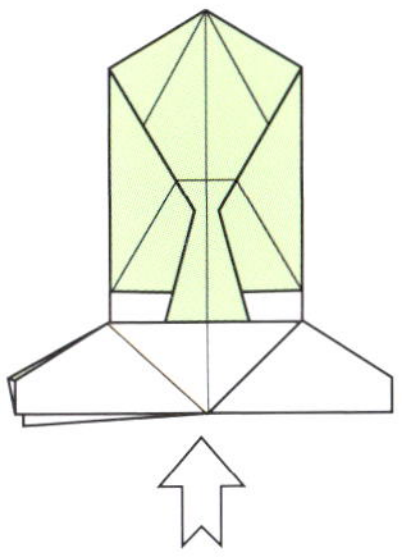

17
底の部分を三角形に開く。

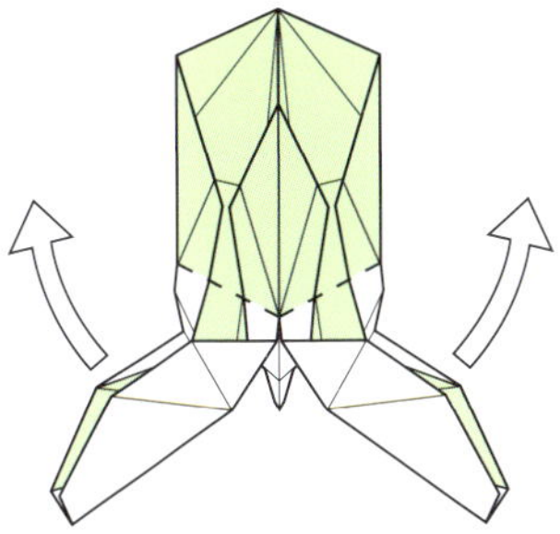

18
13の②の線で下部を立て、底を平らにする。

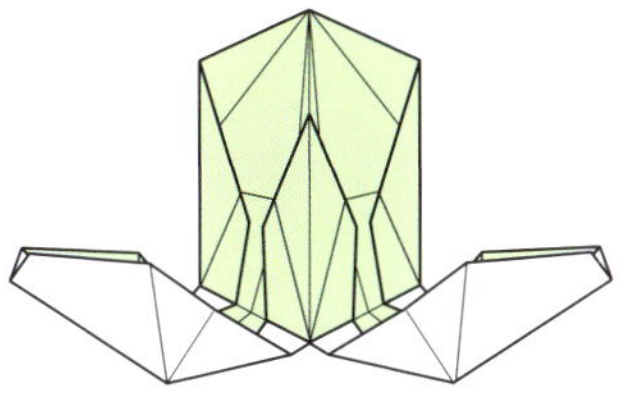

19
できあがり。

正三角形の切り出し方

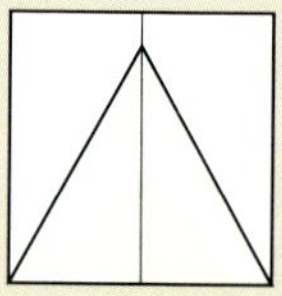

チューリップの芯は、正三角形の紙から作ります。
正方形の紙から正三角形を切り出す方法です。

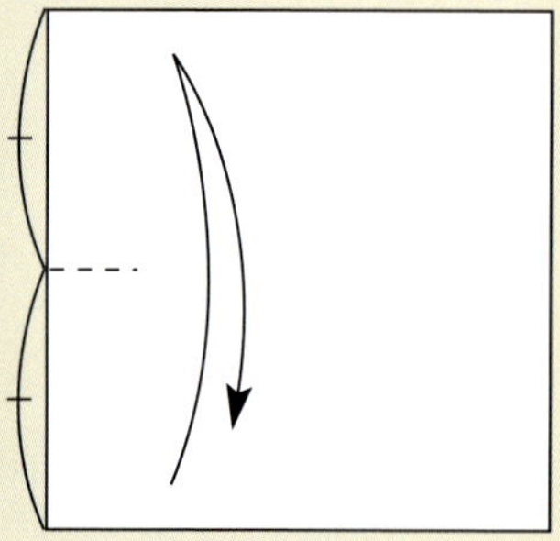

1
たてに半分に折り、左端だけに折り線をつける。

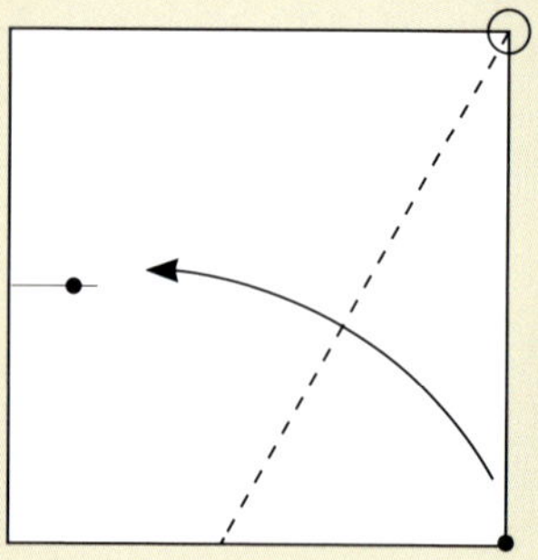

2
右下の頂点を1でつけた折り線の位置に合わせ、折る。

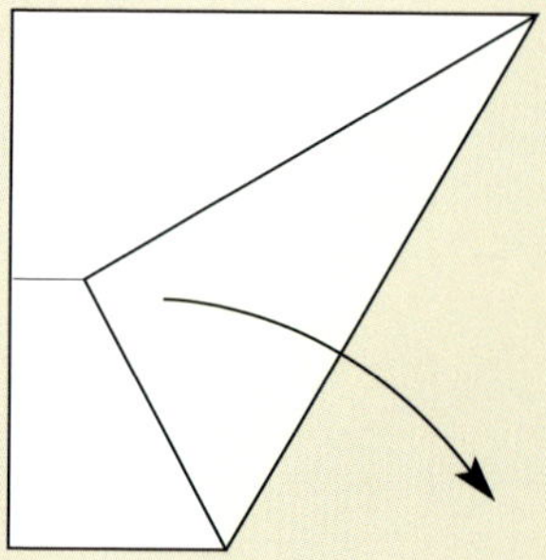

3
折り線をつけて戻す。

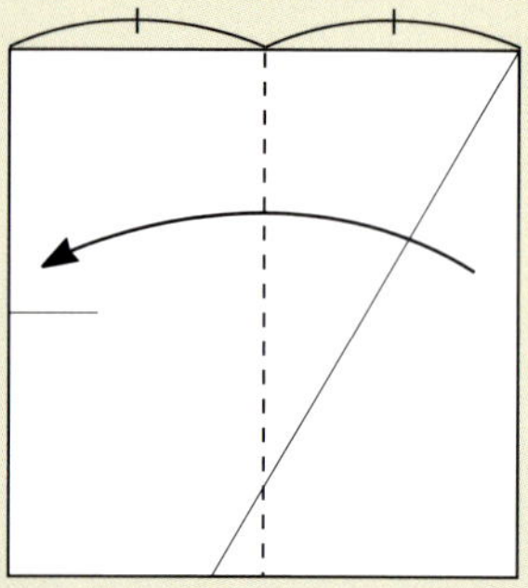

4
横に半分に折る。

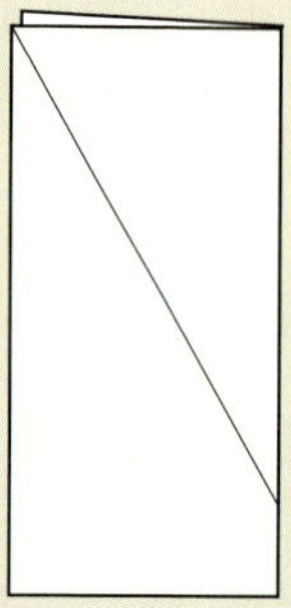

5
折ったところ。

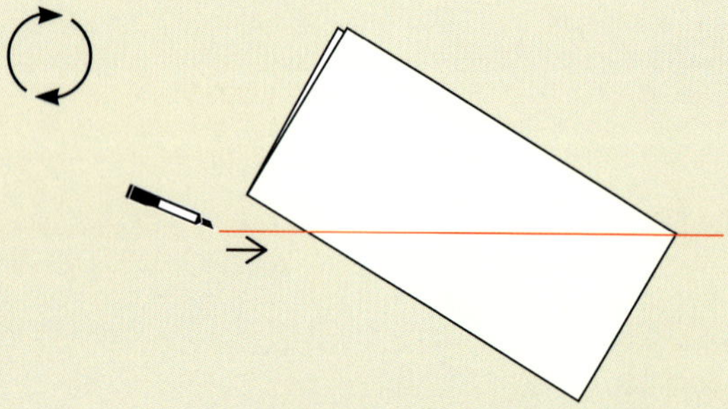

6
紙を回転させ、2〜3でつけた線上を、折り目側からカッターで切る（※紙の角から切ると破けることがあるため）。

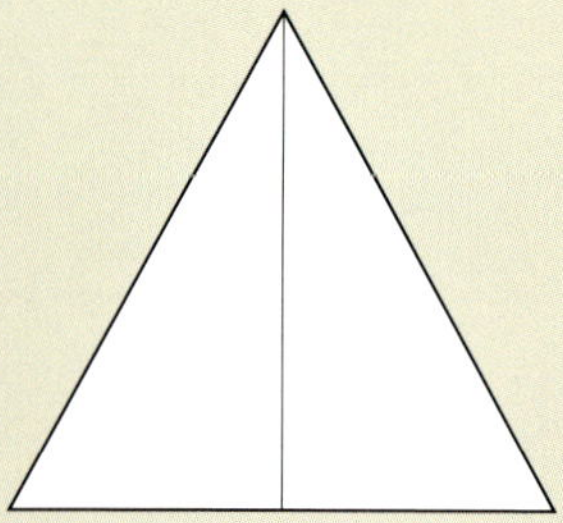

7
広げると正三角形が切れている。

チューリップの葉

P.88の作品

・紙のサイズ：35cm×35cmの正方形
・使用した紙：タント

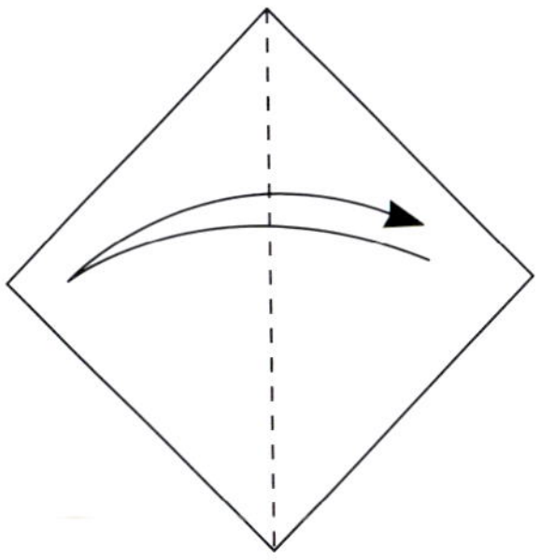

1
対角線で半分に折る。

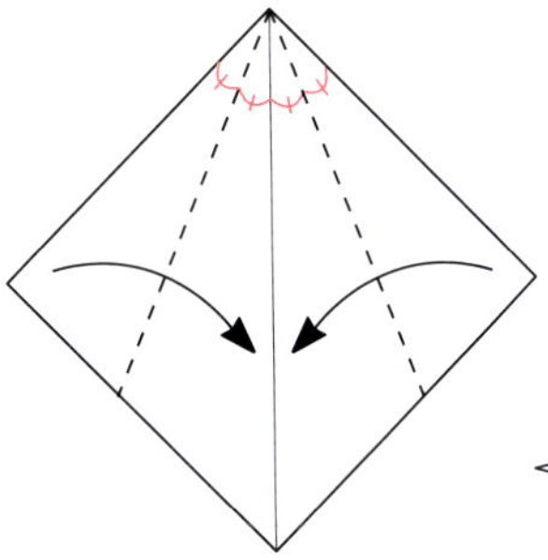

2
両側の上の2辺を中心線に合わせて折る。

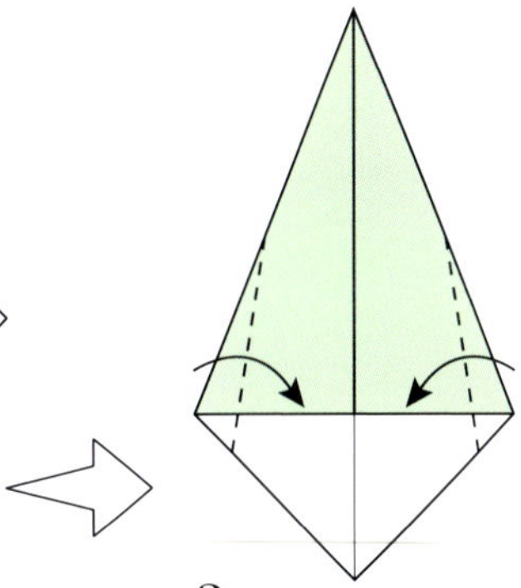

3
左右の角を内側に折る。中心線に平行ではなく、下側が少し広がるように目分量で折る。

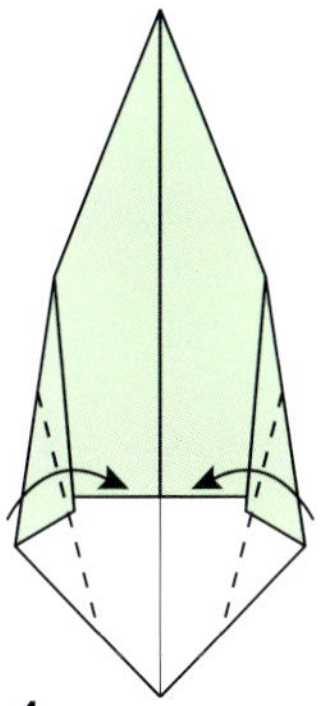

4
次は上側が少し広がるように目分量で折る。

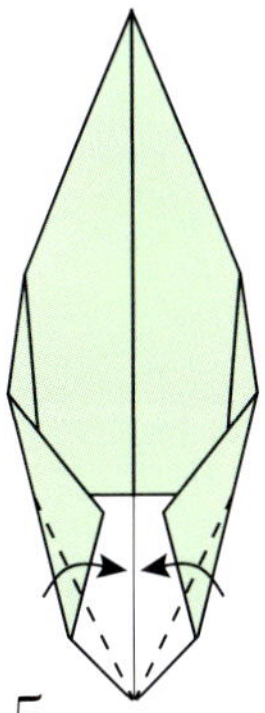

5
最後に下の頂点から目分量で折る。3～5で葉の全体を丸くする。

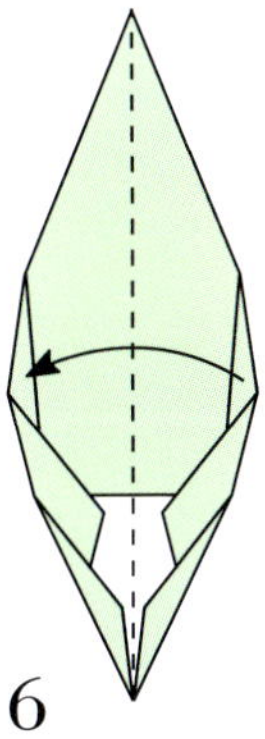

6
中心線で半分に折る。

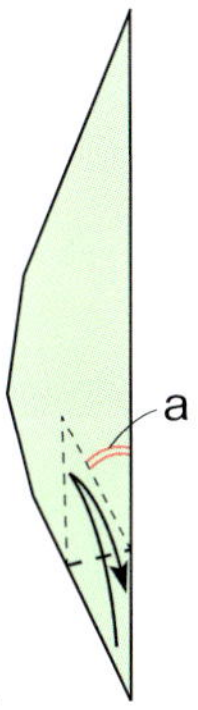

7
下部を折り上げて折り線をつける。このときのaが組み立てたときの茎と葉の角度になる。

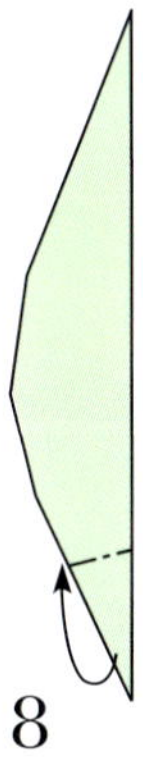

8
7の折り線で中割り折りをする。

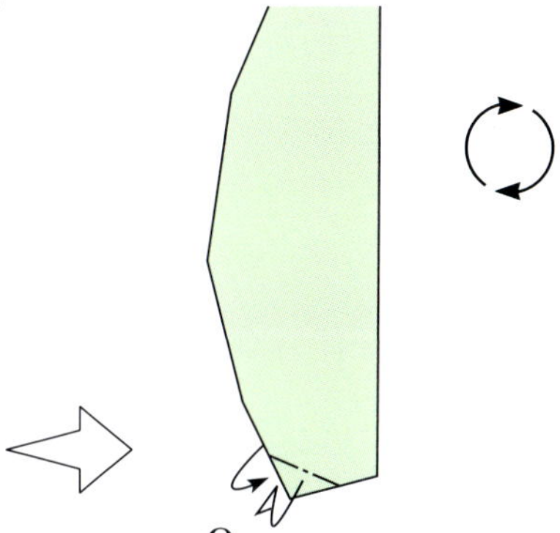

9
両側の角を内側に折る。

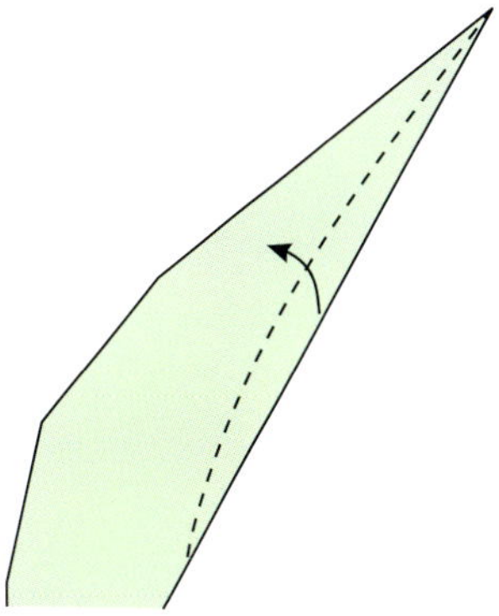

10
葉の中心部をカーブに谷折りして立ち上げる。

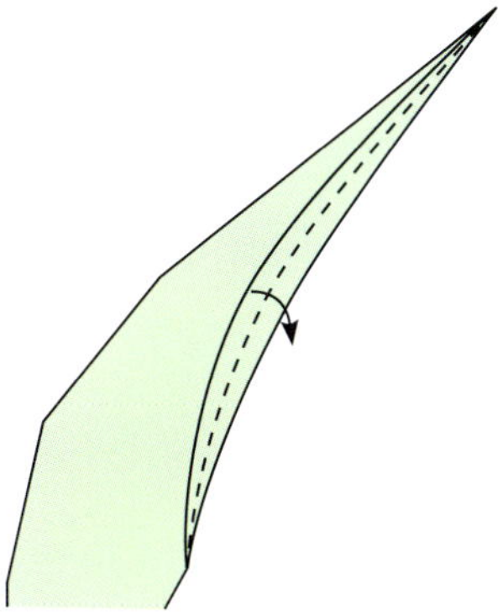

11
10で立ち上げた部分を半分に折る。

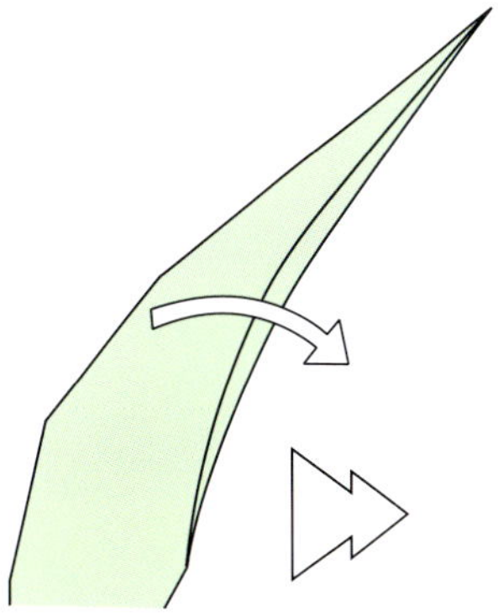

12
広げる。

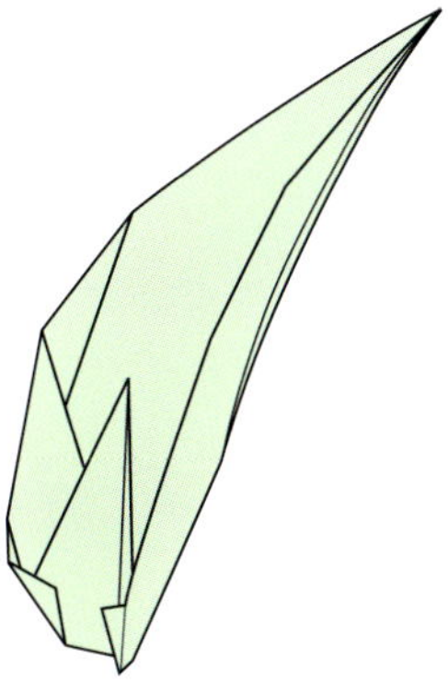

13
葉先をしごいて曲線的にして、できあがり。茎へのつけ方はP.94参照。

チューリップの茎とチューリップの組み立て方

P.88 の作品

・茎の紙のサイズ：35cm×17.5cm の長方形（35cm 角の正方形を半分に切ったもの）
・使用した紙：タント

1
対角線に対して平行に竹串を置く。

2
端から巻いていく。

3
このくらいまで巻いたら、竹串を抜き、そのまま続けて巻く。

4
紙の端をのりづけして固定する。

5
穴をあけたチューリップの花の底側から茎を入れる。穴は茎より少し小さめがおすすめ。

6
花の上まで茎を通し、茎の先にのりをつける。

7
チューリップの芯をかぶせる。

8
芯の底の三角形 3 か所にのりをつける。

9
芯のついた茎を花の中に入れ、竹串でのりづけした部分を押さえてしっかりと固定する。

10
葉の内側の下の三角形の中心にのりをつけて茎をのせ、両脇の小さな三角形にものりづけする。

11
しっかり押さえて固定する。

チューリップの花びらの広げ方

1
P.89 の 5 〜 6 で折った部分を一度開いて、4 で折った部分のきわで折る。

2
折ったところ。

3
反対側も同様に折ったところ。他の 2 か所も同様に折る。

あとがき

この本をお手に取っていただき、ありがとうございました。
私は折り紙作家としては遅咲きの方だと思いますが、
とにもかくにも自分の作品集が出版できるという幸運に感無量です。
出版のきっかけをいただいた布施知子さんには本当に感謝しています。
ソーシャルネットワークで折りバラのコミュニティを作ってくれた川崎亜子さんも、
私の折りバラの世界を広げてくれたとても重要な方です。
この本が、読者のみなさんにとっても
折りバラの世界が広がるきっかけになれば幸いです。

佐藤直幹
Naomiki Sato

佐藤直幹 NAOMIKI SATO

1966年、鳥取県生まれ。長野県育ち。大自然の中、幼少より折り紙に親しむ。大学では経済学を専攻。素材メーカーに勤めるが、言語学を学ぶために会社を辞めて1995年に渡仏。現在はフランス在住で翻訳・通訳の仕事をしながら、折り紙とポップアップの作家としても活動中。新しい言語理論の構築がライフワーク。フランス折紙協会(MFPP)会員。

[Staff]
ブックデザイン／寺山文恵
撮影／森谷則秋　下江真貴子
制作協力／川崎亜子（P.8～9、P.68～69）
折り図作成／わたなべゆうすけ
折り図トレース／二宮知子
編集／有馬麻理亜

1枚の紙から作る バラの折り紙
発行日／2015年9月28日　第1刷
　　　　2017年2月25日　第5刷
発行人／瀬戸信昭
編集人／森岡圭介
発行・発売／株式会社 日本ヴォーグ社
〒162-8705
東京都新宿区市谷本村町 3-23
TEL／編集　03-5261-5084　販売　03-5261-5081
出版受注センター　TEL03-6324-1155　FAX03-6324-1313
振替　00170-4-9877
印刷所／大日本印刷株式会社

NV70298　ISBN978-4-529-05466-9　C5076

立ち読みもできるウェブサイト「日本ヴォーグ社の本」
http://book.nihonvogue.co.jp/